我与社科文献

30 年的光荣与梦想

主　编　谢曙光

副主编　刘德顺　孙元明

社会科学文献出版社
SOCIAL SCIENCES ACADEMIC PRESS (CHINA)

序 言

学术出版的历史担当

谢寿光

2015年是社会科学文献出版社成立以来的第30个年头。从1985年成立，短短30年，社科文献从无到有，从籍籍无名到成为在学术界、出版界有一定知名度的专业学术出版机构，应当说发展是比较迅猛的。尤其是第二次创业以来的18年，发展速度更快。如此快速的发展，正如我在建社30周年的致辞中所提到的，"社科文献所呈献的出版繁荣，得益于党和国家对人文社会科学的高度重视，离不开上级有关部门的领导与支持，离不开一代代学人和读者对社科文献出版社的信任"。

为此，我们在2015年满怀感恩和敬畏之心组织了一系列活动，向我们的作者、经销商、媒体、生产合作商、海外合作伙伴，以及我们的广大员工致敬。同时，也收获了来自社会各界的赞许和嘉勉。

放在大家面前的这本小小的集子就是我们对30周年系列活动成果的梳理和总结。按照惯例，我们把它分为四个篇章。第一部分领导篇，是2015年10月31日当天举行的社科文献建社30周年暨致敬作者典礼上各位领导的讲话，编者为每篇讲话拟写了标题；第二部分学者篇，是我们视频中心的小伙伴基于半结构式的访问提纲在近半年左右的时间里陆续采访30余位专家学者的文字实录；第三部分媒体篇，是30周年期间各大媒体对出版社的采访文字实录，以及最近几年来比较能够反映社科文献发展的新闻采访稿件；第四部分社科文献篇，大部分是口述性的回忆文字，后经口述者本人及编者整理修改。集子的最后，我们又加了一些相关的材料，使得它更为丰满，也更为有趣。

整理和阅读的过程，也是文本与文本发生思想碰撞，进而升华，促使我们从更为宏观的角度来看一家学术出版机构的未来路向和历史担当的过程。从文本的内容来看，我认为大家的讲话触及了以下三个核心议题。

第一个，有关产品集中度与未来发展。

社科文献从创立之初，尤其是第二次创业以来，形成了皮书、列国志、中国史话、甲骨文等系列图书品牌，并在社会学、近代史、国际国别研究学科出版领域树立了良好的学术声誉。

而在诸多受访者之中，尤以对皮书的关注居多。邬书林常务副理事长的讲话通篇都围绕皮书展开。"经过20多年的发展，特别是近15年的发展，我们国家皮书的整体研创水平和出版水平都上了一个很大的台阶。从品种上讲，20年来，我们的品种已经从过去的两三种增长到现在的一千种，稳定出版的有五六百种。而且在这个过程当中，皮书研究和出版的集中度有所提升，这是体现我们皮书出版水平和研创水平的重要指标。现在社科文献每年出版皮书300多种，占全国经常性出版的皮书总量的60%以上，集中度非常高。集中度的提高，表明出版水平的提高。……皮书出现了这个现象，证明社科文献的皮书研创和出版达到了非常高的水准。所以面对这个态势，我认为重要的是，要很好地总结前20年的经验，然后坚持行之有效的机制和好的做法；同时更重要的是，能与时俱进地分析研究国家乃至世界对皮书的新要求，以及对皮书发展的期待。"

而金冲及先生则从文化建设者的角度对出版社提出了更高的要求。"以前社科文献不仅出好书给大家看，某种程度上它带动培养了新的学术队伍，使得很多过去不为人所知的作者被更多人知道，把分散的力量组织起来，现在社科文献的成绩已经很好，但可以做的事情还有很多。出版社毕竟不是出版商，它是文化工作的建设者。社科文献出了那么多书，而且跟作者有了许多交往，建立了关系，并且在读者中间赢得了信誉，所以它可以起到一般出版社起不了的作用：在整个学术领域里边，提出一些重要的问题，通过约稿带动某些方面的研究，发现一些有苗头的读者，有意识地扶植一些作者……"

沈志华先生则更为具体地提出了产品集中度的问题。"一个出版社终究精力有限、资源有限，如果能够把自己有限的资源，利用自己的优势，集中在某一个方面，比如社会学或者历史学，做得更好、更高，这个出版社的特点就更能突出。历史学是一个内涵非常广泛的学科，著作也比较多，中华书局做古代史，党史研究社做党史，等等。社科文献可以在历史学范围内专注于近现代史或者当代史，突出自己学术领域的某一方面，这样作者也能够集中，将来他们的成果也会在这里集中。这就是我想说的突出特色。"

第二个，有关国际出版与未来发展。

从社科文献与国外著名学术出版机构合作第一部外文版图书出版到2015年年合作出版外文版图书近百种，也就是最近 10 年的进展。应当说，社科文献的国际化步伐还是相当大的。而且，随着中国成为世界第二大经济体，进一步融入全球经济，有关中国的国际话语权问题成为政府、企业以及学界关注的热点。作为出版者如何来迎合这种大的趋势，承担起历史性的重任，也成为领导和专家学者在采访过程中的重点关切。

比如，潘家华教授在采访中提出的国际出版中的语言关问题。"这些年来，社科文献已经有很多皮书走向世界。但语言是限制我们进一步走向国际化的最大障碍，因为英语仍然是国际学术语言。未来随着中国国际地位的提升，我相信我国将拥有更强的学术话语权，中文便有可能成为主要学术语言。不过就目前情况来看，翻译确实是我们面临的一个重要问题，其中翻译的成本、翻译的时效等，都直接对皮书年度出版的国际化造成了挑战。如何使得皮书走向国际化，在翻译时间的同步、翻译质量的保证、发行渠道的通畅等方面还有很大的提升空间，这也是目前面临的一项艰巨的任务。"

而在智库报告的国际化问题上，潘家华教授则提出首先要实现内容研创和组织的国际化。"社科文献还可以尝试邀请一些国际知名智库中的学者和专家加入皮书的编写工作中，比如研究中国问题、国际安全问题、全球治理等领域的权威专家学者，以此将皮书做成真正具有国际代表性的、国际广泛参与的、达到国际水准的系列出版物。当然这些工作目前难度还比较大，面临出版行业高度竞争的环境，出版机构应当勇于创新和挑战，我相信社科文献的智慧和能力。"

而恰如诸位专家的建言，社科文献在最近几年内已经不满足于有几部作品"走出去"，开始筹划中外专家学者就某些国际性的议题开展研讨，共同组建中国研究中心等，通过这些方式推进出版企业的国际化。

而在中外就某些国际性议题开展研讨方面，我们早在十多年前就有成功的案例。这段往事在黄平教授接受我们的采访中提到："……关于中国道路、中国模式、中国经验和'北京共识'等话题的图书的引进、翻译和出版工作。这个系列的图书最早也是社科文献开始做的，而且连续做了很多年。最初，这些话题在国内学界、政界以及出版界都不是热门话题。社科文献很有前瞻性地围绕这些话题连续组织了多场中外联合学术研讨会，每次研讨会的成果也都由社科文献编辑出版。记得2003年我们在英国举办过一次研讨会，会上有一位年轻人雷墨做了发言，最后被社科文献以论文的形式收录出版，这就是'北京共识'那篇文章的由来。'北京共识'这个话题后来也成了一个很重要的话题。"

第三个，有关数字化趋势与未来发展。

数字化是我来到社科文献之后不久就开始启动的一项工作。按照李扬副院长的话，社科文献的数字化工作"见机早，起步早"。应当说，经过十多年的发展，社科文献已经形成了以皮书数据库、列国志数据库、集刊数据库为主体的数字化产品集群；此外，在出版社数字化的过程中，我们也逐步组建起自己的专业数字化运营团队，具备与各类资源拥有方共同开发数据，组建数据库平台的能力。

邬书林常务副理事长在讲话中对数字化和出版的融合陈述，点出了学术出版机构未来发展的总方向。"当今研究工作和文献资料出版工作融合的趋势非常明显。国务院发布的《中国制造2025》，里面的核心思想，就是中国要在2025年成为制造业强国，其中重大战略就是要把制造业信息的使用、支撑融合起来做，使制造业的发展、制造业强国的实现，建立在掌握最新知识、最新信息技术之上，而且要把它集中在一个平台上去运作。皮书的研创和出版工作如果能打通了做，将大有可为。因此，皮书下一个阶段的发展，应有两个战略重点。一个重点是按照文献生产的规律，提高内容生产的质量：一方面，要紧紧依靠皮书的研创队伍来提高质量，要把这个作为一个基础；另一方面，出版方要提出相应的标准，给出相应的规范，来促进研究人员提升皮书质量。另一个重点，现在信息技术的进步、通信的发达、计算机的广泛使用，对数字化文献知识和信息的收集大有裨益。在数字化的世界，信息的传播是快速的，存储也是快速的，分析也是快速的。这个时候如果不跟上数字化这个潮流，不能够很好地运用数字化的工具，皮书是难以提高质量的。"

李扬理事长同样也是在数字化发展上对我们提出了更高的要求。"基于这种数字化的架构，社科文献未来的发展空间非常大，可以衍生出更多的产品。国外有很多著名信息机构，早期都是做出版的，它们把自己出版的杂志、书籍等做了系统的整理，然后通过互联网使更多机构和读者可以方便地接触到这些信息。我希望社科文献能够发展出新的信息化业态，从而充实自身的数据库，让数据使用者更便捷地获取信息。数字化和网络化不仅仅是换了一个载体，而是更新了一种方式方法，使得我们能够产生和原先方式方法不同的成果。比如原有的信息，我们不是说把它变成数字信息，而是将数字信息重新构造，以此为基础，发掘新的内容。在这些方面，我们下一步还有很多工作要做。"

30周年，既是回顾，也是展望，社科文献由此也翻开了新的历史篇章。在此，我想表达几点感激之情。一是感谢诸位领导和专家学者在百忙之中抽出时间来接受我们的采访，并参加社科文献建社30周年的活动。二是感谢诸位领导和专家学者的前瞻性话语为出版社后续的发展廓清了迷雾，并指明了前行的方向。三是感谢诸位领导和专家学者对我们以往取得的成绩的肯定，以及对我们今后努力的方向所提出的建议，不仅对我们是一种鼓励，也让我们深感责任之重大。正如周弘教授在采访中提到的，出版机构只有担负起"整合、传播知识和信息"的责任，才能够起到一定的历史性作用。而始终以"构建中国最大的人文社会科学内容资源整合与传播平台"为己任的社科文献出版社，也必将不负诸位的期望与嘱托，与大家共创新的辉煌。

目　录

社科文献篇

附 录

我与社科文献
30 年的光荣与梦想
寄语篇

1997

1985

用　心

践行学术出版人的使命与担当

——在社科文献建社 30 周年暨致敬作者典礼上的书面讲话

中国社会科学院院长　王伟光

（2015 年 10 月 31 日）

尊敬的各位领导、各位来宾，社科文献的同志们：

今天，我们在这里庆祝社会科学文献出版社成立 30 周年。我代表中国社会科学院党组向你们表示祝贺，向莅临庆典的各位领导和来宾表示热烈的欢迎和诚挚的谢意！向出版社的同志们致以衷心的问候！

从 1985 年到 2015 年，社科文献出版社 30 年的发展历程见证了我国新时期改革开放经济社会的快速发展和文化事业的繁荣。30 年来，在历任院党组的正确领导下，在出版社领导班子和全社人员的不懈努力下，社科文献出版社始终坚持正确的政治方向和出版导向，按照中央对我院提出的"三个定位"要求，紧紧围绕党和国家的发展大局和我院的工作部署，以 30 年兢兢业业的耕耘，践行了学术出版人繁荣发展哲学社会科学的使命与担当。

繁荣发展哲学社会科学，是建设中国特色社会主义文化强国的必然要求，也是提升国家软实力的必然要求。哲学社会科学的繁荣与发展需要中国哲学社会科学界的共同努力。哲学社会科学工作者应担当起时代赋予的重任，担负起为人民群众做学问、为人民群众拿笔杆子的神圣职责。

习近平同志关于哲学社会科学的重要讲话强调，要加快构建中国特色哲学社会科学创新体系。发展中国特色哲学社会科学必须强调创新，加强原创学术著作的出版。中国社会科学院是马克思主义的坚强阵地和中国哲学社会科学的最高殿堂，科研工作的重点就是出精品力作，这是社科院几代学者不断追求的目标，也是学术出版机构的使命与任务。社科文献出版

社在出版学术新品方面做出了大量卓有成效的工作：首先，在马克思主义理论建设方面，出版了一系列有分量的著作，如"马克思主义理论与现实研究文库""居安思危·世界社会主义小丛书"等，在社会上引起了强烈反响；其次，自2011年以来，总共承接了院哲学社会科学创新工程学术出版资助项目600余种，其中包括皮书系列、列国志、中国史话等19项院创新工程大型学术出版项目；再有，还承接了院71种学术期刊的印制与发行，积极落实中国社科院学术期刊"五统一"（即统一管理、统一经费、统一印制、统一发行、统一入库）体制机制改革工作。

学术著作与一般图书是有显著差别的，它包含了学者的探索与创新，其中既有对前人研究成果的继承，也有对未知领域的拓展。学术出版机构作为传播学术思想的媒介，有着自身的发展规律和专业特征。社科文献出版社在30年的发展中不仅顺应了学术出版的发展潮流，而且还在某些学术出版领域起到了示范作用。

在数字出版方面，社科文献出版社做了非常具有前瞻性的规划，早在10年前就开始了数据库建设，数据信息的积累对学术研究来说是非常宝贵的。下一步，可以基于这样的数字化架构，大力构造图书出版的数字化，发掘新的内容，生产新的产品，发展新的业态。在国际出版方面，社科文献出版社起步也非常早，在与国际著名的学术出版机构合作的过程中，推动了中国学术"走出去"，这对于中国学术抢占国际话语权具有十分重要

的意义，向世界充分展示了中国学者的学术水平和研究成果，为中国学术话语在海外发声做出了积极的努力。

还有一点值得赞赏，这就是社科文献出版社具有很强的市场意识，在市场竞争的过程中实现了社会效益与经济效益的双丰收。可以说，社科文献出版社是事业单位文化体制改革和文化产业发展的一个范例。

近日，中共中央办公厅、国务院办公厅印发了《关于推动国有文化企业把社会效益放在首位、实现社会效益和经济效益相统一的指导意见》。《意见》提出，"在国有企业改革大框架下，充分体现文化例外要求，积极推进国有文化企业改革，打造一批具有核心竞争力的骨干文化企业"，并指出，"这是新形势下提升文化软实力、参与国际文化竞争、维护国家文化安全的必然选择"。这是社会主义市场经济深入发展和文化体制改革不断深化背景下党和国家对文化企业的新期待、新要求，也预示着中国的文化产业发展将迎来新的繁荣。哲学社会科学工作者以及学术出版人要以更为饱满的热情和更为开放的姿态投入到建设中国特色哲学社会科学，推动社会主义文化大发展大繁荣的伟大事业中来。

社科文献出版社走过了不平凡的30年。我们相信，在出版社全体同仁的继续努力下，光荣的历程一定还将继续，一定能够在下一个30年取得更加辉煌的成就。

谢谢大家！

再创新业绩，再铸新辉煌

——在社科文献建社 30 周年暨致敬作者典礼上的讲话

国家新闻出版广电总局副局长　吴尚之

（2015 年 10 月 31 日）

尊敬的各位领导、各位专家学者、各位来宾：

今天，我们在这里隆重举行社会科学文献出版社建社 30 周年暨致敬作者典礼，共同回顾 30 年来社科文献的发展历程和重要成就。值此喜庆时刻，我谨代表国家新闻出版广电总局，对社科文献建社 30 周年表示热烈的祝贺！向各位专家学者和社科文献的全体员工致以崇高的敬意！

30 年来，社科文献始终围绕党和国家的工作大局，秉承"创社科经典，出传世文献"的办社宗旨，出版了一大批优秀的人文社科类图书，为我国社会科学研究和出版业的繁荣发展做出了重要贡献。

一是认真履行出版的文化使命和社会责任。近年来，社科文献出版社积极参与中宣部和国家新闻出版广电总局组织的各项重大主题出版工作，策划出版的 10 余种优秀图书入选总局主题出版重点图书，获得社会好评。

二是出版了一大批学术精品。社科文献打造了皮书系列、列国志、中国史话等著名品牌，出版了汇集学术经典的"社科文献学术文库"和"社科文献精品译库"（现已更名为"社科文献学术译库"）。多种图书先后获得中国出版政府奖，入选"三个一百"原创图书出版工程。

三是不断推进和深化出版改革。社科文献始终走在改革的前列，改革的意识强，改革的步子大，改革的成效也十分显著，被评为"全国文化体制改革工作先进单位"。近年来社科文献坚持以加强管理为切入点，以制度建设为保障，加快内容创新、管理创新和传播手段创新，出版社的整体

实力和竞争力有了快速的提升。

四是致力于中国学术话语的海外传播。社科文献与多家国际知名出版机构建立了全方位的合作关系，联合出版了诸如《中国梦与中国道路》等一系列有重要影响的图书，在推动中国文化"走出去"方面取得了丰硕成果。

五是高度重视人才培养和队伍建设。社科文献始终把打造高素质高水平的编辑队伍、善于开拓市场的发行队伍和精干高效的管理队伍作为人才建设的目标；大力推进"名编辑工程"建设，严格实行学科分类管理和专业审稿制度，特别是加强学术著作出版规范管理，确保了出版图书的学术质量；在重点领域搭建了强大的学术资源平台，汇聚了一大批高水平的专家学者队伍，为出版社持续发展提供了有力保障。

30 年来，社科文献出版社以坚定的理想信念服务大局，以敏锐的学术视角探求新知，以严谨的科学态度打造精品，以厚重的人文情怀服务读者，以开拓创新的精神推动发展，确立了社科文献在我国出版界、学术界和文化界的重要地位，赢得了海内外专业人士和广大读者的信任和赞誉！

今天，我们又站在了新的历史起点上。党的十八届五中全会审议通过的《中共中央关于制定国民经济和社会发展第十三个五年规划的建议》，绘就了未来五年中国经济社会发展的宏伟蓝图。我们要深入学习贯彻五中全会的精神，充分把握出版业发展的新机遇、新挑战、新要求，扎实推进社会主义文化强国建设。借此机会，我就社科文献下一步的发展提四点建议，以供参考。

一是要坚持社会效益第一，加强主题出版。要建立健全把社会效益放在首位、实现社会效益和经济效益相统一的体制机制，明确把社会效益第一、社会价值优先的经营理念体现到出版单位章程和各项规章制度中，体现在深化出版单位内部劳动、人事和收入分配等制度的改革之中，不断完善两个效益相统一的评价考核机制；要加强主题出版，着力推出一批深入学习宣传贯彻习近平总书记系列重要讲话精神、宣传中国特色社会主义、宣传中国梦和社会主义核心价值观的重点出版物；要精心策划，在深入、深化上下功夫，在思想深度、学术含量上做文章。

二是要坚守学术出版阵地，推出更多精品力作。30年之中，社科文献用学术出版记录了中国的历史巨变，用学术出版促进了人文社科知识的传播，用学术出版增强了中国的国际话语权。希望社科文献深入落实习近平总书记在文艺工作座谈会上的讲话精神，牢牢坚守学术出版阵地，继续以质量创品牌，以精品谋发展，始终把多出优秀作品作为出版工作的中心环节，在培育学术精品力作上花更大力气，下更大功夫，出更多成果。

三是要加快融合发展，推动产业转型升级。在"互联网＋"和大数据来临的时代，社科文献要充分发掘和运用好传统出版的内容优势，努力推动传统出版与新兴出版在内容、渠道、平台、经营、管理等方面的深度融合，努力实现产业发展的新跨越。

四是要加强对外交流，推动中华文化"走出去"。要研究借鉴国外学术出版机构的成功经验，加强国际出版的交流合作，推动版权输出，开拓国际市场；要着力翻译出版一批反映当代中国发展变化的学术研究成果和宣扬中华优秀传统文化的出版物，通过中国学术"走出去"丰富中国文化"走出去"。

30年辛勤耕耘，30年春华秋实。对社科文献出版社来说，30周年既是承前启后、继往开来的里程碑，也是团结进取、奋发有为的新起点。希望社科文献出版社全面落实中央要求，在建设社会主义文化强国的进程中再创新业绩，再铸新辉煌！

自觉服务国家战略，
实现出版业繁荣发展

——在社科文献建社 30 周年暨致敬作者
典礼上的讲话

中国出版协会常务副理事长
中国图书评论学会会长　邬书林

（2015 年 10 月 31 日）

各位领导、专家，女士们、先生们：

金秋十月，我们相聚在此，共同庆祝社会科学文献出版社成立 30 周年。首先，我代表中国出版协会向今天出席会议的各位领导以及专家学者致以最诚挚的问候！向社科文献全体员工表示衷心的祝贺！

社科文献成立 30 年来，在中国社会科学院的直接领导下，在国家新闻出版广电总局的悉心指导下，一直坚守学术出版的高地，秉承"创社科经典，出传世文献"的出版理念和"权威、前沿、原创"的产品定位，通过学术产品的专业化、系列化、市场化运作，在学术出版领域取得了令人瞩目的成绩。

社科文献从初创逐步发展到今天，其间经历了若干阶段。这 30 年来，社科文献每 10 年就有一次重要进展，尤其是近十几年，取得了重大进展：不管是出版社的影响力，还是若干图书的集中度；不管是图书质量的管理，还是队伍建设，都上了一个大的台阶。社科文献出版人有一个很好的、值得出版界学习的品质，就是把整个出版工作水平的提高，作为自己的责任。谢寿光社长这几年在出版学术水平的提高方面，在出版规范、公共事务、国际交往方面，都做得很好。所以这 30 年，尤其是这十几年皮书成长的过程，也很好地把出版单位的水平大大提升了，而且社科文献无论是改革、发展、管理还是做皮书出版等一系列工作，可圈可点的地方非常多。我想重点从皮书的角度来谈一谈自己的看法。

首先，经过20多年的发展，特别是近15年的发展，我们国家皮书的整体研创水平和出版水平都上了一个很大的台阶。从品种上讲，20年来，我们的品种已经从过去的两三种增长到现在的一千种，稳定出版的有五六百种。而且在这个过程当中，皮书研究和出版的集中度有所提升，这是体现我们皮书出版水平和研创水平的重要指标。现在社科文献每年出版皮书300多种，占全国经常性出版的皮书总量的60%以上，集中度非常高。集中度的提高，表明出版水平的提高。你看国内的经济管理、外国文学方面的著作的出版，都是集中在两三家出版社，甚至一家出版社占到总出版量的60%。皮书出现了这个现象，证明社科文献的皮书研创和出版达到了非常高的水准。所以面对这个态势，我认为重要的是，要很好地总结前20年的经验，然后坚持行之有效的机制和好的做法；同时更重要的是，能与时俱进地分析研究国家乃至世界对皮书的新要求，以及对皮书发展的期待。

　　其次，当今研究工作和文献资料出版工作融合的趋势非常明显。国务院发布的《中国制造2025》，里面的核心思想，就是中国要在2025年成为制造业强国，其中重大战略就是要把制造业信息的使用、支撑融合起来做，使制造业的发展、制造业强国的实现，建立在掌握最新知识、最新信息技术之上，而且要把它集中在一个平台上去运作。皮书的研创和出版工作如果能打通了做，将大有可为。因此，皮书下一个阶段的发展，应有两个战略重点。一个重点是按照文献生产的规律，提高内容生产的质量：一方面，要紧紧依靠皮书的研创队伍来提高质量，要把这个作为一个基础；另一方面，出版方要提出相应的标准，给出相应的规范，来促进研究人员提升皮书质量。另一个重点，现在信息技术的进步、通信的发达、计算机的广泛使用，对数字化文献知识和信息的收集大有裨益。在数字化的世界，信息的传播是快速的，存储也是快速的，分析也是快速的。这个时候如果不跟上数字化这个潮流，不能够很好地运用数字化的工具，皮书是难以提高质量的。

在2015年的皮书年会上，我提出了"四化"的看法。一是数字化。因为现在世界上先进的专业出版都是数字化的，科学研究过程的资料、信息主要是数字化的，知识的存储、使用、分析也是数字化的，你不跟上这个，你就落后了。二是平台化，指的是把研究者、出版者、读者和社会需求集中在一个平台上讨论，大家可以随时掌握信息，你要不用这个平台，不善于把各方面意见及时地掌握好，你将大大落后。三是工具化。现在关于资料的搜取、分析和发布的工具，每天都在增加，许多工作经过计算机处理是非常简单的，但如果你还用人工进行处理，不善于用工具，速度和质量都无法提高。四是协同化。现在研究对象的资料海量了，研究的问题复杂了，研究的学科多了，边界越来越模糊了，靠单个学者单打独斗的时代已经过去了。在这种情况下，我们需要掌握数字化的工具，以团队的方式开展系统研究。你们看近20年来的诺贝尔奖获得者，几乎都是机构和系统获得的，

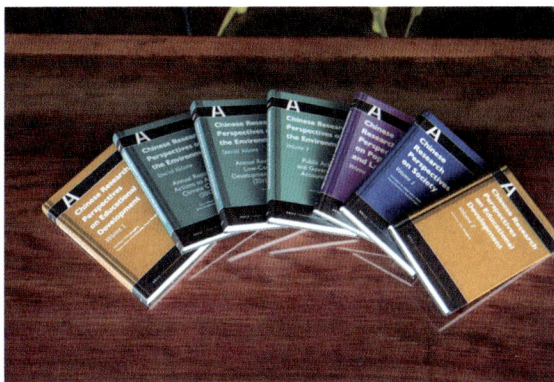

像过去那样一个人获奖的可能性越来越低。

第三，要充分肯定，社科文献过去的十多年当中为提高皮书质量做出的不懈努力，这也为中国出版业的品种繁荣和质量提高做出了重大贡献。我认为你们在这个方面占领了先机，也取得了良好的经济效益和社会效益，是可喜可贺的事情。而且我感觉到在这个过程当中，谢寿光社长和你们一批研究人员形成了非常专业化的工作理念和工作机制，这是提高皮书质量的技术性工作。在此基础上把皮书研究队伍和作者队伍更好地结合起来的话，皮书质量会有大的长进。

党的十八届五中全会提到了"创新、协调、绿色、开放、共享"的战略部署，确定了一大批重点创新领域的重大战略及重大工程，对知识的生产与传播提出了新的要求。出版工作要自觉服务国家战略，争取在服务中华民族伟大复兴的中国梦的过程中，实现出版业的繁荣发展。

30年，对于一家出版机构来说不算太长，但你们做出的成绩是有目共睹的。本次庆典的主题叫"三十而立再出发"，在信息科技日新月异的今天，我们唯有以不断进取的改革精神，才能更好地推动我们国家出版事业的发展。祝愿社科文献出版社基业长青。谢谢大家！

（以上内容根据录音整理）

做文化事业的建设者

——在社科文献建社 30 周年暨致敬作者典礼上的讲话

中共党史专家、中央文献研究室原常务副主任　金冲及

（2015 年 10 月 31 日）

　　各位同志，今天本来是来祝贺社会科学文献出版社成立 30 周年的，没有想到会上还发证书，发纪念品，还要发言，所以我简单说几句。我一方面是作者，另一方面，也可以说是曾经的同行。因为我在 20 世纪 70 年代初到 80 年代初，整整 10 年，先后任文物出版社副总编辑、总编辑，干过 10 年出版工作，对出版工作的甘苦还是能体会到一点的。在这 10 年中，曾经有两件事令我印象很深。一，当时文物出版社社长是王仿子同志，他是"抗战"时期生活书店在日本的经理。有一次，我跟他一起去日本谈合作出版的事情。他在会议讲话里说，我们是文化工作者、文化事业的建设者，不是出版商，当时日本的出版家协会主席、平凡社的社长下中邦彦非常认同他说的这句话。我觉得，确实是这样。没有那么一种事业心的话，出版社是不可能把中国的文化事业搞好的。二，1979 年，在四川成都召开历史学规划会。当时与会的一位前辈学者说了这么一句话，他说我们这里讨论了半天这个规划、那个规划，还不如讨论出版社的出书规划所起的作用。因为那个时候，几个出版社制定了规划，准备系统地出哪些书，并且约了作者。对作者来说，写好了，只要合格，出版是有保证的，所以，积极性很高。国家的规划即便定了，也未必能落实，而出版社一个一个定下来的规划，倒是都落实了。

　　所以，出版社的重要性毋庸置疑。那么，社科文献建社 30 年了，我印象深刻的是，在我们的文化事业的建设过程中，社科文献起了很大作用。特别是在历史学和社会学两个领域，社科文献的作用是相当突出的，出了很多好书。关于皮书，我自己就有体会。

我当时正在写《二十世纪中国史纲》，政治、历史方面的资料、文献都好找，但是经济社会的状况怎么样，你找报纸也罢，找什么也罢，颇为费劲。我当时就靠查阅各种各样的皮书，特别是《经济蓝皮书》和《社会蓝皮书》，成功将《二十世纪中国史纲》写成。皮书把某个领域每年的发展情况进行概括的叙述，不用不觉得它重要，要用的时候，还真是没有别的可以代替。

第二个呢，就是社科文献的发行工作。作者特别关心，事实上出版社也特别关心发行问题。因为你出了那么多好书，如果没人看，你出它干吗？作者写了以后没人看，写它干吗？所以，我也问过一些同志，他们就说在社会科学书籍方面，两个出版社的发行工作做得最好，其中之一就是社科文献。

第三个，我觉得是经营管理。不依赖国家的财政支持，社科文献能够做到今天这样的成就，实在不容易，这不用我多说了。

我记得自己曾经在某个会议上面讲过一句话，有些出版工作者也很赞成。我说我们现在出了很多好书，往往读者对作者是谁记得很牢，印象很清楚，或者稍微再进一步，这是哪个出版社出的，也许还记得。但是出版工作者、编辑工作者付出的辛劳，以及他们的名字，究竟有多少人记得？所以，我觉得出版界所有花了心血、有所贡献的人，你们应该得到奖项，得到荣誉。我就说这些，谢谢！

（以上内容根据录音整理）

信任与支持，友谊和梦想

——在社科文献建社 30 周年暨致敬作者典礼上的讲话

社会科学文献出版社社长　谢寿光

（2015 年 10 月 31 日）

尊敬的各位领导，各位专家：

大家上午好！

今天是金秋十月的最后一天，社会科学文献出版社迎来建社 30 周年大喜的日子。我们深怀诚挚的感恩之心，邀请长期以来一直给予我们关心、指导和支持的院领导、总局领导和所属部门领导、受聘担任社科文献学术委员会委员的著名专家，以及作者代表莅临本社，与 350 多位社科文献人一起欢庆节日。大家的光临是我们的荣幸，也是对我们的鼓励。我谨代表社科文献出版社全体员工向各位领导、各位专家表示热烈的欢迎和最诚挚的谢意。

对于社科文献以及我个人而言，金秋十月都有着特殊的意义——30 年前的金秋十月，社科文献出版社正式成立；而 18 年前的金秋十月，我来到社科文献，并与她一同开始了追梦之旅。

刚才大家看到社科文献建社 30 周年的纪录片，短短 20 分钟，浓缩了我们 30 年的足迹。这 30 年，我们有过成功也有过失败，有过顺境也遇过艰难。非常幸运的是，有在座的各位一路相伴，鼓励与支持着我们勇敢前行，发展壮大。

社科文献从创立时的十几人到目前的 350 多人，从我刚任职时年出书 100 多种到年出书 1600 多种；从年销售收入 400 万元到总收入近 3 亿元；从几无立锥之地到拥有 7000 多平方米自有产权办公用房；在从小到大、从默默无闻到行业知名的过程中，我们收获的不仅仅是业绩和成就，更是友谊与梦想。

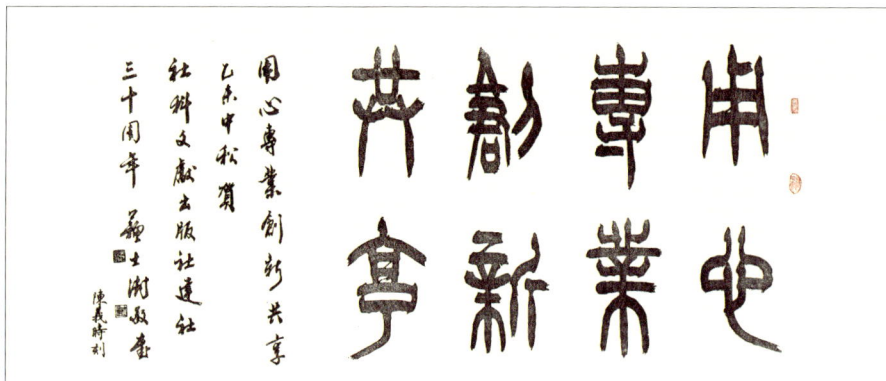

用心专业创新共享

社科文献出版社建社
三十周年

乙未中秋贺

罗士渊敬书

陈义时刊

社科文献的 30 年，也是中国经济社会取得飞速发展的 30 年。社科文献人秉持"创社科经典，出传世文献"的出版理念，敬畏学术，尊重作者，以"用心、专业、创新、共享"为准则，打造出皮书、列国志、中国史话、学术集刊与"甲骨文"等知名品牌，树立起中国学术出版的一面新的旗帜。

与其他产业相比，出版产业没有值得炫耀的产值，但在知识的传承、学术成果价值的实现与话语权的构建等方面却发挥着不可替代的作用。在人文社会科学领域学者的支持下，社科文献在出版能力建设、企业品牌打造、学术资源积累等方面获得了喜人的成绩，在推动人文社会科学学科建设、助力学术评价及学术传播方面也表现出了自身的社会担当与人文情怀。

在中国出版界，社科文献是一支光荣而专业的队伍，这一点我非常骄傲。我们倾心打造学术型编辑团队，不断追踪学术前沿，以高端学术品位服务作者；我们的生产运营团队上传下达，高速运转，以先进工艺技术保障全社生产流程顺畅、满足用户个性化需求；我们的市场营销团队挖掘品牌价值、打造行业领先的传播能力和销售能力，搭建了宽广的学术传播与成果推广平台；我们的信息化与数字出版团队使学术出版在数字化新环境下焕发新的活力与生机，成为行业的排头兵；我们的国际出版团队依托优势学术资源，广泛开展多种形式的国际合作，成为中国在海外出版品种最多、国际影响力最大的学术出版机构之一，助力中国学者发出了中国学术的好声音……

30 年来，特别是第二次创业以来，我们要感谢以奎元院长和伟光院长为核心的两届院党组对社科文献发展所给予的战略指导和关心，要感谢院各职能局、研究院所的领导和同仁对社科文献的出版工作所给予的信任和支持。中国社会科学院这一亚洲第一智库源源不断的智力成果的输出，成就了社科文献在人文社会科学出版事业上的领先地位。

我们要感谢中共中央宣传部、国家新闻出版广电总局长期以来对我们出版工作的悉心指导，使得我们始终能够紧紧围绕党和国家的发展大局开展出版工作，跟进产业发展的布局，在实现社会效益和经济效益的双丰收中健康发展。

我们要感谢以中共中央对外宣传办公室、国家哲学社会科学规划办等领导单位和清华大学、北京大学、中山大学、吉林大学、华中师范大学、贵州社会科学院等人文社科科研重镇，感谢他们在开展国际合作、学术出版、数字出版等各项业务中所给予的信任与大力支持。

我们还要特别感谢以在座诸位和我们致敬的作者为代表的广大学界同仁。没有诸位多年如一日的扎实研究与辛勤探索，就没有这些经典学术成果的问世，更没有人文社会科学各学科的蓬勃发展；正是因为你们，我们的编辑才得以迅速地进入专业学术领域，并在你们的引荐下，进入更加广阔的学术圈子。我们的很多作者都与我们的编辑建立了亦师亦友的关系。你们的学术成果与前沿理念，已经变成社科文献得以长足进步的坚实根基。

感谢我们这些可敬可爱的作者们，没有各位的信赖与陪伴，社科文献就不可能有今天的荣誉与成就，也不可能在社会学、近代史、国际国别研究、宗教学等出版领域取得位居全国前列的傲人成绩。

因此，在今天这样一个时间节点，我想说，社科文献这样一家学术出版机构，与其说是社科文献的，不如说是在座诸位的，她的成长与发展是在诸位的指导、鞭策、关心与支持下完成的。

再次感谢诸位领导和专家莅临，和我们共同见证社科文献这一具有历史意义的时刻。我相信，在院党组和总局领导的指导下，在各位作者及社会各界的支持下，经过一代代社科文献人的共同努力，社科文献将取得更大的辉煌！

1997

1985

专业

中日关系研究主题出版的源起与发展

步 平

步平，中国社会科学院近代史研究所原所长、研究员。曾在我社出版《第二次世界大战期间日本的化学战》、《东亚三国的近现代史》（合著）、《日本右翼问题研究》、《中日共同历史研究报告（古代史卷、近代史卷）》（主编）等著作。

借社会科学文献出版社成立30周年的机会，回顾一下我个人以及中国社科院近代史研究所和社科文献的渊源。社科文献是中国社科院下辖的出版社，按理说和各研究所都有直接关系，但和近代史所的关系可能更加密切，原因有两个。

第一，近代史所以前有一个青年论坛，每年论文集都是在社科文献出版的，现在已经形成一个系列。我们有些研究室的专项研究成果也都是在社科文献出版的。

第二，社科文献在中日关系研究成果出版方面在国内有特长，近代史所研究的中日关系的书也几乎都在社科文献出版，这也使得我们的关系越来越密切。

我个人和社科文献的关系有两个很重要的节点。

第一个节点，2004年我从黑龙江社科院调到近代史所，有一个中日历史研究的项目需要出版，因此就找到了社科文献。我们和社科文献关系由此开始。后来近代史所和中日关系有关的研究成果都在社科文献出版。我的一本关于日本化学战问题的书，也借着这个机会在社科文献出版，杨群总编辑当时是这本书的编辑，我们围绕这本书展开了几次非常认真的探讨。

第二个节点更加重要。2002 年，我们开展了一个中日韩三国共同进行的东亚史研究。现在看来，无论在国内还是国际社会对这个"共同研究"都非常重视，认为这样一种跨国研究很有意义。但在当时，有这种认识的并非多数。当时能不能出版，出版以后会不会得到关注，都是未知数。有几家出版社找过我们，但从经济效益的角度观察之后都打了退堂鼓。杨群同志参加过我们的一些会议，所以我就跟他谈，他看了以后坚定地说，就在社科文献出版吧。没想到 2005 年书出版以后，国内和国际社会反响都很强烈。曾经很长一段时间，这本书（《东亚三国的近现代史》）在国内图书发行排行榜上都是第一位的，累积到现在一共发行了十几万册，在日本、韩国也发行了五六万册以上。相比之下，我认为很多出版社缺乏这样的远见和决心。

近代史所和社科文献的关系不仅限于图书出版。这些年我们一起主办中日韩三国"历史认识与东亚和平"论坛，还有中日韩三国学者关于东亚史的研究，这两项工作都已经进行了 15 年，非常不容易。通过这项工作，我们与社科文献建立了学者和出版者之间的一种密切的关系。同时，我们拥有一个更高的共同目标，就是我们不仅出版研究成果，而且要让它在国内，以及在国际社会产生更大的影响，我希望我们能够继续把这种关系保持下去，把这几项工作继续进行下去。

30 年前社科文献是一个很小的出版社，现在已经是一个庞大的机构了，这是一个非常好的发展势头。我希望社科文献能够在此基础上持续发展下去。祝愿社科文献获得更大的成功！

（张雯鑫采写　柳杨整理）

编者与作者
互长互学的三十年

蔡　昉

蔡昉，中国社会科学院副院长、学部委员、研究员。曾在我社出版《穷人的经济学》、《民生经济学——"三农"与就业问题的解析》、《科学发展观与增长可持续性》、《中国流动人口问题》、《刘易斯转折点——中国经济发展新阶段》、《超越人口红利》、《避免"中等收入陷阱"》、《从人口红利到改革红利》、《赢得改革红利》、《中国人口与劳动问题报告》（主编，自 2000 年起历年）等著作。

1985 年我从研究生院毕业到中国社会科学院工作，与社会科学文献出版社成立是同一年。据我了解，经过这些年不断的努力，社科文献从一家小规模出版社发展成为哲学社会科学领域中领军级别的大型出版社。在这期间，经历了二次创业的艰辛，同时也取得了巨大成就。我在多年以前就在社科文献出版学术著作，可以这么说，我自己的学术生涯和社科文献的发展是同步走来的。

近年来，中央要求哲学社会科学要"走出去"，要把中国发生的故事讲给世人听，把中国的声音传播到世界各地。我们身为哲学社会科学工作者，具有这样的义务和使命。同时，这也是出版社的一项重要工作。随着我的几部学术著作陆续翻译成外文并出版，我也见证了社科文献成功地演变成为以对外出版为特色的国际化出版社。我认为这也体现了编者与作者之间的互长互学。

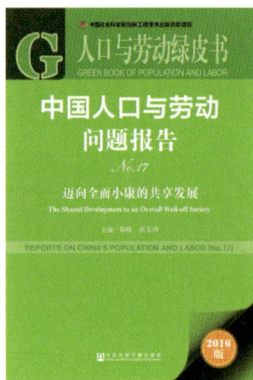

谈到我与社科文献的合作，不得不说起谢寿光社长与我的关系。首先我们是同事，同时又是出版家和作者的关系，多年以来的密切合作更使得我们逐渐发展成为志同道合的朋友。长期以来，我的很多科研成果是被谢社长"催"出来的。比如，每当编书过程中我有一些新想法，或者精力不足、开展工作较慢的时候，谢社长就会反复催促。久而久之，就像自己欠下份债，必须去还清似的，所以一些科研成果就是这样被"催"了出来。其中不乏有些成果取得了很大的影响，对我个人的学术观点的传播产生了很积极的作用。

社科文献与我合作的《人口与劳动绿皮书》于2000年首次出版，至今已经出版15本。皮书系列的问世具有较大的前瞻性和现实意义。20世纪90年代末至21世纪初的几年，我国就业压力比较大，劳动就业逐渐走向市场，当时人们对这方面的知识还较为缺乏，第一本《人口与劳动绿皮书》便是在这样的社会背景下孕育而生的。编书的日日夜夜，也是我们建立起自己的劳动经济学学科和队伍的过程。同时，依靠这部书，我们的科研成果开始逐渐影响社会，之后又在海外出版。15年来，在每一本绿皮书的成书过程中我们都会遇到很多的艰辛和困难，但是每一次都得到了谢社长和各位编辑的大力帮助和支持。我相信这些付出是有价值的，经历时间和市场的打磨，包括《人口与劳动绿皮书》在内的皮书系列已然成为社科文献的一个品牌。

超越人口红利

BEYOND DEMOGRAPHIC DIVIDEND

我们还能享受人口红利带来的福宴吗？

蔡昉 / 著

社会科学文献出版社

SOCIAL SCIENCES ACADEMIC PRESS (CHINA)

目前，中国社科院正在致力于建设国家级高端智库，并且要做到有国际影响力。我认为这对于皮书亦是一个非常好的机会，因为发挥智库的作用是皮书自身的特有功能之一。另外，大量皮书在国外出版也与社会科学走出去的思路一拍即合。从这个意义上说，社科院建设中国特色的高端智库与社科文献的皮书系列是密不可分的。

社科文献成立30周年了，俗话说三十而立，我衷心地表示祝贺。再过五年，我们将迎来中央要求的第一个一百年目标——全面建成小康社会，在这个过程中希望你们再接再厉，发挥好自身的智库功能。在接下来更长的时间里，你们进入下一个30年，我们国家也要迎来中央要求的另一个一百年目标，在中华人民共和国成立100周年的时候，初步建成一个现代化繁荣富强的社会主义国家，到那时候，我相信社科文献一定会成为真正的世界知名的出版社！

（张雯鑫采写　张天墨整理）

梦想、责任与使命

房 宁

房宁，中国社会科学院政治学研究所所长、研究员。曾在我社出版《草根经济与民主政治》（主编）、《自由、威权、多元——东亚政治发展研究报告》、《中国政治参与报告》（主编，2011 年起历年）等著作。

2015 年，社会科学文献出版社建社 30 年。在我看来，社科文献就是一个梦想成真的范例。社科文献现在已经成为我国哲学社会科学领域闻名遐迩的出版社，特别是皮书、列国志这些重要的品牌，在世界上也享有盛誉。就我的体会，我觉得今天社科文献得到的这一切都源于她的一个梦想——要做中国乃至世界上最好的出版社。正是因为有了这样的理想，有了这样的目标，并经过不懈的努力，社科文献才有了今天的成就。

我和社科文献结缘应该是在 2008 年，那年我们在浙江台州做研究，后来希望能把研究报告公开出版，正好这时我遇到了谢社长。我记得在一次会议上，谢社长第一句话说"社科文献是一个有梦想的出版社"，我一听特别有感觉，因为我们社科院政治学研究所也是一个有梦想的机构。所以我们俩应该是一拍即合，我特别理解谢社长的雄心壮志。据我所知，20年前的社科文献只有 20 多个人，是非常小的一家出版社，可以说非常不景气。但这些并不重要，重要的是你想做什么。社科文献在谢社长与大家的共同努力之下，最终走到今天。在我看来，社科文献最重要的一条经验，就是有一个目标，并且为了实现这个目标不懈地去努力。

现在是一个非常好的时代，中国的各项事业都在发展，社会在转型，各行业都在探索新的道路，包括出版业发展的道路，这里面的机会是无限的。但如果不去发现机会，没有动力去发展，那一切也会失之交臂。而幸运的是社科文献就有这样的理想，而且在不懈努力着，所以机会总是留给有准备的人的。

　　社科文献除了在管理、经营方面做得很好之外，还有一点非常重要，就是她抓得住重点。一项事业或一个行业，有很多的规律、规范，方方面面都要兼顾，但在做工作时抓重点也非常重要。所以出版社和任何单位都一样，要有自己的品牌，要有自己的核心价值。

　　社科文献这些年有两大核心产品，也体现了其核心价值。一个是列国志，另一个就是皮书。大家都有一个共同的感受，就是皮书品牌之所以能迅速发展起来，甚至在国际上也备受关注，主要是因为她体现了我们中国哲学社会科学的一种发展趋势，反映了我们发展的价值，这就是智库的建设。在我看来，整个中国哲学社会科学面临着一次转型，这个转型就是从普通的社会科学研究转向智库型研究，也就是从一般的文化传承向能够为国家、为整个现代化事业进步展开研究并出谋划策的方向转变。智库型研究能反映我们社会发展最现实的、最重大的问题以及未来的趋向，甚至直接给国家的发展提供咨询、提供规划，我觉得智库型哲学社会科学上了一个台阶。能够做到基础的研究、知识的积累、数据的采集和整理，这个很重要。现在经常讲大数据，皮书系列就起到了这样的一个作用，可以有力地推动智库的发展。总之，社科文献在如今这般竞争非常激烈的时期，找到了自己的核心价值。

当然，在社科文献建社 30 年之时，回顾过去并加以总结，这都是非常必要的，但是我觉得我们回顾过去、总结过去，更多的还是为了展望未来。从政治学的角度来讲，有两个问题非常值得研究者和出版者很好地结合，这就是要记述中国的社会发展与经济的进步。我们现在讲五大建设，这个应该是前无古人，甚至是后无来者的事业。也就是说，在过去 30 年以及未来二三十年总共半个多世纪的时间里，中国将完成从农业社会向工业社会、后工业化社会转变的历史跨越，也就是我们经常说的工业化、城市化、现代化。这是对整个国家、民族与人民至关重要的历史进程。

中国是世界上人口最多的国家，走的是一条自己独特的道路，因此这条道路是非常值得我们开展学术研究的。我相信将来她也会在历史上留下浓墨重彩的一笔，所以当代的哲学社会科学工作者包括我们出版者，应该记述这段历史。皮书实际上就是在做这项记述的工作，包含一些基础的数据和知识，我觉得想要把皮书做得更好，还应该进一步去研究中国的现实，在认识、归纳、总结中国现代化规律的基础上，提出我们的理论。在过去 30 年甚至更长的时间内，我们一直在做这项工作，今后就到了开花结果的时候。未来的二三十年是非常重要的，中国会形成自己的有世界历史影响的理论，从出版的角度看会有大量的传世之作，所以我希望社科文献要更加关注，要更加具有战略眼光，有更高的出版水平能够配合这些研究，出版大量的传世之作，来记述我们的时代，反映我们的时代，为后人留下我们这个时代的印记。

为了做到这点，必须要用比较研究的方法。我供职于社科院政治学研究所，研究中国问题是我们的主要任务，也是我们的出发点和落脚点。但是实际上这么多年，我有一个很深的体会，就是只在中国、只看中国是看不明白的，是不能够真正理解中国的；要真正认识中国，必须去看世界，必须通过"比较研究"这种方法，才能够理解当下的中国。所以国际视野非常重要，比较研究非常重要，社科文献也做了这样的工作，比如说列国志。但列国志和皮书一样，也是一个比较基础性的工作，它反映了一些最基本的情况。但严格地来说，它还不是一种研究。我们去了解这些国家，不是为了猎奇，也不是为了收集海外奇谈，我们研究这些国家，目的是发现各个国家走向工业化、城市化、现代化时所遇到的问题，寻找解决这些问题的方案，并从中收获经验教训，进而掌握发展的规律。这些研究我们刚刚着手去做。在第二次世界大战以后，美国的崛起导致美国的学术界做了类似的工作，因此产生了战后整个世界范围内最重要的一些社会科学的成果，政治学中有奥尔森的《集体行动的逻辑》与亨廷顿的《发展政治学》。今天我们意识到中国也到了这样一个时刻，中国也在崛起，中国的崛起必然带来中国哲学社会科学的崛起，必然带来政治学的崛起。所以我非常感谢社科文献，也特别感谢谢社长，他非常有眼光。在 2008 年的时候，我们开始研究东亚各国的政治发展问题，谢社长当时觉得这是一个非常有价值、

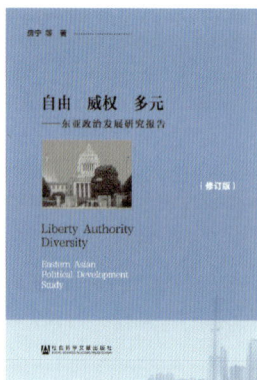

有前途的研究，所以大力地支持。后来，我们出版了《自由、威权、多元——东亚政治发展研究报告》，接着我们还会出版第二本，叫《民主与发展》，是关于亚洲政治发展的研究成果。我们会将两本合成《亚洲政治发展研究》。

　　非常感谢社科文献，我所要感谢的，或者说我所赞赏的是社科文献的眼光，当然这种眼光也来自于梦想。有梦想，有眼光，就能够把我们的事业推向前进。我也希望社科文献继续支持我们世界范围内的政治发展的比较研究。今年我们有关亚洲的研究已经初步告一段落了，接下来我们要走出亚洲，走向欧美、拉美和非洲。我的理想是带领我的团队，做 20 个国家的研究，完成我应该肩负的历史责任和使命。我相信社科文献也会支持我们，帮助我们，一起完成这样的非常有意义的研究。也祝社科文献在各个方面不断取得成就，今后还有 40 年、50 年、60 年，我相信社科文献会越来越好，在中国的现代化的历史上做出自己的贡献，留下自己的业绩。

（张雯鑫采写　马云馨整理）

出版家是学术成果
能否发挥影响力的关键

高培勇

高培勇，中国社会科学院财经战略研究院党委书记、院长，学部委员。曾在我社出版《中国公共财政建设指标体系研究》《财税体制改革与国家治理现代化》等著作。

在我的学术生涯中，接触过许多出版社，社会科学文献出版社是给我印象最深刻的一家。首先是因为社长谢寿光先生，他是一个真正意义上的出版家。当今社会，做学术研究和以往有一个不同之处，那就是"酒好也怕巷子深"。以往做学术，大家普遍认同的标准是有真才实学，有学术成果，能够提出有影响力和有创新之处的观点，宣传工作的重要性是不被重视的。但是身处信息社会，学术成果的宣传和推广变得极其重要，这项工作主要需要出版家来推动。我认为，谢寿光社长就是当今中国名副其实的出版家之一。他不仅对学术事业非常热爱，对学术研究非常熟悉，更重要的是非常善于在信息社会中以一种非常适当的方式对学术成果加以推广。

我们财经战略研究院成立之后，重点出版了"中国社会科学院财经战略研究院报告"系列丛书。从2012年正式立项到第一本《中国公共财政建设指标体系研究》正式出版，虽然总共才不到3个月，但是这本书的设计、装帧和发布，包括后期宣传，都做得非常出色。所以，一项学术成果是否具有影响力，能否产生价值，不仅仅依靠科研人员的写作水平，还取决于出版社的推广方式和宣传效果。我本人和财经战略研究院都愿意把科研成果交给社科文献来出版和推广，从而能够最大限度地发挥决策影响力和学术影响力，

甚至是社会影响力。我认为这一点是我们做学问的和出版方共同致力的目标。

在近十年的合作中，我逐渐观察和总结了社科文献的一些特点，主要是与其他出版社在比较优势方面的分析：第一，内容的选择方面，社科文献致力于精品的出版；第二，着眼于关系国家重大理论和现实问题的学术科研成果；第三，极为关注学术著作的后续影响力及其后期的推广宣传。谢寿光社长曾经和我讲过，如果在社科文献出书，他可以把学术成果的宣传做到极大化。我想这也正体现了社科文献对自身优势的充足信心。

如何把出版社的经济目标和我们做智库的影响力目标两者协调统一起来，这不仅是社科文献所关注的问题，也是当今中国学术传播业和学术成果生产者所要面对的问题。出版社作为企业，需要更多关注盈利问题，而做智库则会着重关注影响力的极大化。如果这两者能够巧妙地结合在一起，我认为便可以达到双赢的目的。一方面，影响力的极大化，表现为宣传的广度和深度做到了极致，出版企业的盈利目标也可以随之实现。另一方面，在实际的运作过程当中，两者的目标有时候会出现不一致的情况，这时就需要权衡利益、考量先行目标。中国特色新型智库的建设，离不开传播平台；传播平台的可持续发展，也需要新型智库产品的大力支撑。我希望今后我们能够走出一条彼此利益协调、目标兼顾、有可持续合作的路子。

在过去的30年发展历程中，社科文献已经打下了非常好的基础。衷心祝愿社科文献能够越办越好，在既有的基础之上再创新的辉煌。

（张雯鑫采写 张天墨整理）

时刻为学术事业服务

郝时远

郝时远，中国社会科学院学部委员、研究员。曾在我社出版《帝国霸权与巴尔干"火药桶"——从南斯拉夫的历史解读科索沃的现实》《列国志·蒙古》《天骄伟业》（主编）《当代中国游牧业：政策与实践》（主编）《特大自然灾害与社会危机应对机制：2008年南方雨雪冰冻灾害的反思与启示》（主编）以及民族发展蓝皮书系列等著作。

1999年社会科学文献出版社开始转型，在院内约稿方面开始变得非常积极主动。我记得当时正好爆发科索沃战争，我的一部作品（《帝国霸权与巴尔干"火药桶"——从南斯拉夫的历史解读科索沃的现实》）希望能够尽快出版，于是就和出版社联系上了。从那个时候开始，我和社科文献结下很深的缘分。后来我陆续在社科文献出了不少书，像"西藏工程"这种重点项目，都是在社科文献出版的。

我是1988年到中国社科院办公厅工作的时候开始知道社科文献的。当时沈社长非常敬业，但出版社并不是很景气，经营压力也很大。我印象特别深的是，院部旁边有一个小书店，他经常会在书店里推销图书，忙前忙后。一个出版社要起步，又面临着市场竞争的压力。而且社科院本身有中国社会科学出版社、经济管理出版社，文献社规模小，如何发展，在当时也是很困扰的问题。不过，几年之后社科文献就打开了局面，做到今天的确很不容易。

现在社科文献在国内学术界、出版界的名声都很大。而且，谢寿光社长非常有想法、有精力，也有活动能力，为出版社扩大影响、提高效益做了很多工作。

有一件事让我印象特别深刻。2006 年的时候，根据中央有关安排，我们要召开一个国际会议，配合会议要出版一本国内研究成吉思汗的论文集。当时正好赶上"五一"放假，社科文献人文编辑室这个团队整个节日期间没有休息，逐字逐句对文稿进行校对，把编者约到出版社及时处理问题，既保证了这本书的质量，同时又保证了会议如期召开。会议的效果非常好，特别是有了一本厚重的著作，对扩大中国在蒙古方面的学术研究影响产生了非常好的效果。

不仅如此，社科文献日常和作者的联系，和相关学科和各个研究所之间的联系，非常密切，也非常亲和。社科文献有一个很好的社风，为学术事业服务的意识非常强。今天能够做到这个规模和秉持这样的学术态度是有直接关系的。借此我祝愿我们的社科文献能够在学术品牌打造方面做出更多创新性的工作！

（张雯鑫采写　柳杨整理）

共同发展，比翼齐飞

贺耀敏

贺耀敏，中国人民大学副校长，中国出版协会常务理事，中国图书评论学会副会长。

社会科学文献出版社是我国人文社会科学领域一家十分重要的出版社，所有从事人文社会科学研究的人都知道她的影响力。我曾经工作过的中国人民大学出版社（简称"人大出版社"）也是以学术出版为特色，我们两家出版社可以说在人文社会科学领域相辅相成，共同发展。多年来，人大出版社和社科文献有多种合作，我们共同做了许多事情，其中一个共同的目标就是推动中国哲学社会科学的发展。

作为一个出版人，这些年我目睹了社科文献蓬勃发展的历程，社科文献留给我留下三点深刻印象。第一是大量人文社会科学学术著作的出版，这是社科文献长期以来给中国读者，给中国人文社会科学界做出的十分重要的贡献。我们看到，我国许许多多人文社科研究前沿著作都是通过社科文献出版传播出来的，特别是社科文献背靠中国社科院，有一流的作者队伍、一流的科研成果，也有一流的编辑出版人员。第二是社科文献多年来积累了大批量的皮书系列，这已经成为社科文献闪亮的品牌。现在社科文献出版的皮书系列品种多、规模大、质量高，在用户中的认同度也很高，能做到这一点很不容易。我很佩服社科文献在皮书出版方面形成的孜孜不倦、扎扎实实的精神。从长远来看，这对中国社会科学发展会有很大的推动作用，尤其是对于了解中国国情、省情及行业发展意义重大。第三是社科文献在中国文化与世界文化的交流过程中所发挥的作用十分突出。正是由于社科文献在人文社会科学出版领域的领军地位，她出版了一大批优秀著作，在中外文化的交流特别是中外人文社会科学领域的交流方面，发挥着积极的作用。就我所知，目前社科文献与多家国际著名出版传媒机构都有很好的合作关系，一大批中国优秀的图书都是通过社科文献走向世界的。2015 年北京国际书展期间，社科文献承担了书展的重要活动之一——国际出版论坛，从一个侧面反映了这种作用。

我衷心祝福社科文献发展得越来越好，走过了一个光荣的 30 年，接着再走过一个辉煌的 30 年；祝社科文献更好地发挥推动中国人文社会科学大发展大繁荣的积极作用；我也衷心祝愿人大出版社与社科文献共同发展，比翼齐飞！

（张雯鑫采写　柳杨整理）

在皮书研创出版中
结下深厚情谊

胡正荣

胡正荣，中国传媒大学校长、教授。曾在我社出版《新媒体前沿发展报告》（主编，2011 年至 2015 年历年）、《全球传媒发展报告》（主编，2011 年至 2015 年历年）、《中国国际传播发展报告》（主编，2014 年至 2016 年历年）等著作。

首先，祝贺社会科学文献出版社建社 30 周年。这 30 年，社科文献在中国的学术出版界风生水起，影响力日益扩大，对政府资源、学术资源以及社会资源的整合在学术类出版社里都是顶尖的。我代表中国传媒大学，代表我本人向社科文献表示祝贺。

跟社科文献打交道，应该说是在 20 世纪 90 年代末期。20 世纪八九十年代是中国学术还比较热闹的时候，也是创新力、创造力比较强的时候，当时我的印象是社科文献在国内有一定影响，但不是那么前沿。我跟社科文献第一次打交道其实是跟谢寿光社长的交往。作为一个出版人，他具有非常难得的前瞻眼光，而且，他不光了解出版行业，更多的是把出版放在一个大的文化产业、内容产业领域，甚至以媒体的角度去思考问题，所以我觉得他是一个视野开阔、思维前沿的出版人。从那以后，我们的交往不断增多，中国传媒大学也有些毕业生去社科文献工作，在某些领域做到了管理岗位。

这是早期的交往。真正进入比较深层次的交往是在后来。

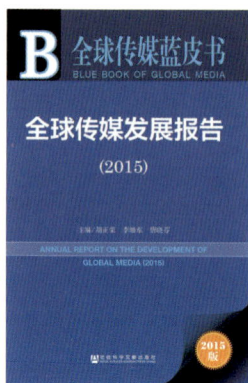

随着中国在国际舞台的影响越来越大，中国如何"走出去"，中国的国家形象如何传播，这些问题日益突出。受到新技术的影响，整个传媒产业尤其内容产业发展得非常快。有一次跟谢社长聊天谈起传媒业的发展，在能不能就一些共同的项目开发上进行深度合作这个问题上，我们一拍即合，达成了一个基本意向。中国传媒大学国家传播创新研究中心（原名广播电视研究中心）是教育部人文社会科学重点研究基地，我们做研究，社科文献出版研究成果，最终形成了我们自己的皮书系列。在社科文献的皮书系列里，《全球传媒蓝皮书》是比较早的一个品种，并且是全国范围内第一本定期地对全球传媒产业进行回顾的图书。后来又出了《新媒体前沿发展报告》和《中国国际传播发展报告》。《中国国际传播发展报告》是国内乃至世界上第一本专门针对中国国际传播的问题、现状和发展方向的专项研究报告。我们觉得很荣幸，因为我们的成果最终能有一个"出口"。从某种意义上来讲，这也是谢社长和出版社给我们的激励，否则可能这些工作我们平常也在做，但是不会想到把它形成一个可见的有影响力的成果公之于众，在国内国际社会产生一定的影响。

和社科文献合作这么多年，我们受益良多。一是成果有形而且集中，二是我们也因此拥有了越来越多的国际作者。从出版社的角度来讲，谢社长一再希望我们共同进行一些更加深入的合作，所以后来中国传媒大学就跟社科文献在博士后工作站方面做了一些深层次的合作，我也特别荣幸能成为社科文献博士后工作站的联合指导老师。在博士后工作站这个领域里面，社科文献占据了国内学术出版深度研究的最前沿领地，比如说"中国学术话语体系建设问题""中国学术话语体系如何走出去"等课题，这在整个国内新闻出版领域里都是非常前沿的。

这十几年来，不论是我个人，还是中国传媒大学与社科文献的合作，都是在共同开发资源、共同创意项目中相互激励，不断进步，我觉得非常荣幸。

（张雯鑫采写　柳杨整理）

新型出版社之路

黄 平

黄平，中国社会科学院欧洲研究所所长、研究员。曾在我社出版《中国社会形势分析与预测》（副主编，2000 年至 2006 年历年）、《西部经验：对西部农村的调查与思索》、《中国与全球化：华盛顿共识还是北京共识？》（主编）、《农民工反贫困》（主编，中英文）、《中国模式与"北京共识"：超越华盛顿共识》（主编）、《公共性的重建》（主编，上、下册）、《挑战博彩：澳门博彩业开放及其影响》（主编）、《美国问题研究报告》（主编，2011 年至 2014 年历年）、《欧洲发展报告》（主编，2015 年）、《梦里家国：社会发展、全球化与中国道路》等著作。

社会科学文献出版社是社科院成立较早的一家出版社，成立之初隶属中国社会科学院文献情报中心，所以她叫"文献出版社"。

20 世纪 80 年代，社科文献还是一个比较小的出版社，由一些老学者兼做出版工作。后来，在编纂《经济蓝皮书》《社会蓝皮书》的过程中，我院觉得社科文献太小，依托于社科院这个资源，潜力很大，可以把她再做大。同时，当时《社会蓝皮书》的责任编辑、中国大百科全书出版社的谢寿光，当时还叫"小谢"，在社会学圈子里已经小有名气，对蓝皮书的编辑工作也特别热心，我院就借着社科文献老社长退休的机会，把他从中国大百科全书出版社聘请过来。他来到社科文献以后，重新给社科文献定位，按照更大规模、更高水平、更有质量的目标，参照中国社会科学出版社的规模、水平和影响力来打造社科文献。

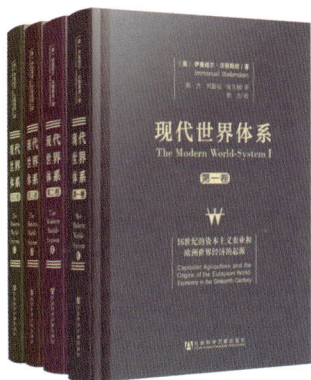

　　社科文献的成长一方面得益于当时院里的支持，包括历任院领导和各个学科的专家学者，另一方面也归功于谢寿光社长的能力、眼界和敢于开拓、勇于创新的气魄。社科文献由一个很小的出版社发展到今天，成为我院五大出版社里唯一能够和中国社会科学出版社并驾齐驱，甚至在某些方面还有自身特点，在中国国内的社会科学出版社里面也非常有影响力的一家出版社。在我看来，社科文献的影响力有以下几个方面。

　　第一个是知名度很高的皮书系列。刚开始做皮书的时候，全院甚至是全国就两本，一本是《经济蓝皮书》，另一本是《社会蓝皮书》，我当时参与过《社会蓝皮书》核心组的具体工作。而现在，皮书系列已经不仅仅是我院学者的贡献，全国的学者都会参与到皮书的写作、编纂工作中来。

　　第二个是译著。谢寿光担任社科文献社长以来，在当代国外社会科学著作的引进、翻译和出版方面，做得很好。一些著名学者的很有影响力的学术著作，经社科文献系统性、持续性地引进到国内，例如世界体系理论的创始人沃勒斯坦的四卷本巨著《现代世界体系》。

　　第三个是关于中国道路、中国模式、中国经验和"北京共识"等话题的图书的引进、翻译和出版工作。这个系列的图书最早也是社科文献开始做的，而且连续做了很多年。最初，这些话题在国内学界、政界以及出版界都不是热门话题。社科文献很有前瞻性地围绕这些话题连续组织了多场中外联合学术研讨会，每次研讨会的成果也都由社科文献编辑出版。记得2003年我们在英国举办过一次研讨会，会上有一位年轻人雷墨做了发言，最后被社科文献以论文的形式收录出版，这就是"北京共识"那篇文章的

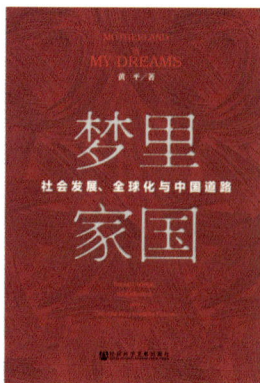

由来。"北京共识"这个话题后来也成了一个很重要的话题。

第四个是列国志。列国志是中国唯一一套系统介绍世界各国国情的丛书，作者以我院的学者为主，结合一些院外的学者，把世界上每一个国家按照百科全书的形式，一个国家一本，编纂成册。它的影响力很大，第一版已经出版好多年了，现在正在做第二版的修订工作，有些国家甚至已经出第三版了。它的史料价值、参考价值、应用价值，甚至跨出了学界、知识界、文化界，如果有人去哪个国家经商，去哪个国家旅游，都可以利用上这套书。可以预见，列国志系列今后还会持续出版并且越来越被人们反复阅读、反复使用。

第五，社科文献还有一个特色就是她不光做出版，也组织很多学术研究、学术探讨，搭建中外学者对话的平台，涉及的领域不仅包括社会学，也包括国际关系、中外关系的研究。

社科文献大胆使用社科院退休研究员，他们功底好、能力强，精力也还算旺盛，怀着一股认真劲儿编辑、校对；社科文献还大胆使用青年人，现在很多部门的负责人都很年轻，很有闯劲，敢于到各个学术论坛、学术会议去发现作者、发现选题，组织、梳理。如此日积月累，社科文献才有了今天的成就。

上述做法，可以说是面向未来的新型出版社的运作方式，值得鼓励和提倡。30 年当然很短，社科文献第一个 30 年取得了辉煌的成就，但第二个 30 年应该做得更好。

（张雯鑫采写　占禄整理）

打造智库出版平台，
再续辉煌历程

黄群慧

黄群慧，中国社会科学院工业经济研究所所长、研究员。曾在我社出版《中国企业社会责任研究报告》（合著，2009 年至 2015 年历年）、《工业大国国情与工业强国战略》（第二作者）、《"一带一路"沿线国家工业化进程报告》（主编）等著作。

我和社会科学文献出版社多年的合作中，印象最深刻的是你们的敬业精神。作为一家出版机构，社科文献对自身的出版方向以及学术热点掌握得十分精准，因此在这些年取得了不小的成绩。在皮书的研究和编写过程中，我深感正是有一批兢兢业业的员工，才使得社科文献在 30 年的历程中逐渐壮大，取得了跨越式的发展。据我了解，大多数出版社成立之初基础都比较薄弱，规模比较小。社科文献经过这 30 年的发展，成为具有全国辐射力、规模很大的出版社，逐渐形成享誉全国的品牌影响力，取得了巨大的成功，我认为这是出版单位跨越式发展的典范。

皮书是社科文献的重要特色，其中最大的亮点是把皮书做成了平台，它类似于我们现在经常谈到的组织管理的最高战略，即平台战略。社科文献很早便开始着手搭建以皮书为核心的智库平台来发展自身的影响力，并以此吸引了大批来自社科院和其他学术机构的高水平研究者。同时，科研成果可以通过皮书平台发布和推广，进一步体现自身的智库作用，其中一部分甚至具有国际影响力。社科文献的皮书是社科院最成功的智库成果之

中国社会科学院创新工程学术出版资助项目

中国社会科学院文库·经济研究系列
The Selected Works of CASS·Economics

工业大国国情与
工业强国战略

National Conditions of the Large Industrial Country
and Strategy of the Powerful Industrial Country

一，并且有继续做精做优的发展空间。现在中央要求建设中国特色新型智库，社科文献应当以此为发力点，做好下一步工作。

今年是社科文献成立 30 周年，我很高兴借此机会对社科文献表达祝愿与期待。希望社科文献在谢寿光社长的领导下，取得更优异的成绩，成为世界知名的高端学术出版社。

（张雯鑫采写　张天墨整理）

相伴廿载，一路同行

李 林

李林，中国社会科学院学部委员，法学研究所所长、研究员。曾在我社出版《法制的理念与行为》、《政治体制改革与法制建设》（合著）、《依法行政论》（合著）、《依法治国与深化司法体制改革》（主编）、《新中国法治建设与法学发展60年》（主编）、《中国法治发展报告》（主编，2005年至2016年历年）等著作。

首先，我代表中国社会科学院法学研究所、国际法研究所祝贺社会科学文献出版社成立30周年。在我的记忆里，社科文献30年的历程与中国共产党成长发展的历程有点类似——都是从小到大、从弱到强、从一个胜利走向另一个胜利，最终有了今天的辉煌成就。

我与社科文献打交道有20多年历史了。最早的一次合作是在1990年，当时我与陈春龙教授代表法学研究所吴大英、刘瀚两位老师承担的国家社科基金"八五"项目——政治体制改革与法制建设课题组一同去出版社，找沈恒炎、李慧国两位社领导协商出版事宜。当时的社科文献办公地点在院部大楼，在我的印象里，那里的办公条件一般，好像只有一两间屋子，很挤、很窄。

随后，1991年，我在社科文献出版了我的第一部个人著作《法制的理念与行为》；1993年，又在社科文献出版了国家社科基金后期资助的《依法行政论》（合著，刘瀚主编）。光阴荏苒，算起来，我与社科文献出版

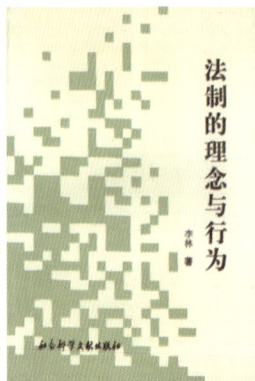

社的合作转眼就逾25年了。作为一个见证者，看到社科文献出版社一天一天发展壮大，我由衷感到高兴。

我与社科文献出版社20多年的合作经历，可以从三个角度来回忆——个人、所长、社科文献学术委员会委员——这三个角度有所不同，也有不同的体会，但殊途同归。

从个人角度来讲，我非常感谢社科文献很早就出版了我的专著。因为20世纪90年代初，当时书号控制得很严，出版资助经费要得比较高，再加上个人创作等一些原因，出版个人著作是非常困难的——一些资深教授，在评正高，甚至退休的时候，都没有出版过一本个人专著。

第一本书出版之后，我个人也在社科文献陆续出版了各种各样的书，包括主编的、独著的与合著的，有近20部。这些书的出版，对我个人的学术生涯、个人的学术成长，都起到了非常重要的支撑和推动作用。从个人角度讲，我与社科文献愉快和稳定的长期合作，离不开出版社部分人士的帮助。除了以上提到的沈恒炎、李慧国两位前期的社领导外，近几年的主要有：

一是谢寿光社长。每当我就所里一些关于选题、创意或规划等方面的想法和他交流的时候，他都能够非常爽快地理解并支持我们的想法，同时提出一些十分重要和中肯的意见建议，并很快把这些想法、共识变为具体的行动和现实的成果。鉴于2017年是依法治国基本方略提出和确立20周

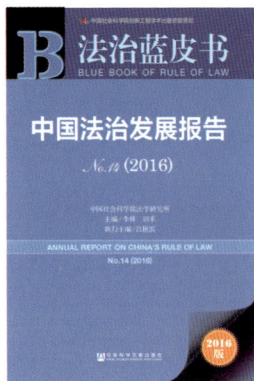

年，最近我们与谢社长又共同策划了一个关于法治中国建设的重大项目，总结回顾过去 20 年，分析当下挑战困难，前瞻未来发展趋势，继续用理论和学术引领和推进我国依法治国的发展进程。

二是徐思彦女士。她之前在中国社会科学杂志社工作，主要负责《历史研究》的编辑、主编工作，而我也曾在中国社会科学杂志社工作过四年。那四年我和徐思彦女士合作得非常好。她到社科文献工作以后，我也一直关注她的情况。谢社长对她的评价一直非常高，这和我对徐思彦女士的了解和感受是一致的，她确实是一位有着非凡的学术品位、学术追求与学术信仰的优秀编辑和学者。徐思彦女士对于学术追求的精神和品位，大大提高了我们与社科文献合作项目的选题质量。

三是社科文献社会政法分社的各位同仁。特别是刘骁军编辑，我们打交道比较多，她经常忍耐法学所各位"大佬"的坏脾气和时而不耐烦的态度，非常认真、仔细、热心地和我们沟通每一个创意、每一个细节、每一个项目、每一个合同，使法学所的很多书，包括我本人的书，得以不断完善并顺利出版。以上是从个人角度来回忆我和社科文献的合作。

从所长角度来讲，我也代表法学研究所、国际法研究所对社科文献及全社同仁表示由衷感谢。法学研究所、国际法研究所和社科文献有着非常好的长期合作关系。我大概梳理了一下，在 30 年的发展历史中，法学所和国际法所在社科文献出版了近 100 本书，这个量是非常大的。这些书大致有三个领域。

第一，也是最重要的领域，是"依法治国研究系列丛书"（中国法治论坛）。法学所为中央在党的十八届四中全会上做出的《中共中央关于全面推进依法治国若干重大问题的决定》的形成及后续的宣传，做了大量工作。其中，社科文献也做出了应有贡献——不仅帮我们出版了大概30多部关于依法治国和法治建设方面的著作、文集，例如，《法治发展与司法改革：中国与芬兰的比较》《依法治国与法治文化建设》《法治发展与法治模式：中国与芬兰的比较》《新中国法治建设与法学发展60年》《民生保障与社会法建设》《依法治国与深化司法体制改革》《依法治国：建设社会主义法治国家》《依法治国与司法改革》《依法治国与廉政建设》《全球化与多元法律文化》《人身权与法治》《科学发展观与法治建设》《社会保险改革与法治发展》《改革司法：中国司法改革的回顾与前瞻》《法治与21世纪》《法学理论论文集》《法治与人治问题讨论集》《经济法理论学术论文集》《论法律面前人人平等》等等，巩固、宣传和推广了法学所在法治领域的研究成果，也使这些成果直接或间接地影响了中国法治的决策，影响了中国法制改革、司法改革的进程，影响了立法、司法等一系列活动和体制建设。

第二，"法治蓝皮书"系列。社科文献高度重视皮书建设，在其高度重视、精心培育和大力支持下，《法治蓝皮书》已经出版了13本，并且在最近几年的"优秀皮书奖"评选当中，多次荣获"优秀皮书奖一等奖"。"法治蓝皮书"的成长、发展和取得的成就，是社科文献各位领导、各位编辑无私奉献和大力支持的结果，堪称我们双方合作的典范。

第三，"法律硕士专业学位研究生通用教材系列"。这个系列已经出版教材 20 余种。这套教材的出版，对于法学研究所、国际法研究所培育法律界的新秀新人，对于总结和推广两所的研究成果，对于形成在法学界、法律界独一无二的面向法律硕士的教材系列，做出了很大的贡献，具有很重要的积极意义。以上是我从法学所所长的角度，来回忆和体会我们与社科文献的合作。

从社科文献学术委员会委员的角度来讲，我也深有感触和体会。最近五六年，我担任了社科文献学术委员会的委员。从这个角度来讲，我既是出版社发展的旁观者，又是出版社建设的亲历者，通过参加几次学术活动，我对社科文献的建设与发展有了一些近距离的、直接的观察与了解。我发现，社科文献这些年的发展，大致有以下几个特点：

一是把市场经营与学术发展紧密结合起来。现在出版社的生存和发展离不开市场与金钱，否则自负盈亏的出版社就没有办法生存和发展。而出版社又必须追求"高大上"的核心价值观、学术品位、理论价值、科学精神，必须坚持正确的政治导向和学术方向。如何把市场需求、市场机制、市场行为和出版社的学术定位、政治要求、意识形态属性很好地结合起来，这是非常困难的。然而，社科文献 30 年的发展，特别是近十多年的发展，就比较好地解决了市场和学术相统一、政治与理论相结合的问题。出版社坚持自己的学术品位、学术定位与学术导向，坚持正确的政治方向，在这个前提下取得了很好的市场效益和经济效益，取得了很好的学术和理论成果。

二是把社会责任和自己的发展紧密结合起来。社科文献从最初"三五个人，七八条枪"，挤在一两间简陋的办公室"起家"，发展到今天拥有三层办公楼这一自有不动产的规模，经历了天翻地覆的变化。在自我发展的同时，社科文献又兼顾了社会责任。挣钱难，但这不是最难的。如何把出版社自身发展与对社会的责任、对国家的责任、对学术的责任结合起来，这才是最难的。我认为社科文献社会责任最大的体现，就是能够选择大量正能量、主旋律的学术成果、理论成果、科研成果来服务社会，服务国家，服务"走出去"战略，用高质量的成果服务中国社科院的建设发展，服务我国哲学社会科学的创新发展。

社科文献在学界与社会上都有非常好的口碑，有时候不惜赔钱、亏本，也要把好书推出来，把自己的发展和社会责任结合起来。我想这是非常重要的。正因如此，我们有目共睹地看到，越来越多的蓝皮书，运用它们不断增强的影响力，直接推动国家的法治、政治、经济、文化、社会、生态文明以及地方等各个方面的建设和发展。

三是社科文献在注重自身制度建设的同时，也非常注重其文化形象和社会影响力。制度建设是关乎一个企业生存的重要保障。这10多年来，在谢寿光社长的带领下，社科文献在各个方面建立了一整套科学的行之有效的规范和制度，使出版社的运行越来越规范，越来越制度化，越来越有成效。同时，我们也看到了社科文献很注重自己的文化品位和社会形象，如雨伞、矿泉水、茶叶、手提袋、宣传手册等产品，从诸多细节上都能够

感受和品味到其独特的企业文化：这不是一个纯商业化的出版社，而是一个有学术含量、有精神内涵、有学术追求的出版社。我认为，社科文献将一种文化底蕴、内在精神与其制度建设紧密结合，所以才能有今天欣欣向荣的发展景象。

四是社科文献建设和发展的目的是服务党和国家、服务中国社科院的哲学社会科学繁荣发展。中国社科院的创新工程以及一系列的项目和课题，其中许多成果都在社科文献实现了及时、有效、规范的出版；国家主旋律所需要的诸多方面、各个领域的哲学社会科学成果，许多也都在社科文献得到出版。我想这种大量出版的背后，蕴含着深深地推动中国哲学社会科学繁荣发展、推动中国社科院建设和发展、推动中华文化伟大复兴的历史责任与现代意识。秉持并恪守这种责任意识、服务意识、时代使命，应当说是社科文献出版社很重要的精神品质和内涵特征。

历史是一个过程，是一个阶段，是一种记忆。30年的成就来之不易，30年的辉煌已载入史册，社科文献已迈入"而立之年"。期盼在未来的40年、50年、100年乃至更长的时间里，社科文献能够进一步坚持自己的学术定位、发展方向、学术良心与理论品位，又好又快地继续发展下去。期待社科文献在"四十而不惑"、"五十而知天命"的时候，在国家实现"两个一百年"奋斗目标的时候，能够再创辉煌！

（张雯鑫采写 马云馨整理）

打造学术界
与出版界共赢的创业范例

李培林

李培林，中国社会科学院副院长、学部委员、研究员。曾在我社出版《国有企业社会成本分析》（合著）、《中国社会形势分析与预测》（主编，自2000年起历年）、《农民工——中国进城农民工的经济社会分析》（合著）、《另一只看不见的手：社会结构转型》、《社会冲突和阶级意识》（合著）、《和谐社会十讲》、《社会学与中国社会》（主编）、《中国社会和谐稳定报告》（合著）、《中国社会学经典导读》（主编）、《当代中国民生》、《费孝通与中国社会学》（主编）、《金砖国家社会分层：变迁与比较》（主编）、《当代中国社会工作总论》（主编）、《当代中国城市化及其影响》、《社会改革与社会治理》、《中国梦与俄罗斯梦：现实与期待》（主编）、《中俄社会分层：变迁与比较》（合著）、《当代中国生活质量》等著作。

首先祝贺社会科学文献出版社建社30周年。应该说这30年也见证了我们国家经济的发展和文化事业的繁荣。我记得社科文献当初大概只有几十人，现在已经发展到350多名员工；而且图书出版规模也从过去的每年几十种，上升到现在的1600多种。社科文献在它发展的过程中，有一些王牌产品，比如说皮书。皮书最初只有两种，现在已经发展到300多种，应当说这是我们国家比较有特色的文化产品。据我所知，现在世界上其他任何一个国家都没有如此大规模地对一个国家的方方面面以及各个领域的发展做出年度分析的系列报告。我到哈佛大学中国研究中心图书馆访问的

时候，看到很多皮书都摆在他们的书架上，皮书也成为国外特别是中国学研究的学者了解中国发展与中国经验的一个很重要的窗口。

社科文献和我本身还有一些不解之缘。因为社长谢寿光先生长期担任中国社会学会的秘书长，我也长期在中国社会学会任职，所以我们有着较为深入密切的接触。现在社科文献已经成为国内社会学著作出版的最主要的出版单位。在前不久刚刚发布的南京大学对全国出版社出版图书的评比当中，社会学著作的引用率，社科文献排在全国出版社的首位。这一成就的取得是很不容易的，我想这是国家文化体制改革和文化产业发展的一个范例。一个在文化产业领域没有完全依靠国家财政的支持，而是走市场推动的道路获得成功的企业，它代表了今后文化产业发展的一个方向。可以说，社科文献是我们国家事业单位改革一个很成功的范例。

现在中央提出要建立新型国家智库，中国社科院本身也在大力推进这项工作，我们已经建立了院一级的十几个专业化的智库，也希望出版社能够在推动智库产品出版方面做出新的贡献。智库作为新型的研究机构，它的产品形式到底是什么？怎么能够通过智库产品的系列推出，来建立中国的话语体系、中国的概念，讲述中国的故事？我们仍在研究与探讨，也希望出版社在今后的探索当中，能够再创新的辉煌。

社科文献出版社一直坚持对质量的追求，一直坚持创新驱动，我想这是他们能够获得成功的一条重要经验。比如我自己有几本书，当时以为可

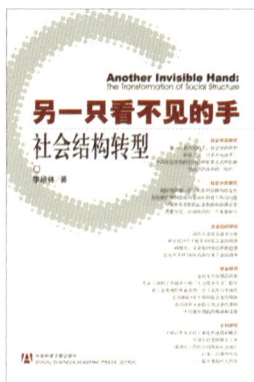

能仅仅局限在一个学术圈子里，出版可能不会有什么大的市场，但经过社科文献的改造、包装和推广，都获得了较大的成功。这样不仅使学者在出版过程中得到了成长，而且也使出版社从中得到了发展，实现了学术界和出版界的共赢。这种例子，我想不光体现在我身上，还体现在很多学者当中。我们会看到，一个成功的出版社，可能不仅仅出版书，还要能够培养一批学者。整个中国的学术界现在也在更新换代，我希望社科文献能够关注青年学者的成长，能够为我们国家推出一批新的中青年学术骨干，使他们担负起中国未来学术界的职责。

（张雯鑫采写　马云馨整理）

在互动与交流中
走向世界

李雪涛

李雪涛，北京外国语大学全球史研究院院长、教授、博士生导师。曾在我社出版译著《大哲学家》《佛像解说》等。

2004 年，我从德国回来，认识的第一位出版人就是谢社长。我记得很清楚，当时的社会科学文献出版社还在社科院大楼后面的一个小地方办公。谢社长请我在一个小酒馆吃饭，我们由此建立了最初的联系。谢社长作为一个出版人，懂得如何跟作者、译者打交道，因此，我们聊得特别愉快。因为他自己也是一位学者，再加上谢社长有一种思想上的高度，对出版有一种热爱，所以我们一拍即合，当时就确定了几个选题。最重要的有两个：一个是组织翻译德国哲学家雅斯贝尔斯（Karl Jaspers, 1883~1969）的《大哲学家》；另外一个是翻译德文著作《佛像解说》。

在和社科文献的交往过程中，很多编辑——他们的耐心、他们渊博的知识——都给我留下了深刻的印象。例如《佛像解说》的责任编辑余顺尧先生，他特别仔细地读完了我的译稿。之后，余先生手写了整整 27 页的读稿札记，其中反映的问题经过我们两人协商，一个一个解决了。有一些问题是我作为译者完全没有意识到的。有过翻译经验的人可能会知道，你如果既要读外文，又要翻译成相应的中文，有时可能察觉不到一些问题。但如果纯粹从中文角度来看的话，有些语句是不太符合中文文法要求的。在这本书的翻译过程中，余先生就发现了此类的一些问题，于是这本书的语言就修改得比较地道。《佛

像解说》也因此再版了两次，其中的文句现在已经打磨得比较成熟了。我觉得，在语言方面社科文献一直是比较讲究的。

现在国内一再提倡中国图书要"走出去"，我个人认为，它所指的是建立在相互交往、互动基础上的图书交流，而不仅仅是把中国图书单方向地、简单地介绍到西方去。我在社科文献出版的书主要是译著，都是与人类文明有关的重要学术著作。实际上，我觉得中国文化在汲取世界文化精华方面，包括西方文化精华做得还很不够。我们需要从外来文明当中汲取更多的营养，这个过程应该是持续的，也是永远不会中断的。反过来，如何让中国文化"走出去"，让世界认识我们，不仅是把相应的文章、图书翻译成外文让人家看到，而且应该促成一个相互交流的过程，在交流和互动之中，让西方认识中国文化的独特性。

我一直很重视外国汉学家是如何介绍中国的，如何通过他们的笔把中国介绍给他们国家、他们民族的。西方人正是通过这些汉学家的翻译和介绍，才逐渐认识到中国文化的特性，才得以理解中国。而不是我们以自己的方式强往外推：仅仅由中国的译者翻译，中国的出版社出版发行，这样基本上不会有什么效果。反过来也是一样：我们读莎士比亚，大家读的都是朱生豪、梁实秋的译本，而不是英国汉学家的译本。而朱生豪先生的译本是在上海译文出版社或者人民文学出版社出版的，我们信任这类出版社。

社科文献现在做的就是这类工作，它同世界各国的、很重要的学术出

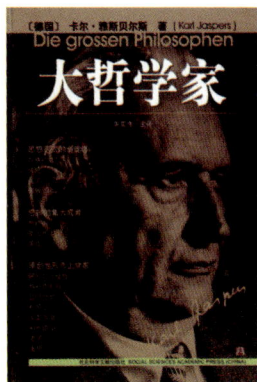

版社合作搞联合出版，比如与荷兰的博睿学术出版社联合出版过很多和中国相关的书籍。我觉得这是一个很好的方向，它能真正让当地的读者信任社科文献这个品牌。

我要强调一点，实际上并不仅仅是我们把中国的文化推出去，而是在文化的交流和互动当中，彰显出中国文化的特色。这是我自己这几年来做一些"走出去"项目的过程中，强烈感受到的一点。

社科文献今年年初的时候举办了第七届中国学术出版年会，我在会上做了一个报告。我认为社科文献在过去的30年里取得了巨大的成就，让世界更好地认识了中国，认识了中国的学术出版，认识了中国的学术水平。同时也使得中国很好地认识了世界的学术，认识了世界目前的学术水准。这是中国大部分出版社都没做到或者是没有意识到的，而社科文献在这两个方面都做得非常好。还是刚才那句话，只有在互动和交流当中，才能够更好地认识对方，才能让对方更好地认识我们。把中国介绍给世界，以及把世界介绍给中国，这两个方面同等重要，希望社科文献百尺竿头，更进一步，在图书的引进和输出方面做得更好。

（张雯鑫采写　占禄整理）

加快信息网络化，
建设新型出版机构

李 扬

李扬，中国社会科学院原副院长、学部委员、研究员。曾在我社出版《华尔街的堕落——美国公司财务造假大案剖析》（主编）、《中国金融发展报告》（主编，自2004年起历年）、《"金砖四国"与国际转型》（主编）、《中国经济形势分析与预测》（主编，自2010年起历年）、《中国金融改革30年》、《引领新常态：若干重点领域改革探索》（主编）等著作。

社会科学文献出版社是我们国家著名的出版社之一，尤其是在社会科学领域。我作为社会科学研究人员，多年以来始终都在关注着社科文献的发展，我个人也经常受到其很多的影响，应当说获益很多。

据我所知，中国社会科学院架构下有多家出版社，彼此之间是有分工的。这些年来，社科文献形成了自己独特的风格，在中国出版界独树一帜。从出版内容来说，社科文献非常注重智库的研究成果，每年出版上千种图书，其中最令我印象深刻的就是皮书系列。记得在皮书筹备策划的时候，我还在社科院财贸经济研究所工作，也是首批倡导做皮书的学者之一，算是为皮书的问世做了一些思想贡献：我认为，中国如此之大，中国的事情如此之复杂，中国的变化如此之伟大，是需要一套出版物来给予跟踪、反映和宣传的。这些正是皮书的作用。皮书从无到有，在这方面一直做得非常好。我有幸和社科文献有比较多的接触和交往，参与了皮书的很多活动，包括评奖、研究方向的设定等，看到今天皮书系列已经形成较大的影响力，我感到非常的欣慰。

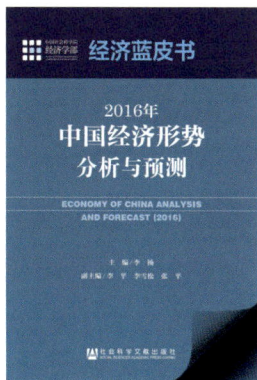

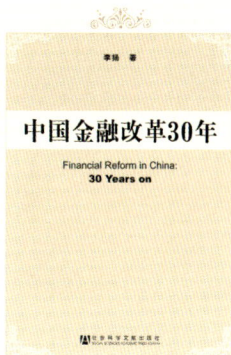

近年来，我发现了社科文献的一个新特点——很注重数字化建设，类似于我们现在讲的"互联网＋"。社科文献很早就开始了数字化和网络化的工作，这一点具有非常独到的眼光，在学术出版界引领了潮流。互联网的出现，对于世界几乎各个方面都产生了革命性的影响，甚至可以说是顺者昌逆者亡。社科文献不仅是顺应了潮流，而且起步还很早，这使得他们目前的数字网络化程度非常高，在未来中国数字出版领域占据了发展先机。

基于这种数字化的架构，社科文献未来的发展空间非常大，可以衍生出更多的产品。国外有很多著名信息机构，早期都是做出版的，它们把自己出版的杂志、书籍等做了系统的整理，然后通过互联网使更多机构和读者可以方便地接触到这些信息。我希望社科文献能够发展出新的信息化业态，从而充实自身的数据库，让数据使用者更便捷地获取信息。数字化和网络化不仅仅是换了一个载体，而是更新了一种方式方法，使得我们能够产生和原先方式方法不同的成果。比如原有的信息，我们不是说把它变成数字信息，而是将数字信息重新构造，以此为基础，发掘新的内容。在这些方面，我们下一步还有很多工作要做。

社科文献的市场化意识很强，社领导有敏锐的市场眼光，这对于出版社的发展非常重要。尤其是对于市场化运作的行政机构的附属单位来说，更为不容易，所以社科文献出版社的实践是非常可贵的。

值此 30 周年之际，祝愿社科文献百尺竿头，更进一步，在上述几个方面都取得更大的成果和进步。

（张雯鑫采写　张天墨整理）

学术在规范中成长

连玉明

连玉明，教授、北京国际城市发展研究院院长、贵州大学贵阳创新驱动发展战略研究院院长、《领导决策信息》杂志社社长。曾在我社出版《中国社会管理创新报告》（主编，2012年至2014年历年）、《贵阳城市创新发展报告》（主编）、《北京街道发展报告》（主编）。

社会科学文献出版社在社会科学的出版领域是一个高端的、具有巨大影响力的出版机构，特别是对于学术研究机构来讲，选择在社科文献出版学术专著，能够更好地体现作者研究成果的学术价值，同时，也体现了学术的权威性和影响力。在社科文献出版学术专著本身就是具有较高学术水平的重要体现。

在长期的交往中，我觉得社科文献有这么几个特点。

第一，出版社的定位非常明确，就是要打造以皮书为重点的学术专著；同时，她又是学术高端智库的一个重要的集散地和交流平台，这是高端定位的体现。

第二，编辑有较高的学术水平和编辑水平。对出版物的学术水平要求比较高，编辑工作既细致，又有独到的见解，对学术专著起到了再加工、再改造、再提升的作用，这是我们的学术专著能够脱颖而出的关键环节。

第三，社科文献作为以皮书为重点产品的出版机构，在整个出版过程中，聚集了一支以社会科学界优秀学者为核心的专家群，并且通过出版使

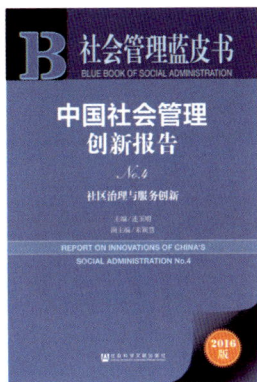

其整体水平得到了提高，这对社会科学的学术研究具有积极的影响。

从皮书系列的出版来看，社科文献在整个学术界、出版界最重要的一个贡献，是她制定了一整套学术专著的出版规范，这些标准已经潜移默化地影响到每一个作者，使作者能够不断地提高自己的学术水平。

另外，社科文献也变成了一个学术国际交流的重要平台，在这个平台上聚集了很多资源，而更多的资源又不断地在这个平台上聚集、扩散，影响力愈发巨大。

社科文献现在还在不断成长、成熟过程中，未来还有巨大的市场空间和潜力。我相信社科文献在未来很长的一段时间，经过自身的努力，一定会把皮书这个品牌打得更响，使其成为学术研究的权威、高端、专业的专著"群"。同时，社科文献作为学术高端智库的聚集地，她将会成为以社会科学为核心的高端战略智库思想和战略的策源地。

（张雯鑫采写、整理）

中国史话的文献价值

刘庆柱

刘庆柱，中国社会科学院学部委员，考古研究所原所长、研究员。曾在我社出版《中国古代都城考古发现与研究》（主编）、《陵寝史话》（合著）等著作。

20 世纪 90 年代，中国社会科学院李铁映和王忍之两位院长策划了中国史话系列丛书，一开始放在中国大百科全书出版社出版，在那个年代出得应该说不错。21 世纪初陈奎元院长来到社科院后，社会科学文献出版社认为这是一个好题目，想进一步做深、做大，于是就接了过来。当时社科文献向我们征求意见，让我修订再版《陵寝史话》。因为我过去写过关于陵墓的书，在国外出版，他们觉得内容挺好的，让我在社科文献接手中国史话之后，把那本书重新修订出版。《陵寝史话》出了以后，我看印刷得挺好，不光开本大小合适，图片也印得非常漂亮。大家都知道大百科全书出版社在出版界是很权威的，但我一看社科文献——虽然比起大百科全书出版社来说是小弟弟——显然要比大百科全书出版社出得好。

在这个基础上，社科文献想把这套书重新拿起来，把内容写得更丰富一些。原来中国史话出版了百十册，后来社科文献成立了中国史话编辑委员会，在社科院开过一次会。当时李铁映担任院长，武寅是副院长，具体分管这个事。后来社科文献邀请我做编委，让我多出点力，在物质文化方面多提一些建议，推荐一些作者。

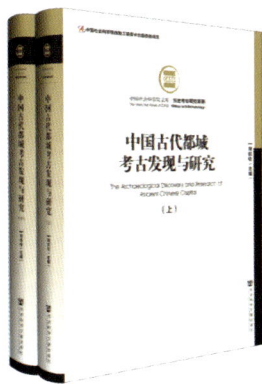

我觉得中国史话的规模和价值，是新中国成立以来其他同类丛书不能相提并论的，不论是吴晗的《中国历史小丛书》，还是后来其他人编的历史丛书。我认为中国史话应该从不同的角度出版一两千种，历史是面向整个社会的，社会是五花八门的，因此历史涉猎的范围，空间不一样、时间不一样、类型不一样，写两千本未尝不可，这样可以全息地展现中国古代历史。

要编好中国史话，说实在的也有一定难度，但是总要有人编，社科文献不编谁编？它就是历史文献，不过是用老百姓能看懂的话、不同知识背景的人能看懂的话来写这套书。因为看的人多、教育面广，在某种程度上这可能比《中国通史》影响还大。因此我觉得社科文献这个举动不一般。

我们现在的文献分两种，大家一提文献就会想到文字文献，其实更重要的是物质文献，是物质文化形成的文献——通过物来再现过去的历史，再现过去的宗教，再现过去的哲学——社科文献应该关注这些。同时，社科文献一定要注意新材料的出版，新材料出新学问——新材料主要是考古发现的物化载体上的历史资料，比如出土文献，包括青铜铭文、木简，这些资料许多学科都可以使用。既然社科文献出版的重点在出版物的"文献"性质上，创新点不能局限于传统文字文献，而是更要重视考古发现的资料，这是哲学社会科学科学化、现代化的重要特点，也是科学发展的时代要求。

我感觉社科文献人的事业心特别强，从领导到一般业务人员，比如正

在给我编书的编辑，敬业精神都非常强，我很受感动。有时候我都下不了那么大工夫，他帮我检查核对一些东西，包括注解、引文、版本等。我跟不少出版社打过交道，但是当今能够这样潜下心来为别人作嫁衣的很难得。社科文献的风气挺好，虽然成立只有短短 30 年，但在整个出版圈里非常不错。我把电子版给了社科文献，弄了几个月，打回的稿子给我改得满篇红，那说明存在好多问题，反映我当时作为主编，对我自己的那部分可能比较注意，但其他人撰写的部分则有疏漏。编辑比我这个主编还负责，这是令我深受感动的一方面。

哲学社会科学发展的关键是要打好基础，要打好基础就要出好书，出好书就要出"原生的"、原创的、经典的文献。社科文献已经走过了辉煌的 30 年，我想她将理所当然、一如既往地出更多的经典著作，这是我所寄予的希望。

（张雯鑫采写　柳杨整理）

我对社科文献的
三个印象

刘树成

刘树成，中国社会科学院学部委员、经济学部副主任。曾在我社出版《中国经济形势分析与预测》（副主编，1997年至2012年历年）、《"新经济"透视》（合著）、《中国经济的周期波动》、《亚洲金融危机：分析与对策》（主编）、《中国经济周期波动的新阶段》、《繁荣与稳定：中国经济波动研究》、《经济周期与宏观调控：繁荣与稳定(II)》、《中国经济增长与波动60年：繁荣与稳定Ⅲ》、《中华民族复兴的经济轨迹——繁荣与稳定Ⅳ》等。

社会科学文献出版社的皮书是从1996年开始大规模、系统地做起来的。其中的第一本——《经济蓝皮书》的构想甚至可以追溯到1990年秋天，社科院数量经济与技术经济研究所召开了一个经济形势分析和预测的座谈会，其中预测的工作在当时来说极具开创性。

座谈会之后，我们把各个单位提交的预测报告加以整理，出版了第一本《经济蓝皮书》，书名定为《1991年中国经济形势分析与预测》，以后就形成了一种固定机制，即上一年秋天开会，冬天出书，而书名便是下一年度标号的经济形势分析预测。当时之所以要这么做下去，主要目的是发挥中国社会科学院作为党中央国务院的重要思想库和智囊团的作用，把改革开放以来的数量经济学的经济理论分析与数学模型相结合，对未来经济发展进行预测。

我们认为第一年的蓝皮书比较具有试验性质，所以没有正式出版，仅作为一份内部参阅的报告。不过仍然收到各方面的积极反响，我们便以院里的名义给中央领导打了一个报告，希望能够公开地进行中国经济形势分

中国社会科学院创新工程学术出版资助项目

中国社会科学院文库·经济研究系列
The Selected Works of CASS Economics

中华民族复兴的
经济轨迹
——繁荣与稳定IV

刘树成 著

The Economic Trajectory of
the Rejuvenation of the Chinese Nation
Prosperity and Stability IV

社会科学文献出版社

析预测的工作。这个报告是由当时的院长胡绳以及所有副院长联名签字的，不到两周的时间，就得到了中央领导的批复，表示可以开展这项工作，并且同意从总理预备费中拨付经费，这在中国社会科学院成立以来还属首次。因此，从1992年标号的《经济蓝皮书》便开始正式出版。随后，还出版了《社会蓝皮书》。到了1996年，社科文献把初期的这些皮书整合起来，并加以扩展，开始逐年出版，进一步帮助社科院发挥党中央国务院重要思想智库的作用，至今已经发展成为国内外具有影响力的皮书矩阵系列，这便是我所知道的有关皮书的历史背景情况。

社科文献与我算得上是老朋友了。我刚参加工作的时候便与社科文献有过合作，至今已经出版了我的多部作品。尤其在出版皮书的过程中，他们给我留下了深刻的印象，大致有三点：第一是勇于创新，社科文献刚成立的时候，就是以创新的思维来指导图书选题，所以出版的作品具有新颖性、前沿性，也有很大的社会反响；第二是兢兢业业，社领导、各个编辑室和其他部门的工作都非常认真、一丝不苟，以保证多年来能够出很多的精品；第三是硕果累累，社科文献所覆盖的学科面越来越广，吸收了社科院及其他机构的优秀学术成果，逐渐在国内外具有一定影响力。

未来，我希望社科文献在这三点的基础上，更上一层楼，获得更大的成就，推动中国社会科学事业的进一步发展与繁荣。

（张雯鑫采写　张天墨整理）

　　　　　　　　　　　　　　　学者篇

恒久的坚持

刘苏里

刘苏里，著名书评人，万圣书园创办人。

社科文献出版社是 1985 年成立的，她成立 8 年之后我跟她打了 22 年交道，这 22 年交道在我自己看来轨迹其实挺清楚的，我们从建店开始就和社科文献有联系，大约是在 1993 年，当时的社科文献毕竟是一个小社，在一个挺破的地方，出书也不多，大家来往也不密切，我们一年两三个月去一次。她就只是一家平平庸庸的出版社，听不见她的"绯闻"，也听不见她的各种传奇故事。后来，在谢社长来了以后，社科文献就开始"张牙舞爪"，一步步往上走，直到最近五六年开始变成这个行业的领导者。你很难想象一个在起步将,10 年左右的时间里平平常常、没有动人故事的一家出版社，30 年之后摇身一变成为今天这个样子。

我读过的第一本社科文献的书是拉兹洛的《进化》。那是我在经营书店前，1988 年年初读的。那个时期，"三论"很时兴，社科文献出版了不只是拉兹洛这一本书，还有其他的关于系统论的书，但我印象中，这本书是我读的社科文献最早的一本书。

还有非常重要的一本，书名是《劫后余生——古拉格归来》。当时我们不知道，以为古拉格只有苏联有，但是怎么南斯拉夫人还会遇到这种事情呢？我们觉得很奇怪，当然后来我们发现古拉格遍地都是。比如在甘肃的夹边沟，其实也有类似古拉格这样的地方。那本书是我接触到的社科文

献比较早的几本书之一，对我蛮有触动。

社科文献真正引起更多的读者关注，实际上是最近15年，甚至是最近10年的事情。更早的时候社科文献出过一些好书，但是数量非常少，早期或者早中期比较重要的那一套书是沈志华先生出钱资助的"东方历史学术文库"，那一套书我买得非常齐，也看过若干本。

我为什么说最近10年、15年读者更加关注社科文献了呢？因为这个时期社科文献的书出得已经很系统了，跟我的阅读生活关系越来越大，因此成了我们最主要关注的10家出版社之一。对我们来讲，学术和思想类的图书肯定是最重视的，而社科文献相对来说学术方面的书比较多。

社科文献的图书总体的销售在我们这里是偏中上的，要估计一本书在整个市场的销售情况，我通常是以万圣的销售作为基数去推断的，一般不会错。可是后来我发现社科文献的书几乎全部是错的，因为社科文献在我们这里卖的量的占比和我们通常卖的量在全国的占比完全不在一个水平上，在我们这里销售的占比要高于我们通常品种在全国的占比。换句话讲，同类的书，社科文献的书在我们这里卖得要偏好，很，书能卖到十几本到几十本之间，听起来好像并不多，可是在我们这里，品种量大，又是纯专业的书，社科文献的书似乎更符合我们的要求。

有的时候我会想，社科文献的变化也挺符合我们人生当中很多日常体验的，有一些事情你看似不可能，但是最后就变成了现实，就像我们经常讲的梦想成真。比如今天我在想，如果从今天往回看1993年的社科文献，很难想象社科文献会有今天这样的状态。我在这个行业22年了，看到了太多出版社的起起落落。

社科文献开始是跟上了出版行业的大潮，后来开始领衔这个大潮，我们说得俗一点是一个成功的故事，可是我们再说好听一点，它就是奇迹，而这种奇迹在我这22年从业经历当中，好像没有第二个。

但我对社科文献的变化没有那么震惊，你在一个剧烈变动的时代，你恒久地坚持一件事情，尽管大的环境不是奖励先进，有劣币驱逐良币的情况，但这个社会还有一批人是向好的、向善的、向精美的，虽然是少数人，但是他们会奖励那个为精美而努力的人，荣誉只能是给那些从开始的那一天始终如一、坚持走到未来不可知的那一天的人和机构的。我认为机会总是给那些傻乎乎的、有目标、不计后果的人准备的。因为你算计得越多，最后多数是失手的，上帝都有失手的时候，况且你呢？

我非常希望社科文献能够继续坚持几十年以来一直坚持的性格，坚持自己的选择，坚持自己对品质的热爱和追求。

（张雯鑫采写、整理）

不断自我提升，
建设国际化出版平台

潘家华

潘家华，中国社会科学院城市发展与环境研究所所长、研究员。曾在我社出版《中国城市发展报告》（主编，2007 年起历年）、《中国城市发展 30 年（1978~2008）》（主编）、《应对气候变化报告》（主编，2009年起历年）、《低碳城市：经济学方法、应用与案例研究》（合著）、《中国绿色转型中的国际投资与贸易》（合著）等著作。

20 世纪 90 年代末，我还在社科院世界经济与政治研究所工作的时候，就开始参与《世界经济黄皮书》的编写。在将近 20 年的合作中，我见证了社会科学文献出版社的发展壮大，以及学术影响力、社会认可度的不断提高。我们以往对皮书的认识基本限定于某一专业领域，难以更加广泛地传播和被社会大众所接受。然而，通过社科文献这些年的努力打造，使得皮书系列开始逐渐被社会大众认可，不仅在国内具有较大的影响力，在国际上的知名度也不断提升。因此，我认为社科文献所取得的成功经验是非常值得借鉴和学习的。

我记得刚开始做皮书的时候，大多数学者对皮书还没有概念，我们对于皮书的选题、规范等还都处于摸索的阶段。不久之后，当时的社领导逐渐对皮书做出了定位，包括明确的出版方向、学术规范和传播导向，致力于把每一种皮书打造成对当前某一领域最新进展的介绍、分析、评估，并且做出对下一个年度和长远趋势的展望。因此，皮书的信息量会非常大，

而且非常新。同时，由于是一种年度性出版物，所以皮书的系列性更强。如果经过时间的积累，将来对于相关问题的探讨就可以从皮书中寻找答案，而皮书系列由此也成为一个时间系列的百科全书。

社科文献的社长谢寿光给我留下的最深印象就在于他的市场开拓能力。做图书出版，尤其在国内出版社数量众多的情况下，如何找准定位和体现自身影响力更加需要依靠强大的市场开拓能力。谢社长探索出了一条成功的道路，以皮书作为突破口，进而系列化、规模化，并且在提升皮书品位和档次方面做了相当多的工作。这些都是一家出版社的开拓能力的具体表现。此外，社科文献出版社在运作专家学者资源方面所做的工作也是非常值得推崇和借鉴的。他们对于学者的尊重，对于学术事业的尊重，给我和许多学术专家委员会的委员留下了很深刻的印象。

在人文社会科学领域，有很多社会中的新焦点、新问题需要解读。谢寿光社长基于他的学识和学术视野，能够将我们哲学社会科学领域内的学科系统化，同时可以邀请到学科的领军人物。所以，我认为谢社长既是一名优秀的学者，又是一位成功的出版领域企业家。作为皮书的主编和谢社长的朋友，我非常赞赏他的学术水平和业务能力。

社科文献的国际化发展非常迅速，与谢社长的国际视野是分不开的，而且这种发展速度在国内出版领域也是很少见的。据我所知，谢社长一直积极推动与海外学术机构及国际学术出版机构的广泛合作，将中国学者的

学术成果推向世界。同时，大量引进国际上有影响力的专著，特别是对中国学术研究和社会进步有帮助的图书文献。在这个意义上，我认为谢寿光社长真正做到了"引进来，走出去"，他领导社科文献取得了非常引人注目的成绩。

这30年来，社科文献的社会影响力和感召力不断提升。记得在20世纪90年代，社科文献的知名度还很小，作为一个后来者，通常不具备发展优势。但经过短短十几年的发展，异军突起，不仅在学术界和社会公众中的影响力与日俱增，甚至在国家决策方面也体现出自身的智库价值，这些成绩是非常令人钦佩的。

社科文献的皮书经过多年的发展，基础已经非常扎实，并且逐渐走向系列化、体系化和规范化。我认为，如果进一步扩大皮书的社会影响力，可以从几个方面去提升我们的工作。

第一个提升在于皮书内容评价方面。皮书的定位是学术精品，但在目前中国的学术评价体系内，学者们还是更加重视核心期刊，尤其是大多数青年学者，能否在核心期刊发表论文对他们的学术评价依旧很重要。这就导致皮书的学术评定认可度还比较低，相对处于劣势。因此，皮书正在建设的数据库非常有意义。如果这个数据库能够将皮书中的篇章文献等设定一系列的科学评价体系，相信会成为与核心期刊具有可比性的一种学术出版物。这项工作的进一步推进，能够使得皮书中的论文、专论和报告等被

现在的学术评价体系所接受，其中出版社的努力是一个部分，我们学者也需要做大量的工作，共同来提升这个方面。

第二个提升在于皮书国际化发展方面。这些年来，社科文献已经有很多皮书走向世界。但语言是限制我们进一步走向国际化的最大障碍，因为英语仍然是国际学术语言。未来随着中国国际地位的提升，我相信我国将拥有更强的学术话语权，中文便有可能成为主要学术语言。不过就目前情况来看，翻译确实是我们面临的一个重要问题，其中翻译的成本、翻译的时效等，都直接对皮书年度出版的国际化造成了挑战。如何使得皮书走向国际化，在翻译时间的同步、翻译质量的保证、发行渠道的通畅等方面还有很大的提升空间，这也是目前面临的一项艰巨的任务。

第三个提升在于皮书的智库建设。我对智库的理解是对当前现实性、战略性、紧迫性及常规性问题进行研究得出较为深入的规范报告。社科文献在皮书智库的建设过程中发挥着平台和窗口的作用，将我们的学术成果推广和传播出去，从而影响社会，服务决策。如果没有出版社帮助去推介，我们写出来的东西也只能是一堆废纸。我们正在筹备的"生态文明研究智库"有非常好的研究设想，期待这个智库可以借助社科文献的平台，将我们的成果向社会加以传播。另一方面，我认为社科文献还可以尝试邀请一些国际知名智库中的学者和专家加入皮书的编写工作中，比如研究中国问题、国际安全问题、全球治理等领域的权威专家学者，以此将皮书做成真

正具有国际代表性的、国际广泛参与的、达到国际水准的系列出版物。当然这些工作目前难度还比较大，面临出版行业高度竞争的环境，出版机构应当勇于创新和挑战，我相信社科文献有这个智慧和能力。

我希望社科文献能够不断地发展壮大，不断地扩大影响力走向世界，成为在中国，甚至在全世界具有广泛影响力的人文社会科学领域的知名出版社。

（张雯鑫采写　张天墨整理）

与皮书一起走向世界

齐 晔

齐晔，清华 - 布鲁金斯公共政策研究中心主任、教授。曾在我社出版《中国低碳发展报告》（主编，2011 年起历年）。

2010 年我们在清华大学成立了"清华大学气候政策研究中心"，当时中心的一项基本工作就是中国在低碳发展政策方面的评估。准备做评估报告的时候，我首先就想到了跟社会科学文献出版社合作，因为在皮书出版当中，社科文献的品牌不仅仅在全国，应该说在全球都是做得非常响亮的，所以我们也希望能够"搭便车"，把这本评估报告做起来。

在跟社科文献合作过程中，我们得到了非常大的帮助。因为对于我们来讲，我们是做研究的，研究成果发表论文这方面没有问题，但对于研究成果的推广我们特别缺乏经验，如何能够让你的研究成果获得更广大的读者群，让决策者和普通的感兴趣的读者都能够接触到，这方面我们没有经验。所以在这个过程当中，最初从皮书的设计、内容的呈现，到皮书用什么样的形式，最后到皮书的发布，这些方面我们得到了出版社很多的帮助，特别是谢寿光社长从一开始就给予我们非常高的期望，给了我们非常具体的意见和建议。在皮书发布的时候，谢社长在百忙当中抽出时间来，亲自参加我们皮书的发布会。在这个过程当中，我们建立了非常深厚的友谊，现在想想已经有五年多的时间了。

我们的《低碳发展蓝皮书》第一次出版后的反响还是非常不错的。这个时候出版社李延玲等老师给我们建议，是不是考虑把皮书翻译成英文出版。当时我们对这方面并没有具体的考虑，只是皮书摘要有英文版，后来我们开始尝试，第一次做英文版是和新加坡的世界科技出版社合作，第二

次是和荷兰博睿学术出版社合作，应该说这两次合作都非常成功。英文出版方的工作也特别认真，不仅仅是帮我们审稿，而且进行了非常细致的审校，最后出来的成果让我们感到很惊讶，感觉不仅仅是提高了产品的知名度和影响力，也大大提高了图书的品质，所以这么多年我们一直心存感激。

皮书或研究报告，都是大家经常采用的形式，但我认为，社科文献出的皮书系列，无论从它的覆盖面、读者群，还是它研究的深度和积累的时间来讲，这样浩大的工程，我恐怕还没有见过第二家。智库有它研究和成果呈现的方式，皮书的出版也积累了自己一套独立的模式，但是这两个方面实际上有很多的交叉，有好多的重叠，可以起到相辅相成、相得益彰的作用，你不能说皮书完完全全为智库服务，也不能说智库的成果都由皮书来呈现，所以我觉得他们之间存在一个非常重要的交叉、重叠和相互影响、相互充实、相互提高的关系。

我们都说三十而立，现在社科文献已经牢牢地在出版界、学术界和智库领域树立了一个非常响亮的品牌。展望以后的30年，我觉得是非常重要的时期，一方面国家在中国特色的智库建设方面有非常重大的需求；另一方面，对于中国学术走向世界来说，接下来的30年是一个非常关键的时期。因为我们从"一带一路"、"亚投行"等看到了中国的经济、社会、政治、文化的影响力，它远远地超越了一个国家的边界，正在走向世界。在中国接下来的几十年当中，在中国走向世界的过程当中，我非常看好皮书系列和社科文献的出版事业，未来应该是大有可为的。

（张雯鑫采写、整理）

突出特色，继往开来

沈志华

沈志华，华东师范大学冷战国际史研究中心教授。曾在我社出版《苏联历史档案选编（全 34 卷）》（编译）、《一个大国的崛起与崩溃：苏联历史专题研究》（主编）、《无奈的选择：冷战与中苏同盟的命运（1945-1959）》、《脆弱的联盟：冷战与中苏关系》（主编）、《中苏关系史纲（增订版）》（主编）、《苏联专家在中国（1948-1960）（第三版）》等。

1995 年的时候，我跟社科院合作了一个项目——由社科院立项，我个人出钱组织学者到俄罗斯去搜集、整理档案。1996~1999 年，经过编辑、翻译，第一批书就出来了，这时候就开始考虑出版的问题，于是我就跟当时的社科院副秘书长何秉孟商量。

当时社科院有两个出版社，一个是中国社会科学出版社，一个是社会科学文献出版社。后来他就推荐社科文献。他说中国社会科学出版社是老社，社科文献是一个新社。当时我也不是很了解这两个出版社，于是好奇为什么何秉孟副秘书长给我推荐社科文献。第二次同何副秘书长见面，他就将谢寿光叫来了。我一看，谢寿光还是一小伙子。何副秘书长说，"你可别看他年轻，他年轻有为，很能干"。经过谈话，果然觉得他这个人思维比较敏捷。

当时这套书虽然没有确定能出多少卷，但估计至少是三四十卷的大项目，他没有任何犹豫就接了下来。后来我们俩的合作非常愉快，他说话也

干脆，我办事也利索，所以两人一拍即合。中间虽然因为出版审查的问题耽搁了一些时间，到2002年终于全部完成。出版社一次性地推出了这套《苏联历史档案选编》，共计34卷36册。这套书对中国史学界的影响非常大，而且在当时，像这样成套出版的外国档案前所未有——虽然现在中央编译局、党史研究出版社都在做。第一次和社科文献合作，就感觉非常好。

有了第一次愉快的合作，第二次合作也顺理成章。这次也是一大套书，即"东方历史学术文库"。"东方历史学术文库"1994年的时候在中国社会科学出版社出版了第一批。那时候学者都没有资金做社会科学研究，出书也难，这是一个很难逾越的沟坎。于是，由胡绳题词，我牵头成立了"东方历史研究出版基金"，专门资助史学著作的出版。最开始我找的合作对象是中国社会科学出版社的王俊义总编。但在他退休以后，就没人用心去做这套文库了。文库本身是由我给出版社补贴，赚不到钱。所以他们就收点钱，出下书，应付了事，对此我不太满意。

后来我就跟谢社长谈了谈，希望能把这套文库拿到社科文献出版，补贴的金额和在中国社会科学出版社一样，当时是想让出版社能重视起这套"东方历史学术文库"。谢社长没有丝毫犹豫，马上答应下来。于是后来文库全部由中国社会科学出版社转到社科文献出版了。转过来以后，文库的封面全部重新做了设计，更加美观了。"东方历史学术文库"原来都是我们单独组织，自从我去了华东师大以后就没精力单独组织了。于是，整

沈志华 / 主编

中苏关系史纲

1917~1991年中苏关系若干问题再探讨

History of Sino-Soviet Relations

1917-1991

杨奎松　沈志华
李丹慧　牛军　强强合作

新史料 新视野 新观点
解读七十年中苏关系史

个编辑、选编工作都转到了社科文献。以徐思彦为首的编辑团队将文库的组织工作做得非常好。截至目前，文库已经出版了一百多个品种的图书。这是我和社科文献长期合作的另一个成果。

其他的成果还有很多，主要涉及中苏关系领域的图书。比如《中苏关系史纲》，第二版于2011年在社科文献出版。这本书在国内学术界名声还是很响的，被列为教科书。最近又要修订再版，都成了常销书，一本学术著作能多次再版，非常不容易。还有一本是《无奈的选择：冷战与中苏同盟的命运（1945-1959）》。下一本也快了，8月份就交稿，估计年底就能出版，这样一来，就有了一套比较完整的走在学术前沿的中苏关系领域的图书。

我对社科文献的印象，一个是编辑的能力较强、办事认真，学术著作做得不错。赚钱的书怎么做，我不知道，反正我接触的就是学术出版。我觉得谢社长起用的两位总编辑很有水平，一个是杨群，一个是徐思彦，他们都很有学术素养，把关好，组织能力强，同时在确定选题方面也很有一套。能够把学术著作做得很好，而且很多还有一定的市场销量，至少我的书还是可以的。这也是社科文献的一个特点。

我希望社科文献能够百尺竿头，更进一步，越办越好。认识谢社长的时候，社科文献还在社科院后面犄角旮旯的一个地方，那会儿出版社总共不到100人，现在都有自己的办公楼了，兵强马壮，今非昔比。十几年的

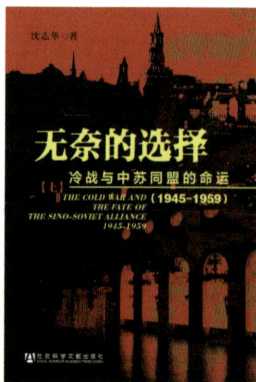

变化、成长与壮大，令人欣慰。

　　谢社长是研究社会学的，徐思彦和杨群都是研究历史学的，一个出版社终究精力有限、资源有限，如果能够把自己有限的资源，利用自己的优势，集中在某一个方面，比如社会学或者历史学，做得更好、更高，这个出版社的特点就更能突出。历史学是一个内涵非常广泛的学科，著作也比较多，中华书局做古代史，党史研究社做党史，等等。社科文献可以在历史学范围内专注于近现代史或者当代史，突出自己学术领域的某一方面，这样作者也能够集中，将来他们的成果也会在这里集中。这就是我想说的突出特色。

　　最后，希望谢社长继续努力，把咱们出版社办得更好、更出名，也希望后继者能继往开来。毕竟，一个出版社能保留自己的特色，其实是不容易的。

（张雯鑫采写、占禄整理）

与作者交流的能力
至关重要

孙立平

孙立平，清华大学社会学系教授。曾在我社出版《断裂——20 世纪 90 年代以来的中国社会》《失衡——断裂社会的运作逻辑》《博弈——断裂社会中的利益冲突与和谐》《守卫底线——转型社会生活的基础秩序》《重建社会——转型社会的秩序再造》等著作。

我个人对出书不是特别感兴趣，在社会科学文献出版社出版的书基本上都是被谢寿光社长给"逼"出来的。从出版社的角度来说，可以看出他对学术出版的一种执着。但我想还有很重要的一点，就是一个出版社有没有和作者交流的能力，这非常重要。谢社长确实有这个能力——他不见得说在某一方面有很深的造诣，但他能和不同学科的作者，而且还是最优秀的作者进行有深度的交流。在社会学领域，现在很多社会学专业的学者对社会问题的理解都不如谢寿光，虽然他是一个出版人。这实际上也是把这些作者能够凝聚到一起的很重要的条件。

社科文献以几个比较重要的学科作为依托，尤其对社会学学科的发展做了很大的贡献，这个特点需要坚持下去。

我希望社科文献在人们充满困惑的转型期，能够针对中国转型当中的一些重大问题，提供一些新的思路，出版一些有前瞻性的学术著作。实际上，在中国这么大的一个国家，真正有深度的、能够让人们看了茅塞顿开的学术著作还是有相当大市场的。尽管有新媒体的冲击和社会浮躁的气氛，但我们可以看到很多人还在认真地思考问题。

（秦静花采写　马云馨整理）

不求一时之绚烂，
但求四季之常青

唐绪军

唐绪军，中国社会科学院新闻与传播研究所所长、研究员。曾在我社出版《中国新媒体发展报告》（主编，自 2013 年起历年）等著作。

从 2013 年我接手主编《新媒体蓝皮书》到现在，是中国新媒体发展最迅速的三年。在做《新媒体蓝皮书》的过程中，我们总结了很多经验，对皮书的出版也有不少心得体会。

第一，每一年的蓝皮书都要选好一个主题，因为新媒体的发展非常迅速，各种应用非常广泛，如果全部都做的话肯定做不下来。所以，要选好一个主题，从一个角度入手深入地反映新媒体发展的现状和趋势。

第二，要选好撰稿人。我们有个一百多人的作者队伍，每年报选题，谁做哪一方面做得最出色，研究得最深入，就让他撰写这方面的发展报告。这样做的效果是最好的——有了第一流的作者，才能做出第一流的皮书。

第三，如果前面两个都达成了，后续的宣传推广工作就比较好做了。我们做的是新媒体研究，所以我们非常重视利用新媒体的手段推广我们的研究成果。这些年，我们的一个基本做法是，运用整合营销传播理念，从确定主题时就考虑到宣传推广，我们报告中的哪些观点、哪些发现和哪些结论是可以用于推广宣传的，一开始就做到胸中有数。所以，这几年《新媒体蓝皮书》发布后，社会反响很大，也得益于我们比较善于利用新媒体来进行宣传这一因素。

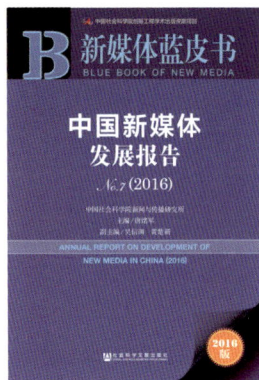

社科文献的皮书系列，对我们党和政府的治国理政起到了非常重要的作用。2015年以来党和政府强调智库建设，事实上皮书就是一种智库产品，无论对各级政府机关还是对企事业单位都有很好的参考价值。所以，我想皮书未来应该在提高质量、进一步开拓深度上下功夫。现在，整个皮书系列有300多种年度报告，怎么样能够在数量扩张的同时保持它的品牌质量呢？据我个人的观察，社科文献在这方面也是动了脑筋、下了功夫的。比如重复率的核查，保证了蓝皮书系列图书的原创性、首发性和不可替代性；成立了皮书研究院，研发了一套皮书量化评价指标体系，每年有客观的评价标准；还专门成立了皮书学术委员会，以保障皮书的学术规范，遴选优秀皮书……这些举措都是非常值得称道的，这些做法都给我留下了比较深刻的印象。我相信，皮书系列会做得越来越好。

在这些年和社科文献合作的过程中，印象很深的人物首先就要说社长谢寿光了。认识他是在我接手《新媒体蓝皮书》之前，跟清华大学崔保国教授主持编撰《传媒蓝皮书》的时候。那时，我是作者，也是编委会成员，"老谢"是出版者。"老谢"自称是"学术票友"，但我认为他不仅是学术行家——因为他自己就是研究社会学的，而且是出版行家，对出版业有着非常深刻而敏锐的洞察。正是因为如此，他在学术和出版相结合方面才会有很多新点子，出了很多好主意，皮书系列就是他的一个重大创意。皮书系列能够有今天，跟谢社长的开拓和创新是分不开的。

除了谢社长，在和社科文献合作的过程中，印象很深的还有一些人，比如说姚冬梅。她原来是我们《新媒体蓝皮书》的责任编辑，为编辑这部蓝皮书付出了很多的努力，也给我们出了很多好主意。这两年，我们这部蓝皮书的责任编辑在不断地换，都是一些博士毕业的年轻编辑在跟我们合作。与他们的合作也给我们留下了很深刻的印象。他们对编辑工作认真负责的态度和严谨严格的做法，保证了我们蓝皮书在质量上能够不断地提高。皮书系列一个很重要的内容就是数据，但在总报告、分报告，以及各分报告之间往往有些数据是会打架的，如果编辑不仔细看的话，这种问题放过去了以后，整个报告的质量是会受影响的。所以，我们在蓝皮书最后编辑成稿的过程中，在数字上花费的功夫是非常大的，社科文献的编辑们在这方面给我们提供了很大的帮助。

这两年从整体上来看，因为新媒体的迅速发展，数字化的运用越来越广泛，纸质图书的出版经受到了很大的考验，可以说遭遇了危机。事实上，全球纸质出版都呈现一种下滑的趋势，读纸质书的人越来越少，读数字版图书的人越来越多。社科文献在接受这一挑战的过程中，应该说是逆"市"而上，无论总产值还是出版数量在全国出版社中都是佼佼者。这也证明了社科文献的领导班子是强有力的，能够审时度势，发挥自己的优势，抓住市场机遇，推动出版社在新的环境下发展。

未来出版社的发展我想也得顺势应变，在数字化方面要下大功夫。现在社科文献已经将皮书系列数据库化，其他各种数据库、数字版本也在陆续推出，这是一个大的趋势。我希望将来社科文献能够成为社科学术出版领域的文献集大成者，开发一个大的数据库，让人们在进行社会科学研究方面首先想到的就是社科文献的这个数据库。真要做成的话，那么将来社科文献就能够立于不败之地了。

社科文献是伴随着改革开放发展起来的，她应该带有改革的气息，带有开放的胸怀和气度。我想说的是，未来的路还很长，不要追求短时间的轰动，而要谋划长久的发展，正所谓，不求一时之绚烂，但求四季之常青。能够把她的品质和精神保持下去，在社会科学研究领域占据一席之地，她的未来就会光明灿烂。

（张雯鑫采写、整理）

集刊出版"理想的婆家"

陶东风

陶东风，首都师范大学文化研究院常务副院长、首席专家，首都师范大学文学院教授、博士生导师。曾在我社出版《文化研究》（主编，第 9 辑至第 26 辑）、《陶东风古代文学与美学论著三种（修订版）》等著作。

《文化研究》集刊从 2000 年创办以来，我们跟许多出版社合作过，和社会科学文献出版社的合作非常愉快。我常说，《文化研究》集刊找到了"理想的婆家"。

与一般的刊物相比，集刊的出版有很多的优势。

第一，集刊的内容更专业。一般的刊物由某一个省的社科院、文联或者社科联创办，他们顾及的学科太多、太杂，如文学、历史、哲学、社会学等，容易让刊物变成条块分割的模式，这对刊物的专业性有很大的限制。而有些集刊只研究某一特定学科，有些是以某一个问题、主题为中心来组织的，比如我们的《文化研究》。研究领域的相对集中使得集刊较之一般刊物而言更专业。

第二，集刊在编辑文章的时候往往更灵活。一个集刊围绕着某一特定问题来组织文章，比如离婚问题、京津冀一体化问题或者公共化服务问题等，即推出一个专题，然后组织各学科文章聚焦于这一专题，这种组织稿子的形式较之一般刊物更加灵活。

第三，集刊更少受到一些非学术因素的制约。集刊跟主办单位之间的

　　　　　　　　　　　　　　　　　　　　　　　　　　　　学者篇

关系较之一般刊物来说比较松散。比如说我们的《文化研究》，就不需要主办单位层层审查，也不必考虑单位中的各种复杂的关系，所以，在审稿的时候可以更多地按照学术的标准来决定文章的取舍。

第四，集刊在主题化和文章的篇幅方面也有很大的优势。比如集刊可以发三万字、五万字的文章，但学术刊物刊发的文章一般是一万字，极少数刊物可以刊登两万字的文章。

总而言之，集刊有很多优势，当然也有一些不足之处。比如在我们现在的考核评价体系里集刊往往不像一般的刊物那么被认可，考核的时候不算分，或者算的分数很低。但是我觉得这个劣势也可以理解为一种优势——集刊文章的作者一般都不是那么急切地要通过文章来获得某种支撑和荣誉，所以我们在集刊中可以挖掘一些没有功名目的的作者，他们的文章就显得更加纯粹了。

我们和社科文献的合作是稳定的、愉快的，我深刻地感受到社科文献的几个特点：第一，能够把现代企业精神和传统的人文精神很好地结合在一起。社科文献有较强的现代企业色彩，它的整套运作的模式体现出其企业化程度比较高，比如她对市场关注程度比较高，管理方式也更加企业化，这些都符合当前的市场经济趋势以及出版社转制要求。第二，社科文献把市场意识和学术意识结合得很好。在市场化运作还有销售方面，有一种比较强烈的市场意识、竞争意识；同时也很重视学术前沿问题，不管是译著

还是原创著作出版方面，都处理得很好。

　　总的来说，我觉得集刊的创意非常好。印象最深的是有几次活动办得非常漂亮：一是2012年在广州举办的首届人文社会科学集刊年会，包括港、澳、台地区在内的全国集刊主编聚集在一起，讨论集刊的未来，这是集刊出版界第一次举办这样的全国性的活动，大获成功；二是2014年在南京举办的"第三届人文社会科学集刊年会"，会议还评选了优秀集刊奖——《文化研究》获得了二等奖——这也是一次很大规模的举动。这些创意抓得好，而且活动搞得有声色，体现出了社科文献对集刊发展的支持与重视。总之，社科文献的同仁们都很敬业，富有创意，而且能够真正把出版作为一个事业来做。

　　希望社科文献在扩大出版体量和关注现实的同时，多留下一些能够传之于永久的学术精品著作。

（张雯鑫采写　马云馨整理）

借力社科文献，推动地方类皮书出版

吴大华

吴大华，贵州省社会科学院院长、二级研究员、博士生导师。曾在我社出版《贵州法治发展报告》（主编，2011年起历年）、《贵州与瑞士发展比较研究》（主编）、《贵安新区发展报告》（主编，2014年起历年）等著作。

我之前在大学工作的时候，对社会科学文献出版社了解不多，但也看过社科文献的一些书。我记得出版社2009年开始评选"十大好书"的时候就开始关注她了；2010年4月，我从贵州民族大学调到贵州省社科院工作以后，和社科文献的联系渐渐密切起来。

我看过社科文献出版的《巨变》《当代中国八种社会思潮》，还有2013年出版的《陈独秀全传》《忽必烈的挑战》，评选出的好书我基本都看，社里也送了我不少好书。我感觉社科文献出的书比较精美，包装也比较有特色。

社科文献是中国社会科学院下辖的出版社，这些年致力于打造皮书系列，在社会上影响力很大，地方党委和政府都很关注。比如《法治蓝皮书》《社会蓝皮书》等，都引起了地方党政领导的高度关注，也要求我们社科院关注皮书，特别要关注对贵州省的报道，以及有关贵州省的评比、排名各方面的情况。2010年，我院在社科文献出版了第一本《贵州蓝皮书：贵州社会发展报告》；2011年以后，出版了《贵州蓝皮书：贵州法治发展报告》《贵

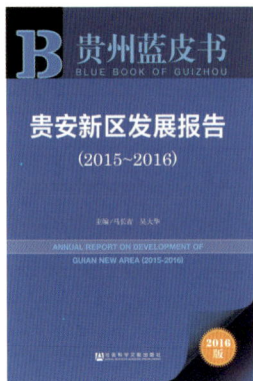

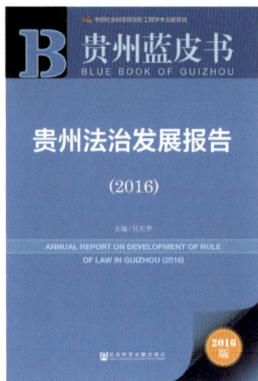

州蓝皮书：贵州人才发展报告》等 5 本。现在贵州省社科院在皮书发展方面，在地方社科院里是比较快的一家，短短 5 年多时间，我们从原来的 1 本发展到现在总共 13 本地方蓝皮书。

未来，我希望出版社能够进一步加强对地方蓝皮书出版工作的指导。每年贵州省社科院的蓝皮书出来以后，我们都邀请出版社的领导去指导，参加蓝皮书的新闻发布会，谢寿光社长、杨群总编辑、蔡继辉副总编辑等先后做过相关讲座，虽然在发布会及讲座交流中出版社也对我们的工作进行了指导，但是我建议还是要进行系统培训。皮书作为一个全国哲学社会科学的学术品牌，是有一套机制的，比如准入机制、退出机制、评价机制，但地方皮书的作者，对这个机制的了解还是不够，虽然每年有《皮书手册》等规范性要求，但毕竟没有现场培训的效果好。可以参照教育部对全国教育系统的哲学社会科学骨干人才进行的培训。我认为既然要把皮书作为国际学术品牌来打造，就要加强对皮书作者队伍，特别是主编或者是执行主编的培训力度。现在，地方类皮书发展很快，虽然出版社并没有培训的职责，但是为了把皮书打造得更加规范，这项工作应该开展起来。近几年我院的皮书评价分数逐年提高，这个进步与出版社每年通过皮书工作年会对作者进行指导是分不开的。我院当前皮书质量参差不齐，从时效性、前沿性、实证性、权威性等方面来看，各个作者团队能力水平不一，这需要我们自己的努力，同时也希望得到出版社更多的指导和帮助。

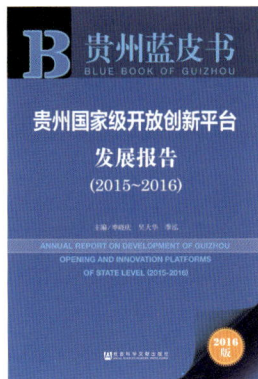

中央最近高度重视智库建设，出台了加强新型智库建设的决定。皮书作为学术品牌，也是一种智库成果。在发挥智库作用这方面，我觉得要让皮书和书中的每个报告能够作为党和政府决策方面的参考，比如《反腐倡廉蓝皮书》中的数据和素材就得到了中央很多领导的引用。在"两会"期间，人大代表、政协委员写议案、提案的时候，也从蓝皮书中引用大量数据和个案，使他们的提案和议案更加丰富，更加有说服力。所以，我认为下一步要让皮书真正能够发挥智库作用，就要紧贴党和政府的需求，服务决策，服务社会。

除了皮书，社科文献的部分图书对我们的科研工作也有直接的指导，比如列国志。2013年7月18号习近平总书记在会见瑞士联邦主席于利·毛雷尔的时候就提出来，贵州要多向瑞士学习，学习它的生态文明和山地经济。根据习总书记的指示，贵州省委省政府提出了要打造"东方瑞士"的口号。同月底，我院受贵州省委省政府的委托做一个课题，叫"贵州与瑞士的发展比较研究"。在研究过程中，我找到列国志中的一本书——《瑞士》，这本书是北京社科院的专家写的，是关于瑞士方面比较权威的一本书，资料很丰富，我们专门买了十多本认真地看，加强对瑞士方面的研究，同时也得到中国社科院很多专家的指导，最终顺利完成了《贵州与瑞士发展比较研究》。这本书由我主编，2014年7月由社科文献出版，出版以后影响很大，荣获贵州省第十一次哲学社会科学优秀成果著作类一等奖。贵

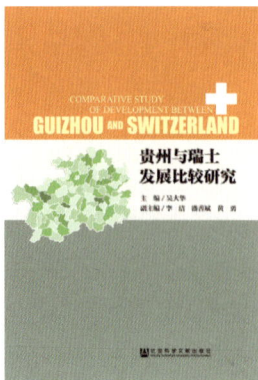

州每年召开生态文明贵阳国际论坛，这个国际论坛是中国目前保留的8个国家级国际性论坛中唯一一个生态文明论坛，每年党和国家领导人以及很多外国政要、著名学者、企业家都会参加，这本书当时送给了出席会议的瑞士朋友，省主要领导出访瑞士时也带着这本书。后来，从一本书又引发了好几本关于瑞士研究的系列。总之，我院对瑞士方面的研究得益于社科文献。

在这些年与社科文献领导和各个部门的同志打交道的过程中，我发觉社科文献人有三个特点：第一，敬业，不管是分社社长，还是普通责编，忠诚本职工作，一丝不苟，办事雷厉风行；第二，规范，虽然有时候是朋友关系，但也得按规矩来，比较坚持原则，而且坚持得比较好；第三，热情，每次我们地方社科院和其他单位的作者到社科文献来，一般都会到绿坞咖啡厅喝杯咖啡，那里的环境、布置，显得很温馨，大家就像一家人一样，这也给很多作者留下了深刻的印象，我认识的几个作者时常提起这个事情。

这些年社科文献又有了很多变化：第一，品位追求更高了；第二，更趋于国际性了；第三，高瞻远瞩，更加趋于打造品牌，赢得发展的战略制高点。

社科文献之所以能够做到这样，我认为是社领导秉持"融合"的理念，即融合了国内学界的学者，而不仅仅是社科院系统的学者。比如现在出版的皮书，除了中国社科院系统几十种以外，还有很多是高校、地方社科院、地方政府部门的，正是这种融合力，广泛吸纳全国社会科学工作者，有好书都欢迎来出，具有开放的思维和"海纳百川"的胸怀，这是我感受比较深的。

对社科文献同仁们的印象，如果用几个词来形容的话，一是"朝气蓬勃"，无论是和社领导还是和普通员工接触，都感觉到有朝气，有活力；二是"执着"，对事业的执着、认真、负责，这也是社科工作者、研究者应该秉承的。我感觉到这个群体是向上的群体，是一支有战斗力、执行力的队伍。

为祝贺社科文献成立30年，我想了两句话，第一句是"书海树品牌"。虽然我们出版界出的书很多，出版社也比较多，但是社科文献经过30年的努力，将自身打造成为出版界的一个学术品牌。第二句是"智库铸辉煌"，社科文献打造的列国志、皮书及其数据库等就是发挥智库作用的表现，硕果累累，筑就了辉煌。我希望并深信社科文献将来为我们国家、为整个社会，筑就更加辉煌的成果。

（张雯鑫采写、整理）

日趋成熟的社科文献

谢耘耕

谢耘耕，上海交通大学人文艺术研究院副院长，传媒经济与管理研究中心主任、教授、博士生导师。曾在我社出版《中国社会舆情与危机管理报告》（主编，自 2011 年起历年）、《新媒体与社会》（主编，第二辑至第十五辑）及《传媒领袖大讲堂》（主编，第二辑至第六辑）、《中国民生调查报告》（主编，2014 年，2015 年）等著作。

2001 年，我们在社会科学文献出版社出版了自己的第一本书，书名叫作《舆情蓝皮书：中国社会舆情与危机管理报告》。通过那一次的合作，我发现社科文献有一套成熟的运作体系，是一个非常成熟的团队——特别在皮书的运作上面。这个团队给人的印象十分深刻，一是效率非常高，根据协议，出版社仅用了 45 天就把书制作好了；二是印刷非常精美，内容和版式设计非常漂亮。总之是"效率高、质量好"。因此，我坚信我们跟社科文献的合作前途将会是一片大好。社科文献的运作体系，能使我们这样刚开始做皮书的人得以迅速提升，这是因为，一是她有标准化的《皮书手册——写作、编辑出版与评价指南》作指导，二是她有一套完整和成熟的皮书发布体系，三是她每年还举办一次业内非常具有影响力的皮书年会，为我们提供与各种"皮书大佬"交流的机会，使我们受益匪浅。

在《舆情蓝皮书》的出版获得成功以后，我们逐渐把很多产品都转到了社科文献，比如，2014 年开始出版的《民调蓝皮书》系列、已经出版了14 辑的集刊《新媒体与社会》，还有每年收录了汇聚几十个"媒体大佬"

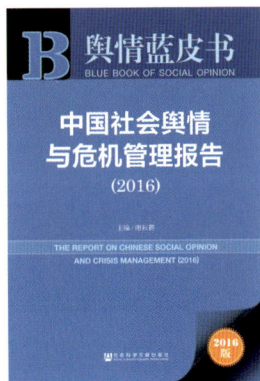

与一线专家学者参与的"中国传媒领袖大讲堂"演讲集《传媒领袖大讲堂》等，这些产品的销量都非常好。

随着与社科文献的合作逐步深入，去年起我们又开始着手国际出版方面的合作。通过社科文献的引荐，我们计划与德国斯普林格出版社合作，出版两本英文著作，这两本书也将迅速进入国际市场；近期，我们又跟斯普林格出版社谈了几本书的合作。借助社科文献提供的国际化出版交流平台，我们得以迅速地提升发展，做大做强。

回顾我跟社科文献这五年的合作历程，我觉得她有几大优势：第一是成熟的运作体系，保证了高效率和高质量；第二是完整的新书发布及营销体系，可以迅速使产品为社会公众和学术界所认知，并不断扩大其影响力；第三是良好的国际合作通道，我们通过社科文献跟美国、欧洲很多出版社建立合作关系，对我们扩大国际传播力和影响力都有非常重大的意义和价值；第四是拥有一支非常干练的团队，体现在一是员工亲和力强，特别好打交道，二是工作态度认真，三是工作效率高，四是敬业程度高，每次参加社科文献的各种活动，都有以上感触。

社科文献出版社已经30岁了，30年间面临很多挑战。早年她的规模并不大，但是经过30年的积累，迅速成为国内一线的强势出版社。按照现在的运作模式，社科文献完完全全能够成为一个世界级的、顶级的学术出版社，成为一个像斯普林格那样的全球性的出版机构，对此我深信不疑。

（张雯鑫采写　马云馨整理）

办成一个国际化的出版社

薛进军

薛进军，日本名古屋大学经济学院附属国际经济政策研究中心教授、国际低碳经济研究所联席所长兼学术委员会主席。曾在我社出版《中国的不平等——收入分配差距研究》、《低碳经济学》、《不平等的增长——收入不平等的国际比较》、《中国低碳经济发展报告》（主编，2011 年起历年）等著作。

和社会科学文献出版社还真是颇有缘分。2009 年哥本哈根气候大会之前，"中国低碳气候变化"还是一个比较敏感的政治话题，但我在 2007 年就开始关注这个问题。那一年，我去南京大学讲学，主题就是"低碳经济学"，那个时候还没有人提这个概念，所以，就有专家质疑，提出了很多非常尖锐的意见。这件事对我的刺激很大，于是后来我将思路整理以后，写了一本书叫《低碳经济学》，再后来我跟社科文献的周丽副总编辑及谢寿光社长就这个稿子谈了一下，我发现他们的眼光非常敏锐，对一些问题的观察也颇具前瞻性。他们对这本书很重视，所以当场一拍即合，由恽薇担任责任编辑，2008 年就在社科文献出版了《低碳经济学》，这本书后来还出了英文版。

这本书出版之后，反响很不错。最近《人民日报》撰文，说中国需要建立低碳发展经济学，于是就有人指出，薛老师在 2008 年的时候就出了这样一本书。

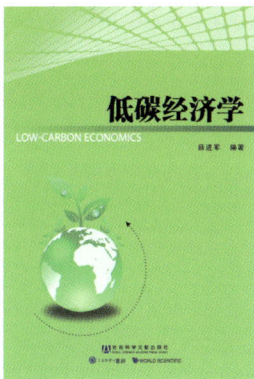

这本书出版以后，我们又开始策划出版《中国低碳经济发展报告》。我们能够出版《中国低碳经济发展报告》得益于天时、地利、人和。天时方面，2009年哥本哈根会议以后，中国政府及领导人转变思路，开始关注气候变化问题及其与低碳的关系，要积极引领世界碳排放，发展绿色低碳经济；地利指的是我们有很多国际问题专家都非常关注这个问题；人和方面，我们有一个很好的团队，同时和社科文献，特别是和恽薇社长建立了互相信赖的关系。从以上三个方面讲，社科文献是我们最佳的选择，所以《中国低碳经济发展报告》就放在社科文献出版。事实证明这个选择是正确的，因为每一年的报告出版以后，都会在国内外引起巨大反响，各大媒体都会有一些报道，甚至中央有关方面的负责人也会看这本书。

社科文献最让我印象深刻的人是周丽。在出版《低碳经济学》之前，我还在社科文献出版过一本书，叫《中国的不平等》。这本书研究的是收入分配问题。收入不平等在当时也是个很敏感的话题，很多出版社都不敢出这本书，因为研究收入分配就要去挖掘深层次原因，例如政治原因、历史原因，以及过去遗留的政策方面的原因——户籍制度引起的城乡收入差距，以及对农民工的歧视等。所以说，它不单单是简单的收入分配问题。确定了题目以后，很多人非常担心这本书太敏感，出不来，但周丽说，"我们有变通的方法：再加一个副标题'收入分配差距研究'"。由此可见其胆识。

我和谢寿光社长有过多次接触，他很有魄力，同时思想开放，知识渊博，对一些问题看得比较准，所以我们之间的合作，几乎没有交易成本，我不需要解释这本书多么重要，他也不需要解释为什么要在他那里出书。

第三个人就是恽薇——现在是经管分社的社长，她是一位实干家。为了几本拙作——包括转折点丛书——她付出了很多精力。

社科文献出版的以皮书为首的一众图书不管是在国内，还是在国际上都非常有影响力。尤其是皮书，它反映了学界、政界对中国当代社会发展中一些重大问题的看法。另外，皮书里的很多数据对于我们学术研究来说是基础性的，也是极其重要的。如果数据不正确，那我们的研究就是基于不正确的基础，就会得出不正确的结论。所以在每一年的皮书中，很多学者都会使用统计数据，或者是他们自己计算出来的一个新的数据。社科文献把各个领域比较顶尖的学者集中起来做学术研究，由此衍生出一系列学术著作和皮书。加之社科文献有一个发展规划，按照规划的方向找相应的学者去做相应的研究，做出相应的学术著作。这种主动性，和别的出版社的做法是不一样的，这是我印象深刻的一点。

社科文献最近几年比较关注国外学者，也非常积极、主动地去联系国外出版社，跟他们做一些国际合作。这跟中国经济一样，是一个过去引进来，现在慢慢走出去的态势。"走出去"是中国未来发展的大趋势，社科文献在这方面已经做了一些尝试，有些方面做得也比较前端，这是值得赞赏的一件事。

社科文献除了抓选题抓得比较好之外，还有一个做得非常好的就是图书的宣传和推介。宣传、推介很重要。出版社出了很好的学术成果，但是不宣传、没人知道是不行的。我经常给一些领导和学者建议：中国现在没有诺贝尔奖获得者，这当然与中国的发展阶段有关系，但也和我们中国的科学技术成果在国际上的宣传、推介力度不够有关。日本截至目前已经有19位诺贝尔奖获得者，其中，名古屋大学就有6位，他们的成果是经过宣传才为人所知的，为诺贝尔奖评委所知的。研究要做好，书要写好，与此同时，推介也要做好，在这方面，社科文献做得非常出色。

希望社科文献将来的国际化发展之路能够取得辉煌成就；希望社科文献这个标识不仅在国内，在国外也成为一个响亮的品牌；希望社科文献更进一步，加强和国外学术界、出版界的联系，真正办成一个国际化的出版社。

（张雯鑫采写　占禄整理）

阅读的重要来源

张宇燕

张宇燕，中国社会科学院世界经济与政治研究所所长、研究员。曾在我社出版《全球化与中国发展》、《世界经济形势分析与预测》（主编，2009年起历年）、《全球政治与安全报告》（主编，2010年起历年）、《国际视角下的中国》（主编）、《中美经济结构与宏观政策比较》（主编）等著作。

社会科学文献出版社成立于1985年，而我是在1983年到中国社会科学院研究生院上学的。1986年我研究生毕业，就到了社科院世界政治与经济研究所工作。可以说，我在社科院学习和工作的30多年，都是在阅读中度过的。社科文献出版的那些著作，是我阅读的重要来源。

社科文献出版的书很多，我读的也不少。最近读的几本书，有一本是《失败的帝国：从斯大林到戈尔巴乔夫》。我觉得这本书写得很有启发性，我们从中可以看到苏联这么一个庞大的帝国，为什么最后一步一步走向了崩溃。用作者的话讲，这么一个庞大的帝国，以如此独特的方式解体崩溃，这是一种自杀的方式，也是历史上从来没有过的。我最近读的还有一本书叫《西方情报机构与苏联解体：未能撼动世界的十年（1980～1990）》，这本书讲的是包括美国和欧洲在内的整个西方的情报机构，在整个苏联解体过程中起到了什么作用，这种作用的过程反映了整个冷战期间东西方的斗争。这本书给我们的启示也有很多，一方面是让我们了解到信息工作的

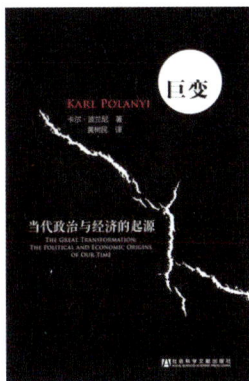

重要性，一方面让我们深刻地认识到国际关系中大国斗争的复杂性，因为我本人主要研究国际政治和国际经济，所以这就是我从自身学科出发得出的阅读体会。总而言之，社科文献的书是相当不错的。

另外一方面，社科文献除了抓大的历史问题以外，还出版了很多经典著作，这点也让我印象深刻。比如卡尔·波兰尼的《巨变：当代政治与经济的起源》，这是一本非常著名的学术著作，不是很好读，但是它的影响很大。这本书版本很多，我最早见到的是台湾地区出版的版本。那是1990~1991年我写博士论文的时候借来看的。我对比了一下，社科文献出版的这个版本，翻译、装帧等都非常好。可以说，社科文献在学术经典方面，做了很大的贡献，对整个中国社会科学的发展都起到很大的作用。

还有一本书是乔治·凯南写的《美国大外交》，这是我特别想读的一本书。美国是我们中国过去、现在以至将来10年、20年甚至更长时间内最主要的博弈对手，中美关系在某种意义上决定了未来世界的格局。所以了解美国的行为，了解美国国内的政治、经济和社会，是我们处理好中美关系非常重要的一项内容。乔治·凯南这个人在国际关系领域的知名度不言而喻，他以《苏联行为的根源》这篇文章闻名于世。它原本是凯南1946年从美国驻苏联大使馆发往华盛顿的一份电报，1947年发表于《外交季刊》。说它奠定了冷战的基本格调有点夸张，但也是有道理的。乔治·凯南后来当过驻苏大使，写了一系列著作，其中一本就是《美国大外交》。社科文

献出版的书里还有关美国国家情报委员会解密的档案文献，对我们研究国际关系非常有帮助，书里也有乔治·凯南的一些分析报告，我看了以后，收获也很大。

从我个人的经历来讲，社科文献对我个人的帮助是很大的，它是一个非常重要的文献来源，同时也扩大了我的阅读范围，拓展了我的阅读视野。当然了，在学术出版方面，社科文献有很多竞争对手，比如同属社科院出版单位的中国社会科学出版社做得也很好，它们之间是一种良性竞争关系。此外，还有一些院外的出版社，他们最近的选题、出版，从商业竞争的角度来讲，对社科文献构成了威胁，例如中信出版社，他们最近抓的选题，出版的一些书都挺好，这里面不光有畅销书，也有一些学术价值很高的著作，比如说最近在畅销书排行榜排名第一的《世界秩序》。所以说，在选题方面，社科文献有空间做得更好。

皮书系列是社科文献的一个旗舰产品。从我们研究所（编者注：中国社会科学院世界经济与政治研究所，后同）的角度来讲，我一直在强调，研究所一定要有自己的旗舰产品，让人一提起产品，马上想到你的研究所；一提起研究所，马上就想到你的旗舰产品。我们研究所旗舰产品之一就是我们的两本皮书，一本是《世界经济黄皮书》，另一本是《国际形势黄皮书》。这两本书连续出版了20年。我记得《世界经济黄皮书》第一本出版的时候，总论就是我写的，那都是20多年前的事了。这两部皮书一步一步走到今天，

影响还是很大的。有一次我去日内瓦参加联合国贸发会议，和瑞士经济学家交流的时候，他们就拿出了我们的《世界经济黄皮书》，说，"你们关于世界经济的分析，我们是看的"。我当时很吃惊。在这里，我要对社科文献表示感谢，我们研究所的发展、我们研究所的旗舰产品、我们研究所在国际国内的影响，和社科文献是密不可分的。感谢社科文献给我们提供这么好的平台，给我们提供这么好的出版机会。

我希望社科文献能够多出三类书。第一类是学术经典，这种书从短期来看，可能经济效益不是很好，回报不是很高，但从长期来看有巨大的影响，而且对这种书的需求是一直存在的，它不像有些书，出版一年甚至半年后可能就没有人再去过问了。学术经典是长期性的畅销书，是有生命力的经典著作。但是这里面有一个问题是要去发掘作者，特别是一些年轻的、有前途的作者，出版社要去挖掘他们，发现他们，给他们提供平台，他们的书出版了以后，最后成为经典，这是我特别希望的。第二类是关注当下重大问题的图书。这类书的作者可能不是非常著名的学者，也不是有影响力的政治家，但是他关注讨论的是重大问题，通过了解这些问题，我们能够增进对世界的理解，同时更好地起到社科院思想库智囊团的作用。比如刚才我提到的苏联的崩溃是非常重大的议题，出版社紧紧抓住这种议题，是我作为读者希望看到的。第三类作为我们研究所期望的，希望社科文献和所里进一步紧密联系，把所里的研究成果推而广之。我刚才提到了，我

们所的旗舰产品是两本皮书，但我们所不仅仅有两本皮书，还有很多学术著作，我们同事的很多作品，以及我的学生的作品都是由社科文献出版的。把我们社科院学者的成果推向社会，推向国际舞台，这是非常重要的。最后，作为国际问题研究者，我也特别希望我们的英文出版越做越强。我们要走出去，要讲好中国故事，必须能用人家能够看懂的语言，直接跟人家对话，而不再经过翻译。社科文献如果能够在这方面加大投入，将大大提高中国在全世界人心目中的地位。

（张雯鑫采写　占禄整理）

与社科文献成为知心朋友

赵忠秀

赵忠秀，对外经济贸易大学副校长，国际贸易学专业教授、博士生导师。曾在我社出版《经济全球化与当代国际贸易》（合著）、《中国低碳经济发展报告》（主编，2011年起历年）等著作。

2007年，在我们决定将《低碳经济蓝皮书》书稿交给社会科学文献出版社出版之前，我对社科文献已经很了解了。因为看到社科文献出的书从选题到装帧，再到它的印刷质量都非常好，所以当我们这本书初稿出来以后，在选出版社的时候，我们的作者之一裴长洪教授说，"我们放在社科文献出吧，交给他们，非常放心，他们非常专业"。

当时我们这本书实际上是在中央政治局集体学习讲稿的基础上，又经过了半年持续的研究后定稿的，我们对这本书非常满意，所以一定要把它交给我们信得过的出版社。通过这本书的出版，我们和社科文献出版社结下了不解之缘。

2010年，我和日本名古屋大学薛进军教授联合创办了国际低碳经济研究所，决定出版年度报告。那时候也是机缘巧合，我再次想到了社科文献，并决定把《中国低碳经济发展报告》交给社科文献，纳入出版社的皮书系列。我们这五年一路走来，编者和出版者相得益彰，出版社的编辑特别敬业，我们把书稿交到编辑手里，编辑就马上投入工作。此外，出版社的编辑也非常专业，当接到稿件之后，不管时间多么紧，稿子有多少差错，都非常仔细，非常认真，严格按照编辑的规范，一字一句地进行编辑。经过作者、编辑的

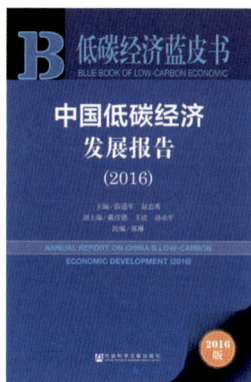

共同努力，最后呈现出来的应该说都是精品，能够经得起时间、历史的检验。这种专业和敬业精神，使我们非常感动，作者和编辑由此结成了一个共同体，彼此之间的配合也特别默契。我们在社会科学领域里留下的是文献，是经典，是一种不刊之论，所以选择社科文献感觉就像交到了知心朋友，能够把我们的学术成果非常恰当、非常完美地呈现给读者。

因为平时我们和编辑，和谢社长，建立起了亦师亦友的关系，所以合作起来非常融洽。但在书稿编辑过程中，虽然友情在，应该说原则性一点都不退让，一点都不能马虎，该确认的出入、该调整的数据来源，甚至一种表述方式，编辑都会非常严格。当然了，编辑也会讲究方式方法，因此我们也都是很愉快地接受了编辑的建议。在这样一种紧张合作过程中，反而更进一步体现了我们相互的信任和友情。

我觉得皮书是咱们社科文献的一个经典产品，随着时间的推移，它所积淀的价值会愈发突出，因为它有一个巨大的读者群，并且为图书馆和很多数据中心所广泛收集。它见证了各个领域发展的历史，所以我觉得皮书作为一个品牌，社科文献要倍加珍惜，要不断地总结经验，弥补不足，使得我们这项出版工程能够日臻完美，能够成为我们国家在新的历史时期一项重要的文化工程。

社科文献走过了 30 年不平凡的历程，现在应该说是生机勃勃，焕然一新，希望社科文献能够出版更多、更好的伟大的作品。

（张雯鑫采写　张天墨整理）

通过社科文献
感受国家出版事业的发展

周 弘

周弘，中国社会科学院学部委员、国际学部副主任、欧洲研究所研究员。曾在我社出版《欧洲发展报告》（主编，1999年至2016年历年）、《福利国家向何处去》、《欧盟治理模式》（主编）、《外援在中国》（合著）、《中欧关系——观念、政策与前景》（主编）、《欧盟是怎样的力量》（主编）、《德国马克与经济增长》（主编）、《中国援外60年》（主编）、《认识变化中的欧洲》（主编）、《盘点中欧伙伴关系》、《德国统一史》（主编）等著作。

1996年，我们开始做第一本《欧洲发展报告》的时候，就开始和社科文献打交道了。从那以后，我们的《欧洲发展报告》以及其他一些研究成果的发表，都得到了社科文献的大力支持和配合。

20世纪90年代的时候，出本书并不容易，社科文献承担《欧洲发展报告》的出版也算是救了我们的急难。此前我们每年年底都开个有关欧洲发展形势的评估会，形成一份内部形式的报告。但是，市场对于欧洲相关知识有广泛的需求，如果能把内部报告做成一份公开的、可出版的年度报告，就像多数国际组织所做的那样，一方面可以整理并提升我们自己有关欧洲的知识，填补我们知识的空缺，另一方面也可以满足一部分的社会需求。

为了将这个想法付诸实践，我们找到了社科文献。意料之外的是，出版社答应得十分爽快。得益于社科文献的高效率工作，我们在很短的时间

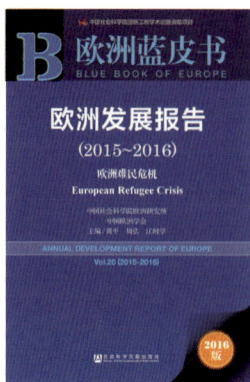

内就迎来了第一本《欧洲发展报告》的出版。举行发布会的时候，欧盟大使还有欧盟成员国的大使们都来了。会上，我们广泛地讨论如何去研究欧盟这样一个复杂的体制，讨论欧盟及其成员国的发展方向，当时的欧盟驻华大使魏根深说，这本报告的布局显示了中国人对欧盟有恰如其分的了解。总之，第一本《欧洲发展报告》的出版为我们后来和欧方的合作开了一个好头。我之前说的"救急"，说的就是社科文献很敏锐，能够很好地把握市场机遇，同时，出版效率也非常高。

从那时起，我们和社科文献开启了一段为期多年的合作。出版社是作者和读者之间的桥梁，没有出版社的大力推动和支持，我们的研究成果不可能快捷、广泛地得到传播，很难成为一种成型的成果。在合作的过程中，出版社的编辑和我们的研究人员慢慢融成一个团队，所以我想用"天衣无缝"一词来形容我们和社科文献的合作关系。在这种合作中，研究人员和编辑人员是互动的，编辑人员给我们带来了更广泛的需求信息，而我们的研究人员则会把这些需求信息和我们的研究重点结合起来，通过研究整合成为成果。例如，当《欧洲发展报告》转成蓝皮书的时候，我们的讨论也开始从分析欧洲的发展形势转变为对欧洲很多深层次变化的研究；根据出版社反馈回来的市场需求，进一步针对热门话题，引进、翻译了部分国外著作，同时自己也出版了一些研究成果，由此开发了一系列的欧洲研究丛书。我们和社科文献从1996年到现在的将近20年的合作经历是很愉快的，

也是互补和互利共赢的。

在与我合作的所有出版社里，论效率，社科文献排第一；论合作的愉快度，社科文献也排第一。而且，我们的研究人员和出版社的编辑后来都成了朋友，成了共同研究问题的同事和伙伴，都在一个"群"里讨论问题，这都是非常难得的。

关于社科文献出版社的发展，我有几点切身感受。

首先，社科文献这些年的发展非常迅速。一开始对社科文献的印象只是一家能够把我们的研究成果编辑出版的单位，但后来我们深深地感到出版社方面能动性的提高，他们自主地挖掘选题，积极地拓展业务，广泛地建立联系，把国家的出版事业作为最重要的工作目标。于是，我们和出版社之间的简单互动，就变成我们能够时不时地参与到出版社的宏大的出版规划当中去这样的一种关系。通过社科文献，我们感受到了国家出版事业的发展。

其次，社科文献在编辑出版方面的能力也有明显提高，无论是编稿还是技术处理，加之社科文献还和外国的出版社建立了非常有效的合作关系和业务联系，这样就使我们的图书能够很快以外文的形式出版，大大提高了我国学者在国际上的话语权。另外需要重点提到的一点是，得益于同外国出版社的合作，外国的读者也能够更深入了解中国的发展和变化，这是一件非常了不起的事情。

随着中国的发展壮大，中国的出版事业必然会经历一个壮大繁荣的历史时期。在这个历史时期里，社科文献一定要，而且也一定会扮演一个积极、主动、重要和引领的角色，跟着中国出版业的发展大潮，将自己壮大起来。中国出版业的壮大，社科文献的壮大，不仅是对我国出版事业的促进，也是对人类文明事业的促进。

现在外国对我们国家的了解还不够，我们自己在知识整合、思想开拓和理论探讨方面也还需要进一步提高，而整合、传播知识和信息的机构和平台就是出版社，如果出版社能够把握这个时代的脉搏，就一定能起到历史性的作用。

最后，祝愿社科文献和所有编辑及管理人员一如既往地保持旺盛的创新动力和一流的技术水准，祝愿社科文献的市场不断扩大，知名度不断提高；祝愿社科文献的事业永远蒸蒸日上，无愧于国家出版业的进步，无愧于这个伟大的时代。

（张雯鑫采写　占禄整理）

1997

1985

创　新

一个"有梦的出版人"

——记社会科学文献出版社
社长谢寿光

社会科学文献出版社 刘 荣

有人说他是富有远见的战略家，有人说他是勇立潮头的革新派，有人说他是游刃有余的社会活动家，有人说他是不知疲倦的工作狂，有人说他是感染力极强的演讲家，有人说他是精明老辣的生意人……社会科学文献出版社社长谢寿光却称自己只是一个"有梦的出版人"。

"25 年前，我们带着理想来经营这家出版社；未来的 25 年，我们有更大的梦。我们尊重学者、敬畏学术，力争做国内最好的学术出版社，搭建全方位的高端学术出版平台，推动中国人文社会科学的发展。"在社会科学文献出版社 25 周年社庆时，谢寿光如此描绘心中的"中国学术出版梦"。

谢寿光是一个富有战略眼光的人，正是这种素养造就了社科文献的后来居上。1997 年 9 月，谢寿光从中国大百科全书出版社调入社科文献，担任副社长兼副总编辑，翌年出任社长兼总编辑。彼时，只有 13 年历史的社科文献，没有丰厚的家底，全社仅有 23 名员工，年出书不到 100 种。"这样一家无名小社，想做大做强，很难！"在谢寿光特意举行的支招献计会上，苏国勋、李培林、沈原等学界同仁长叹。

当时，在市场经济大潮冲击下，不少学术出版社都选择"往下沉"，着力于大众出版，谢寿光却坚持"往上走"，将出版重心定位于人文社会科学学术图书。"在出版领域，我们不可能包打天下，教材、教辅、少儿等图书产品必须舍弃。"谢寿光分析道，"作为中国社会科学院的直属出版机构，我们应该在最有可能形成品牌、影响力和竞争力的领域占据我们应有的位置。"

副

一个"有梦的出版人"

星期二

——记社会科学文献出版社社长谢寿光

刘蒙

如今，凭借16年的坚守与积累，社科文献"创社科经典，出传世文献"的出版理念和"权威、前沿、原创"的图书定位赢得学界广泛认可。在谢寿光的带领下，社科文献保持年均两位数的高速增长，在寸土寸金的北京北三环全资购得7000多平方米的办公用房，员工近300人，年出书1300余种（数据截至2013年8月，后同）。社会学、近代史、苏联东欧研究等专业图书在出版界独领风骚，经济管理、国际问题、古籍文献等主题图书亦别具特色，学术期刊、电子音像、数字出版、国际出版齐头并进。谢寿光自己也先后荣获"全国新闻出版行业领军人才""第十届韬奋出版奖""中国社会科学院科研岗位先进个人"等奖项，成为社科文献当之无愧的掌门人。

谢寿光开创了一种名为"皮书"的全新出版形态和图书品牌，迄今已累计出版1300余种。经过近20年的精心打造，皮书作为一种智库产品，不仅成为社科文献的出版品牌，而且成为中国社会科学院乃至中国社会科学界的学术品牌，还被纳入中国社会科学院哲学社会科学创新体系和"十二五"国家重点图书出版规划。

谢寿光早在十多年前，就感觉到信息技术可能给传统出版带来冲击，在他的带领下，社科文献早在十多年前就迈开信息化与数字化的步伐。在信息化的浪潮中，谢寿光趋新而不躁进，主张"我们是图书出版者，更是人文社会科学内容资源经营商"，坚持"以我为主"和"小步快跑，分段推进，适时整合、升级"的原则，建成了具有中国专业出版社特色的数字出版经营模式。

做王云五那样的出版人，办令人尊敬的出版机构，是谢寿光不懈奋斗的目标。"学术出版是最讲究传承的事业。只有几代人的厚积，才会有某个阶段的薄发。相比于百年老社，社科文献的历史还太短。"展望未来，有着强烈危机意识的谢寿光不无忧虑却信心满怀，"我们会继续坚守学术出版方向，用出版来促进学术研究的规范与深化，实现知识的积累，从而推动中国社会的发展，增强中国在国际上的学术话语权和影响力。"

基于此，谢寿光代表50多家出版社在原新闻出版总署召开的座谈会上呼吁进一步提高学术著作出版门槛，并承担起学术著作出版规范国家标准的起草工作。同时，他还精心组织学术演讲、访问交流等高规格的学术交流活动，扩大中国专家学者及其学术成果的国际影响力，致力于中国学术"走出去"。

社长之外，谢寿光还担任中国社会学会秘书长、中国社会科学院国情调查与研究中心副主任，并兼任多所大学与研究机构的教授，在教书、演讲、科研、出版诸角色间转换自如，被誉为精力充沛的多面手，他却谦称至多只是一位"杂家"。自称"学术票友"的他，在多个研究领域都有所建树，并深度参与了中国社会学会的恢复与重建工作，弥合了当时学界内部的分裂与冲突。著名社会学家陆学艺曾赞誉说，他们那一群人都是谢寿光这样的编辑给培养出来的。

虽然成就卓著，谢寿光却称这不过是"时势造英雄"。这位1977级的厦门大学高材生，有着他那一代人的审慎与稳练。媒体朋友们更多是从社科文献有着浓厚学术底蕴与现实担当的产品中，窥见他作为出版人的理想与抱负。

时至今日，两鬓斑白的谢寿光依然率领一群年轻人奋斗在一线，推进信息化与数字化，释放员工的想象力和创造力，加强五大出版能力建设，创建研究型的出版机构，打造标准普尔那样的指数库……很多人不解：16年了，社长还没当够？何必把自己弄得这么累？他却回应道："知我者谓我心忧，不知我者谓我何求。我想，我还有好些年和大家一起奋斗的时光，争取再创20世纪三四十年代商务印书馆、中华书局那样的辉煌。"

（原载 2013 年 8 月 24 日《人民日报》）

三十年学术见证中国

新京报 柏 琳

"千年未有之变局"——清末思想家梁启超彼时对未来中国如是预测。此种"变局",改革开放 30 多年来已得多面印证,而作为折射社会结构变迁风貌的多棱镜,社科类图书的出版景象,忠实记载了我们所处时代的困境与新生。

30 年的里程意义非常:于大处,中国借改革开放之机重启追梦之旅;于小处,一家致力于做专业学术图书的出版社——社会科学文献出版社逐梦漫漫。它平地而起,最初踉跄,而后挣扎,不甘在大众读物抢占中国图书市场的大环境中"往下沉",搏一搏,居然也突出重围,又是一番新天地。

30 年前的金秋十月,社科文献正式成立。虽然直属于中国社会科学院,但社科文献家底单薄:全社仅有 23 名员工,年出书不到 100 种,在最初的 13 年里,一直是个无名小社。18 年前,又是在金秋十月,一个叫谢寿光的中年人踌躇满志来到这里,他敲醒这里睡梦中的人:做最好的学术出版,我们重头来过。

学术初心 以狄德罗为精神偶像

时代风向赋予每个人以相差无几的机遇浪潮,却因个人的不同选择,而开往不同的人生航向。

出生在福建龙岩闽西革命老区的谢寿光,上高中赶上"文革",他和其他许多青年一样上山下乡,插队的年月很是苦闷,他偷偷地自学《资本论》

和马恩全集，渐露对哲学思辨的偏爱。1977 年恢复高考，他考入厦门大学哲学系。大学四年，谢寿光找到了所爱——讲究实证精神的法国哲学。在他看来，德国哲学翱翔于抽象概念和思辨之中，非其所好，而将哲学知识下沉为对具体知识整理、分析和研究的法国哲学传统，却为其所喜。正因如此，他把法国启蒙思想家、百科全书派的代表人物狄德罗视为精神偶像。

为什么推崇狄德罗？谢寿光认为这是人类文明进程中一个里程碑式的人物。人类文明向前推进，得益于长期的知识积累，而这种积累，需要每个时代里有一批对知识有驾驭能力的人来整理和传播。"这种人必须经过系统的哲学训练，然后进入日常生活，按照一定的规则和类别来梳理具体学科的知识，便于人们学习和使用，狄德罗就是这样的人。"在他的内心，默默滋生出对成为狄德罗式人物的向往。

从哲学出发，直至在社会学中找到真爱，一切都是机缘。这位崇拜狄德罗的年轻人毕业后居然就去干了一份和"百科全书"有关的工作——中国大百科全书出版社成为他事业的起点，他把青春交付给常人眼中黄卷青灯下枯燥的编辑工作，一干就是 15 年。其间，谢寿光先后参与编辑《中国大百科全书·哲学卷》《中国大百科全书·社会学卷》等巨著，并与知名社会学者陆学艺等人合作主持了"中国百县市经济社会调查"——这也是中国迄今规模最大的社会调查项目，编辑出版了《中国国情丛书——百县市经济社会调查》（105 卷，5000 多万字）。"一个《中国大百科全书·

社会学卷》，一个《百县市经济社会调查》，等于让我把社会学专业从本科到博士阶段都读完了，我完成了对社会学知识体系架构和方法论训练，得益于此，我成了一个社会学的观察者。"

出版雄心　让编辑的形象"高大"起来

由于做《中国大百科全书·社会学卷》和《百县市经济社会调查》，谢寿光的工作和社科院发生了天然的联系。彼时，社科院哲学所里他甚至有自己的办公室，一星期至少两天去社科院上班，就连自己的终身大事，都得益于社科院的"红娘"牵线搭桥。谢寿光一直在心心念念地寻找一个成为"正牌社科人"的机遇。

1997年9月，谢寿光终于调入心仪已久的社科院，担任社科文献副社长兼副总编辑，第二年出任社长兼总编辑。面对这样一个几乎被人遗忘的出版社，初来乍到的谢寿光发现，这里"就只想着和别人合作出书，编辑就是个校对，说白了就是卖个书号，然后做个终审和终校就完了，出版的整套流程都是别人说了算"。他决心来一次"新官上任三把火"：第一个月，他把自己15年来在大百科全书出版社学到的编辑知识进行整合，写成体例，叫作《社科文献编辑条例》，用于编辑部内部学习。之后，此《条例》先后修订了十二三次，并在今年将成为正式出版物，书名拟定为《社科文献写作编辑出版指南》。

一个以研究社会学为理想的人，为什么一定要去做编辑？事情发端于谢寿光年轻时受过的"一场刺激"。

彼时他还未大学毕业，有一次刘心武、李陀和李泽厚三位文化名人去厦大做演讲，谢寿光次次到场聆听。据他回忆，在某次演讲上，刘心武说了这样一句话，"一流人才当作家，二流人才当学者，三流人才当编辑"。这句话让谢寿光愤愤不平："人类文明的进步，绝非某个作家或者某个生产者之功。编辑和出版，是知识生产的组织者和传播者，好编辑本身具备创造能力，他的身份和学者、作家在某些场合甚至可以互换。把编辑当作三流人才，是一种意识形态式的做法，把编辑当作了工具。"

谈话时，这个已是两鬓斑白的出版人，不时陷入对上世纪初商务印书馆和中华书局出版辉煌的回忆里。他说，那时的商务印书馆和中华书局在王云五、陆费逵等人带领下，出版事业堪称亚洲第一，而原因就在于社会对于出版的定位清晰，"整个社会把出版业当成传播人类知识的崇高之业"，再往远处追溯，"中国古代每朝设翰林院，设科举考试，这种种举动哪个不是对人类文明传播的巨大贡献？而新中国成立以来，大众把出版业当成意识形态部门的做法，却把编辑矮化了。"

让编辑的形象重新"高大"起来，谢寿光认为秘诀就在"专业性"三个字。他自称是个原教旨主义者，对编辑最严厉的批评是"你不专业"，最强烈的表扬是"你很专业"。但学者型编辑的养成并非一日之功，"一些名家在哪个出版社出书，往往就是冲着某个编辑、某个团队去的。有很多编辑虽然没有承担行政职务，但其本人就是出版社的品牌和标志。比如，在历史学界，我社的徐思彦就有这样的魅力，这不仅是她的光荣，更是我们整个编辑团队的光荣。再比如，我们去年开始风靡的学术畅销品牌'甲骨文'的编辑董风云，也成了出版界认可的一流人物。"

　　而今，一支以年轻的博士、硕士为主体，一批从中国社科院刚退出科研一线的各学科专家，组成350多人的编辑、出版和营销队伍，始终在为实现学术立社而努力。他们先后策划出版了著名图书品牌和学术品牌皮书系列、列国志、"社科文献精品译库"（后更名为"社科文献学术译库"）、"全球化译丛"、"气候变化与人类发展译丛"、"近世中国"等一大批既有学术影响又有市场价值的系列图书，在社会学、近代史、苏联东欧研究等专业图书领域独领风骚，经济管理、国际问题、古籍文献等主题图书亦别具特色，学术期刊、电子音像、数字出版、国际出版齐头并进；年发稿6亿字，年出版图书2000余种，承印发行中国社科院院属核心期刊70多种；从年销售收入400万元到总收入近3亿元；从几无立锥之地到拥有7000多平方米自有产权办公用房，社科文献收获了学术影响力和经济效益的双赢。

　　关键要识货，从中得到快乐，发现有价值的学者，把他们的思想推广给更多人欣赏。"票友"其实就是价值发现者，我要在学术圈里做那个打开不同通道的人。

学者交心 "学术票友"的三个"老相识"

谢寿光爱戏称自己是"学术票友",不过在他眼里,"票友"的作用不只是在学术圈内牵线搭桥那么简单,而应该是一个欣赏者,"关键要识货,从中得到快乐,发现有价值的学者,把他们的思想推广给更多人欣赏。'票友'其实就是价值发现者,我要在学术圈里做那个打开不同通道的人"。

每一条学术通道的打开,背后都有一段相知相遇的奇缘。而谢寿光这18年来最念念不忘的,要数那三个"老相识"——政治学者俞可平、冷战史研究专家沈志华和社会学者孙立平。在他眼中,俞可平内敛,沈志华率性,一冰一火,随性从时。而孙立平,与他身为同行,更是"君子之交淡如水"的挚友。

就在上周,号称"学术界最受人瞩目的离职"发生在俞可平身上,他对外宣布已经辞去中央编译局副局长之职,将赴北京大学担任政治学研究中心主任,这位中国第一代政治学博士,选择了放弃仕途,回归学术中心。

俞可平的研究生阶段就读于厦大哲学系,是谢寿光的系友,但彼时两人并未谋面。谢寿光最早注意到这位年轻学者是20世纪90年代初,俞可平还是中央编译局的一名副研究员。那时的他"很安静,却一直在政治学研究上默默发力"。在1990年,他撰文讨论曾是禁区的"人权"问题,随后又关注诸如"市民社会"等议题。2000年,俞已成为研究政治学的国内举足轻重的人物之一。

这位被称为"民主的思想推手"的政治学者,2006年12月在《北京日报》

上发表《民主是个好东西》一文，引起广泛反响，此后"十七大"召开带来的政治话题升温，更让他成为中国最受关注的政治学者之一，一些媒体给他打上了"智囊"的标签。此时谢寿光开始密切接触俞可平，他判断《民主是个好东西》有巨大的出版价值，天天"逼"着俞可平趁热打铁，出版近年来的访谈辑集。而《民主是个好东西——俞可平访谈录》至今已经重印 8 次。2000 年至今，俞可平在社科文献出版的著作就有 20 余种。

谢寿光认为俞可平的辞职能引起如此风潮一点也不奇怪，"他即便想低调也低调不了"，但谢寿光一直赏识俞可平的独立性，"能够追踪国际前沿的最新政治动态，是改革开放的推手，是一个建设性的人。"作为一个地道、正统的传统南方学者，谢寿光说身份决定了俞可平"不太有趣，沉稳是最大特点，思想深邃"。

相比于内敛前行的俞可平，冷战史研究专家沈志华的人生则颇有一番动荡。20 世纪 80 年代中期，沈志华因莫须有的"泄露国家重大机密罪"，被迫中断学术生涯，入狱两年后才得以释放。在重获自由后，"狱中人"的烙印，却仍是他立足安身的障碍，无奈之下只好南下经商，开始了如流放般的逐金之旅。但他本色不改，仍是书生。至不惑之年，经济积累足够过自由生活，便归复学术，成立民间历史学研究机构。但当他停下来回归学术时，却因为学历、社会身份等限制，与体制是格格不入，对学术成果本身价值的关注，成为他和社科文献的共识底线。

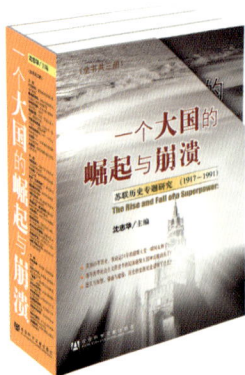

谢寿光最初对沈志华的印象，只是"隐约知道他读研期间'犯了事'，后来被迫去经商，靠着做《资治通鉴》的白话本，发了一笔不大不小的财，把这笔钱拿去投资房地产，积攒了资金，自费建立了'东方史学基金'"。苏联解体后，大量档案开始陆续解密，而沈志华以私人名义购买这些档案而未得，于是回到社科院立项，最终顶着社科院之"名"，自掏腰包购买了这些档案。拿到了这些档案，沈志华就开始组织人翻译，准备出版。

此时的谢寿光虽然心痒难耐，想说服沈志华来自己社出版，但心里没底：如果没有一个在能力上匹配的编辑，怎么有底气出版这么庞大的丛书？机遇来了——谢寿光在那个时候，返聘到一个叫刘仲衡的资深俄文翻译家做编辑。有了这样的专业人才，他有了底气，当场就把这个出版工作接了下来。

34卷本《苏联历史档案选编》出版后，其翔实的资料为研究世界近现代史、苏联兴亡史提供了可靠的第一手材料，沈志华也因此与谢寿光一见如故。之后沈志华的很多作品，如《一个大国的崛起与崩溃》《苏联专家在中国》等也通过该社与读者相见。"沈志华是个率性而为的人，有个性，理想主义，心很大，希望把冷战史整体研究都一网打尽"，谢寿光这样评价这位"酒友"。

同样坐在一处抽烟喝酒，谢寿光与孙立平在一起时，却最感痛快。在谢寿光心中，社会学者孙立平有勇有谋，两人相识在20世纪80年代末，那时的孙立平还是北大社会学系一位籍籍无名的教师，但因其直言敢谏之

　　　　　　　　　　　　　　媒体篇

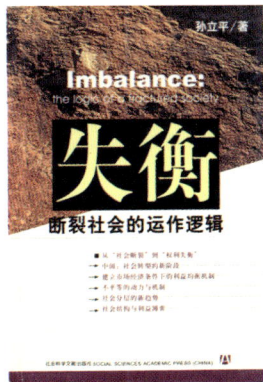

性情，与自由独立之思想，早已深深吸引谢寿光的注意。

孙立平对中国问题的研究，早年关注点在社会现代化，进入20世纪90年代后，兴趣逐步转向中国社会结构变迁，研究方向为转型社会学。他在《财经》杂志举办的"2013：预测和战略"年会上提出"一场静悄悄的革命已发生，逼迫中国进行改革"，此番"盛世危言"极具震撼力。

作为社会学研究同行，谢寿光说孙立平是一个"奇人"，"传统的社会学者需要大量做调研，他也做，但他的调研方法又不同，他做转型社会学研究，不去图书馆和档案室，而喜欢深入到社会各个阶层的日常生活实践中，去接触去观察。他绝非书斋里的社会学家，而是带着巨大的人文关怀深入生活。大众对他最大的误解在于，认为他是个'推墙派'，但他其实是一个建设性的批判者，急迫地想要中国往良性方向发展。但他能够始终保持超然的态度，和相关的'中心'离得远远的，便于始终保持中立。"

孙立平的"转型时代三部曲"——《断裂》、《失衡》与《博弈》，悉数在社科文献出版，而书名都是和谢寿光共同讨论的结果。他生性不喜社交，对外饭局几乎很少看见他的身影，而对于谢寿光的请客之邀，却从不爽约。"我们之间无话不谈，可以当面指责，互开玩笑。我和俞可平不可能这样，而我毕竟又小沈志华几岁，再加上专业上不同，就未免拘谨些。我和孙立平心贴得最近，最喜欢一起喝茶，互相之间长久不见就惦记得紧。"

"谈笑有鸿儒，往来皆术业"，即将步入耳顺之年，谢寿光还依然铆着一股劲儿，目光对准前人建立起的"百年老店"商务印书馆和中华书局，想用上 20 年的时间，放手搏一搏，看能不能后来者居上，搏出一个令人尊敬的学术出版平台——"知我者谓我心忧，不知我者谓我何求。我相信出版业的春天就要来了。"

未来"野心"　大数据就是出版业的春天

新京报： 你在 2008 年曾谈到，改革开放 30 年来，社科类图书出版有"三个 10 年"的阶段变化：从大量引进译作，到经济管理类学术书井喷，再到中国原创学术图书开始蓬勃。今年是社科文献成立 30 周年，这 30 年来社科文献是否也有一个清晰的学术图书出版变化趋势呢？

谢寿光： 我觉得自己 2008 年的判断还是准确的。虽然社会越来越个性化，但是各个时期的显学还是有的。改革开放 30 年来，学术阅读最先从哲学译著开始；此后在邓小平南方谈话后的社会主义市场经济热潮下，经济管理类的书开始走俏；进入 21 世纪，社会科学和人文科学百花齐放，法学书需求量变大，然后回归到史学，加之逐渐升温的社会心理学等，原创性的东西大量产生。人文科学和社会科学的方法互相交织，成为今后学术阅读的新趋势。

任何一个时代，某个学科成为热点，都和当时的社会和经济背景有联系，出版机构需要迎合这种变化，但你只能做自己最擅长的事情。从社科文献的 30 年来说，在我来之前的 10 年，主要以译介国外学术著作、传记等为主。我来后的第一个 10 年，经济学图书全面发力，以"皮书"为代表。再过 10 年，开始全方位布局，人文社会科学各个领域都有相当大的支撑，但还是有侧重。一是做面向当下中国国情的主题出版物，带有智库性质的。二是文献类的出版，出现大型的文献资料。三是史学类的出版。在下一个 10 年，要通过数据库融合，把传统出版物和数字出版物打通，越来越能满足不同层次人群的需求。此外，一个内容多种载体，图书出版和期刊、新媒体的出版都会进一步融合。我要建立起一个庞大的信息服务社区，我的作者们既是内容生产者，也是我们提供信息的享用者。

新京报：所以你觉得互联网对传统出版业带来的机遇比冲击其实更大？

谢寿光：是这样。当我有了强大的数据库，我就变成了一个知识供应商和经营者，是可以为学术研究提供全套解决方案的人。但在全媒体环境下，一个传统出版社想要经营好，第一要有理念，第二要有人才，第三要有激励制度。毕竟我是要退休的，只希望在有涯之年，国家能在全面深化改革的进程中，加大对文化产业特别是出版业的激励制度。

激励制度太重要了，我做出版这些年，知道中国出版最大的短板在于，图书行业投入高，产出低。耗费的物质资源不大，但人力资源巨大，但从成果来说，比如学术类的出版，如果能一次性发行一到两万本就很了不起了，但比之制造业、加工业的做法——有了一个成品模子后，有几亿甚至几十亿的产品产出，又是九牛一毛了。在这种行业性质的短板下，我国最制约出版的问题在于体制。出版社按照现有的国有企业机制是留不住人才的，国有文化企业如果解决不了激励机制的问题会很麻烦。

新京报：你已经做了18年的社科文献"掌门人"，面对这种行业短板，你有什么应对举措？

谢寿光：当你理解了出版的短板在哪里，就知道如何利用新技术去弥合它。从20世纪三四十年代中华书局和商务印书馆的辉煌发展至今，出版的内核从来没有变过——知识的整合者和传播者，改变的只是手段和方法。社科文献今天的出版模式全变了，无论是皮书还是列国志等图书品牌，背后都有庞大的数据库支撑。今年是反法西斯胜利70周年，我们现在正在建立抗日战争研究的数据库，等八卷本的《抗日战争史》修订好，准备和这个数据库同时发布。

新京报：10年前的学术出版研讨会上，你曾说"学术出版会迎来春天"，时至今日还做如是想吗？

谢寿光：我觉得这个春天越来越逼近，但还没有到来。知识的生产方式在快速变革，春天很近了，大数据就是出版业的春天。中国学术研究的缺陷，在于数字化程度低，科研人员的网络使用习惯和规则还没有形成。但中国人学习能力很强，年青一代已经能够大量利用数据，产生的效率就能加速度式地提高，而且会有很多围绕着知识生产给学术研究提供服务的人和组织出现，那个前景非常壮丽，我期待看见那一天。

（原载2015年11月7日《新京报》）

学术沃土深耕不辍，
三次创业再启征程

出版商务周报　赵　冰

如今的中国出版领域，百花齐放，学术出版更是日益繁荣。伴随着时代的发展和出版业的变革，社会科学文献出版社迎来了 30 岁生日。有这样一个人，他受命于社科文献青黄不接之际，为开创学术出版新局面而苦心经营；他从事学术出版 30 多年，策划出版图书上万种；他从 20 世纪 80 年代组织编写《中国大百科全书·社会学卷》和《中国国情丛书——百县市经济社会调查》入手，完成了社会学理论方法的学科训练，成为社会学研究者，主持或合作主持了多项国家社科基金重大、重点项目；他较早地捕捉到融合发展的风向，带领出版社走在了时代的前列。他就是社科文献社长——谢寿光。

30 年，说长不长，说短又不算短。30 年，谢寿光从哲学和社会学中汲取养分，始终如一地精心浇灌着学术出版；30 年，社科文献从一家不足 30 人的无名小社成长为今天拥有 350 多位高素质编辑和出版、营销人员的知名学术出版社。30 岁的社科文献似乎还很年轻，但站在互联网、数字时代的风口浪尖，与那些百年老店相比，毫不逊色，甚至在专业领域更胜一筹。回顾社科文献 30 年，更确切地说是第二次创业 18 年的成绩，谢寿光言辞间难掩骄傲和自豪，他说："30 年我们为何能有今天的成绩？期间的经验和教训都值得我和我的团队总结、自省，也可以与学术出版界共同分享。"

1985~1997：功之成，必有所起

在社科文献建社 30 周年庆典上，有这样一句话：功之成，非成于成

之日，盖必有所由起。谢寿光也常说，社科文献的30年是从产品到品牌，再到平台的30年，而三个10年的侧重点也各不相同，最初的10年是基础。1985年10月社科文献正式成立，彼时，在初创者们的带领下，社科文献主要以有计划地编译当代外国马克思主义研究和社会科学理论著作、外国研究中国的有代表性论著，以及介绍国外新兴学科、边缘学科和学术思潮等研究论著和相关文献资料作为主要的出版方向。众多社会科学领域的知名学者很早就开始与社科文献合作出书，他们回忆道，成立之初的社科文献虽然并不是很景气，但以时任社长沈恒炎先生等为代表的第一代创业者，10余年兢兢业业，为社科文献后来的发展奠定了良好的基础，沈恒炎先生还时常会到院部边的小书店去推销图书。

1998年10月，谢寿光出任社科文献社长兼总编辑。他接手时的社科文献因为一些图书的质量问题，业务几近瘫痪，在这青黄不接之际，他向大家提出，既要肯定老一代的工作成果，又要下定决心一切从零开始，进行第二次创业。他说，面对市场经济的大潮，那时许多品牌老社都选择了"往下沉"，走大众出版的路子，但他却有不同的看法，他坚持认为社科文献应该"往上走"，做专业出版，聚焦高精尖的学术领域，将出版重心定位于人文社会科学学术图书，"成为顶端的那一部分，越是专业的书我们越要去做"。而此后近20年的发展和成绩都成为当年明智决断的力证。功之成，必有所起。社科文献在最初的10余年通过翻译著作等产品带动品牌发展，在学术界形成了一定的品牌效应。而在第二个 10 年的开端，在市场经济的关口，谢寿光又以全新的理念树立了学术出版的方向，为下一阶段的发展确立了方向。

二次创业　奠学术品牌之基

创社科经典，出传世文献。谢寿光说，社科文献的第二个 10 年主要致力于打造和打响几大重点品牌，今日社科文献的成绩正是在坚实学术品牌的基石上开出的不朽之花。

1998 年，社科文献提出了建设"国内一流、国际知名"学术出版机构的目标，开启了第二次创业的征程。谢寿光介绍说，当时的社科文献编辑基本没有接受过专业的编辑训练，一切工作都有待规范化。而他此前在大百科全书出版社 15 年的工作积淀逐渐开始发挥作用。理清了问题，下定了决心，他开始在社内建章立制，实施一系列的管理条例，着手制定《社科文献编辑条例》，有效地规范了社科文献当时杂乱的编辑制度和流程。他还叫停了当时社内某些不规范图书的出版，重新组织人员开展选题论证等工作，并借此机会对出版社内部机构进行了调整，设立了编辑部，让一切工作规范化，走上正轨。

也正是从 1998 年开始，社科文献以《经济蓝皮书》和《社会蓝皮书》的出版为契机，开启了皮书品牌之路。谢寿光说，皮书这个品牌和概念，是由社科文献提出的，是一种新的出版形态。经过一段时间的积累和发展，皮书系列产品已经实现了聚合，逐步发展成为一个智库。

据他介绍，目前，每年全国大约有 1000 多种年度性研究报告出炉，其中社科文献占 300 多种，"可以说社科文献皮书的影响力是独一无二的。今天，全国有 2000 多名作者在为社科文献的皮书撰写各种研究报告，我们有意打造出了一整套皮书写作的文体、体例和规范"。

在社科文献，皮书能否出版需要经过专家委员会论证，需要编辑委员会审批，书稿进入编辑部需要进行学术不端检测，重复率超过 15% 就要做退稿处理。同时，社科文献的皮书出版有一整套准入和退出制度，皮书研究院每一个年度要对皮书进行客观的综合评价，并排出名次。排在末尾几名的要被黄牌警告，甚至有可能被取消资格。如今，皮书已成为社科文献产品序列中的第一品牌，享誉全球，2006 年第一本英文版皮书由社科文献与拥有 330 年历史的荷兰博睿学术出版社 (Brill) 合作出版。而皮书作为主要内容的皮书数据库于 2007 年正式发布，2013 年获得"第三届中国出版政府奖·网络出版物提名奖"。目前，数据库内容已经超过 16 亿字，有接近 10 万篇的研究报告。谢寿光言语中透露出骄傲之情："国内出版社能有这样健全、完整机制的并不多，而我们已经坚持了 18 年。"

第二次创业，社科文献形成了明确的产品和品牌定位，除皮书之外，列国志、中国史话、学术集刊、大型古籍文献等产品和品牌，都大大提升了社科文献在业界和社会的影响力。

一套数字理念　搭建智慧出版平台

人们常说要用"互联网+"的思维做出版,但谢寿光认为应当是"+互联网"更贴切。谢寿光很早就敏锐捕捉到了数字化及网络化的发展趋势,并将其融入了自己的出版和管理理念中。他笑言:"我们与腾讯或者阿里巴巴合作,不能让自己的业务被对方加走,而应该坚持自己的核心业务,时刻用互联网的思维去经营和探索。"谢寿光常以市场营销为例——产品找不到买主怎么办?"那就用微信、用朋友圈、用新媒体去营销,挨家挨户亲自去跑的成本出版社已经承受不起了"。经过第三个10年的发展变革,社科文献不仅跟上了互联网时代的潮流,还在专业领域引领了这一潮流。

在谢寿光看来,时代变了,出版形态变了,社科文献要想稳立潮头,就要真正实现融合发展,全方位、全载体、全过程的融合才是中国出版业生存发展之道。而社科文献在近10年的发展历程中,正是基于融合发展的理念,走上了转变角色的道路,作为内容资源的经营者,社科文献正在努力搭建一个现下最时髦的概念——平台。

谢寿光介绍,在二次创业的基础上,社科文献目前正致力于搭建最具影响力的学术资源整合及推送平台,希望可以促进专业学术成果的发布与交流;同时希望可以为社会提供一套人文社会科学知识内容的解决方案。

他介绍说，目前社科文献的平台建设主要有两个大方向：其一，是以皮书和列国志为代表的智库产品的整合和发布平台，目标是要将全球智库的成果形成聚合，平台主要以皮书数据库、列国志数据库和"一带一路"专题数据库为支撑。其二，是以人文社会科学各个学科专题数据库构建的一个学术成果发布和整合平台，希望可以将所有学者聚集在这一平台上进行互动，无论是发布学术著作还是学术文章，互动的同时也能够提供一种专业的服务。在这个平台上，编辑和学者的身份可以像旋转门一样发生转换，按照用户的需要，从不同的数据库中提取有用的信息和知识，整合相关信息，满足用户需求。

社科文献的平台搭建，融入了谢寿光一套整体的布局和理念，谢寿光举例介绍，皮书因其"专业""前沿""连续""数据""传播"等特征，已经成关于"当下中国"最具影响力的话语平台之一。而如今皮书等智库产品的整合和传播平台，依靠专业、准确的内容，领先、前沿的关注点，线性、持续性的成果展示，原始、真实的数据支持，以及及时、有效的传播媒介，打破了传统智库报告仅通过内部传递的方式，成为一个能够反映"当下中国"的话语平台。

近10年来，这一系列探索和尝试都已收获了一定的成效。2015年4月，社科文献"基于数字产品建设的社会科学知识组织系统"项目获批入选新闻出版改革发展项目库；7月，社科文献荣获国家新闻出版广电总局"数字出版转型示范单位"称号。

五大能力建设 助力学术出版新征程

第二次创业以来，社科文献逐步走上了智库产品与专业学术成果系列化、规模化、数字化、国际化、市场化发展的经营道路。2014年，社科文献共发稿5.5亿字，出版图书1581种，承印发行中国社科院院属期刊71种，全年加工数字化图书3174种，文字处理量达到了12亿字。

30年，仅仅是一个开始，站在下一个征程的起点，谢寿光认为，五大出版能力——学术出版和资源整合能力、数字出版能力、国际出版能力、市场营销能力和学术出版物的生产能力的建设是重中之重。

第二次创业后，社科文献以出版运营全流程信息化建设和数字出版两条主线推动企业的数字化转型。目前，数字出版已初步形成了产品设计、内容开发、编辑标引、产品运营、技术支持、营销推广等全流程体系。特别是皮书数据库的影响力已拓展至海外，哈佛、普林斯顿、耶鲁、斯坦福等海外一流大学都是社科文献的客户，在国内也有1000多家用户。

国际出版方面，作为一家学术出版社，社科文献走在了时代的前列。谢寿光，这位从传统时代走出来的出版人对中国学术的海外话语权有着超乎寻常的关注。社科文献目前和荷兰博睿学术出版社，德国施普林格出版集团(Springer)，英国泰勒·弗朗西斯出版集团(Taylor & Francis Group)

都有长期、密切的合作关系。谢寿光介绍说，这些国际知名的大型出版集团，对学术著作都有一套严格的评审体制，大多都是匿名评审，社科文献的图书基本都能顺利通过。此外，社科文献与海外出版机构多采用合作的形式，据他介绍："图书封面上都印有社科文献的社标，我们并不单纯做版权输出，而是要真正进入国外主流出版领域，这在一定程度上为国家争取到了学术领域的话语权。"

社科文献的市场营销团队，颇令谢寿光自豪："社科文献有一个强大的市场营销团队，每年举办百余场活动。那些人文社科领域像样的学术会议，哪一场没有社科文献的资源在场，哪一个没有社科文献人的身影？"同时，350多人的团队，200多名专业编辑，6亿多字的文稿处理量充分证明了社科文献的产品生产能力，谢寿光常说的一句话就是"在社科文献出版图书，你得到的一定是增值服务"。最后，他谈到，品牌、平台和营销能力成就了社科文献的资源整合能力。面对汹涌的数字化浪潮，社科文献搭建学术资源共享平台，坚持提升选题资源、作者团队、出版形态的可持续性，不断巩固和建设学术出版和资源整合能力。

学术票友　"专业"是最高褒奖

谈到自己18年来为社科文献注入的心血和经历，谢寿光总是一笑置之，他学哲学出身，又长期从事社会学研究，奉行一套理性的思维，喜欢借用量化的概念。"因为社会学提倡经验研究。要求实证、可控、可测量、可验证。所以我也一直用这种学术的眼光和思维，带着大家一起做事。"他原本最大的理想是在大学执教，传道授业，但进入了出版行业，就希望能一直带着创业的激情和搭建平台的观念做下去。中国社科院副院长李培林常对谢寿光戏言，说他在出版社社长里是最有学问的，在社会学家里是最懂经营的。谢寿光认为，每个人都要爱自己所做的事情，做专业学术出版，可以整合和传播优秀的学术资源，对于教育事业也是一项有价值、有意义的事情。

谢寿光常感慨："原来我们没有一寸土地，今天靠着我们自己的力量，靠所有员工的共同努力，我们拥有自己的 7000 多平方米的办公区域，打造了自己的咖啡屋——绿坞，编辑和学者在这里可以品茶、交流出版和学术，充分体验文化的味道。"

如今这番成就并不是偶然。他认为，社科文献的成绩首先得益于中国改革开放后经济实力的增强，人文社会科学知识的需求从没有像今天这么强烈、迫切过；其二是源于信息时代的到来，他并没有将信息化看作出版业的危机和挑战，而是坚持在专业领域深耕，且不拘泥于某一种产品和形态，所有的努力都本着专业化的路子前进，十几年、几十年不动摇；其三，他表示，对学术要时刻保持敬畏之心，尊重学者，用专业的理念坚持专业出版，他评价自己说："我是一个专业主义者，甚至是一个专业的'原教旨主义者'。"

他用专业的标准要求自己，也以此来衡量整个团队，他对员工批评最重的就是"不专业"，同样，给他们最高的褒奖就是"你做得很专业"。

瞄准未来　完善人才激励机制

谢寿光认为，处在融合发展的大背景下，不仅社科文献，整个出版行业都需要正视人才和激励机制的问题。他曾反复强调，出版业是一个低物质资本、高人力资本的行业，然而出版业的人力资源管理机制却普遍落后于社会其他行业。

2015 年 11 月 15 日，社科文献承办了以"融合发展背景下的人力资源管理创新"为主题的北京地区出版社人力资源管理研讨会，会上谢寿光作为东道主发表了重要讲话，向在座 30 余家出版社、50 余位人力资源领域的同仁重申了他曾多次提出的观点：要解决出版行业的人才问题，首先要解决的是人才激励的问题。他认为，出版企业在文化留人、事业留人、感情留人之外，更需要有一整套完整、科学的激励制度，"没有激励机制，今天做得再好都无法传承，百年老店也立不起来"。

从入社之初起，谢寿光就奉行一套前瞻的人才管理理念，他不再一味要求员工做到与企业"共存亡"，而是致力于为大家打造一个可以施展才华的平台，打通一条能够上升的通道，让员工释放更大的张力，并为有能力的员工提供内部创业的机会和空间。如今社科文献小有名气的"甲骨文"

系列图书正是其内部创业机制的力证。谢寿光介绍说，"甲骨文"的背后是一支充满活力的年轻团队，出版社为其提供选题、设计等流程的保障和支持，免去他们经济上的压力和后顾之忧，并对他们采用不同的考核机制，旨在用新模式、新方法，在 3~5 年的时间里打造一支全新的品牌图书团队，如今已初见成效。另外，社科文献还推行了"名编辑工程"，对于在学界有突出影响力和知名度的名编辑，出版社给予特贴、学术假期、出国交流等奖励和政策支持，希望为高层次人才提供良好的环境和平台。

谢寿光说："当前的出版业，各出版机构不应当是竞争对手的关系，而是利益共同体。出版业的人力资源、人才激励机制等问题需要大家共同探讨和深入研究。随着国家深化改革，我希望未来能有更多的人才在这个平台上把出版事业和学术出版推进下去。"

正如他所希冀的，如今，"三十而立"的社科文献站在第三次创业的起点，正朝着自己所构想的学术出版梦一步步迈进。

（原载 2015 年 11 月 23 日《出版商务周报》）

社科文献的
融合出版之道

百道网　今　嘉

一家无名小社坚持"权威、前沿、原创"的自我定位，成长为数一数二的中国学术出版领导企业，这便是社会科学文献出版社30年结出的果实开出的花。

早在20世纪90年代中后期，谢寿光社长便领悟了国外一流专业和学术出版商融合出版的门道。在国内学术出版社缺乏学刊群支撑这一先天营养不良的情况下，他用皮书出版的系列化、规模化，延展出一条图书期刊化生产模式，日积月累，为出版社的未来活生生地垒建出20亿字的基础数据。今天，应客户需求，在数据的聚合与分拆之间，社科文献的数据库定制模式运行日益上道，游刃有余。

作为学术出版的标杆企业之一，社科文献为业界瞩目之处，不仅因其经营的成绩所在，更在于其发出的声音立意高远，往往突破一社之苑囿，试为整个行业制定标准，修渠开道，故登高振臂一呼，应者云集。仅举两例，其一，该社是第一家倡议社会企业责任的出版社。谢寿光说，今天我们讲"社会效益第一"，如果换用与国际更为接轨的话语，最好的表述便是"企业的社会责任"。2013年12月，社科文献发布了中国首份出版企业社会责任报告；2015年9月发布了第二部报告。其二是该社凭一社之力，连续5年举办了5届中国学术出版年会，历届年会的议题都成为当年中国学术出版的风向标。

为此，我们采访了社科文献社长谢寿光，重点围绕上述三个话题，听君一席谈。

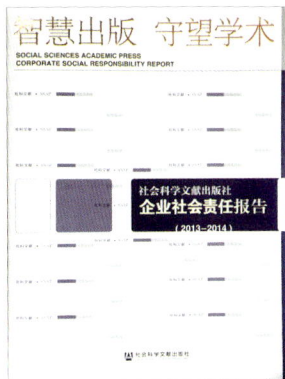

一、学术出版机构的责任

百道网： 社科文献是国内第一家提出版社的企业社会责任的出版机构。社科文献在倡导企业社会责任方面的先知先觉和身体力行，有何缘起，有何经验？

谢寿光： 我们发布这种报告的原因，一方面和我的专业背景有关。在中国，"企业社会责任"概念的引入不过15年，而关心这一概念的大部分是从事社会学、经济学和公共管理研究的一些学者。因为专业背景的关系，我较早接触到这一概念，并开始关注和出版研究企业社会责任相关的书籍。另一方面是我对国内推进企业社会责任的状况略有了解。国资委研究局大概在八九年前就开始委托中国社科院企业社会责任研究中心发布企业社会责任报告，国资委也对所属央企起到一种客观上的倡导作用。

可以说，我们既是这一研究的推进者、引导者，同时也是践行者。近年来常常提及的绿色出版理念，便是企业社会责任的一方面，但绝不是全部，企业社会责任的核心就是为员工，为社会，为每一个人理想的实现去践行一种理念。所以，社会责任讲求发展平台共享，和学者共享，和用户共享，和供应商共享，尤其是和员工共享。

在这种情况下，通过编制和发布企业社会责任报告，以此来检验自身在这方面的进步和不足。首先，我们的出发点并不是为了宣传，而是素质与自身内在的需求，当然这客观上和我们整个的理念是趋合的，所以就需要有一套业内或整个社会公认的、量化的指标体系来衡量，来进行检验。每一次发布报告的过程，也是一个自我完善和自我改进的过程，可能客观上也为行业开了一些领先的风气。

另外，作为一个出版企业，它必须是社会效益优先的，不能仅以追求盈利为目的，更应该是一个社会企业。在这种情况下，我觉得通过研制发布企业社会责任报告的方式，可以来改进自己的理念和工作，对凝聚团队的共识也是很有价值的。践行企业社会责任，特别是在出版企业里面践行社会责任，实际上就是社会效益优先。

百道网： 中国学术出版年会连续五年来，在年会主题上一直紧抓不放的核心是什么？第六届中国学术出版年会很快就要召开，议题视角中有哪些新的关注点？

谢寿光： 在 20 世纪三四十年代，中国的出版在亚洲名列第一，几乎和世界同步，最重要的原因之一，就是那代出版人甚至整个社会都把学术出版当作一门专业，在整个知识生产、学术生产和传播过程中不可或缺，某种程度上学术出版是引领社会导向的。近些年来，中国确实出了不少好书，但是，为什么在世界出版领域，我们仅仅是出版大国而不是出版强国？为什么进出口的比例长期逆差那么大？很多人说相关支持不够或者对外部世界了解不够，而我觉得，核心问题是我们对出版自身的地位、出版的价值，尤其是对学术出版的核心价值认知度不足。

我们始终只是把出版当作一个文化勤杂部门，没有严格尤其是科学的专业分工，没有把它当成一种专业。比如大众、专业、教育这三大出版领域的边界应该是非常清晰的，而且各自的运行规则都不一样，恰恰在中国，我们把这些边界模糊了（长期以来都是按社科、文艺、美术、古籍、科技等来分类），在管理上没有产生根本性的改变。所以我觉得不管怎样，出版社要有担当和理念，要确立起专业的门槛。把自己当回事，才会让社会对出版尊重。

社科文献建社25周年的时候，我觉得我们可以为行业发些声音，就确定办中国学术出版年会。从一开始到现在，我们每次都有一个独特的主题，比如我们提过学术出版的专业门槛问题、学术规范、学术评价、话语体系，等等。通过举办年会和论坛，去探讨学术出版自身的规律、存在的问题，以及解决瓶颈的方法和路径，是很有意义的。

今年我们可能会关注学术出版与学术市场，或者是学术出版与学术共同体的构建，因为要形成学术共同体，学术出版机构需要很好地发挥自身的作用。关注的这些问题实际上还是我这两年一直在不断讲的一个观念，即出版人如何更好地成为价值的发现者。

二、学术出版的积淀与前沿

百道网：皮书作为社科文献的拳头产品，从做书、办会，到建专业数据库，早就不是一个平面的单纯的图书项目，可否以皮书项目为例，分享

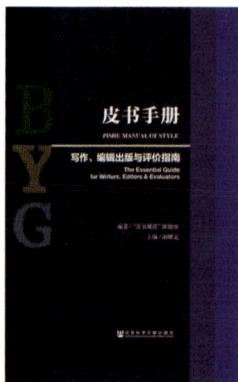

社科文献在融合出版与专业数据库建设上的目标与经验？

谢寿光：最初做皮书，起源于我跟社科院的不解之缘，但是对皮书的认知，我绝不是心血来潮，而是有备而来的。运作伊始，还没有"皮书"这个概念，"皮书"这个词就是我们社科文献发明的。为了把图书产品像皮书这样进行管理，我们综合学界大家的共识和需求，形成皮书的规则和写作语言，倡导皮书的写作文体，今年还要正式出版《皮书手册——写作、编辑出版与评价指南》。

我们还有一套评价标准。对每一篇报告，每一本皮书能不能上，有一套准入机制和退出机制；还有一套指标体系对每一年出版的皮书进行综合评价；每一篇报告有严格的规范，而且还要做学术检测，比如重复率15%要退稿等，力图以与国际标准化的学术期刊一样的方式管理皮书内容。

现在，皮书数据库已经超过20亿字，有十几万篇的研究报告，全世界像哈佛、普林斯顿、耶鲁、斯坦福等大学都在用这个数据库，国内有1000多家用户。当使用量足够大的时候，我预期是明年，就要开始发布文献下载流量统计，对每篇研究报告的文件进行流量统计分析。这个流量统计的来源就是数据库的使用，因为这个是最核心的。

对研究报告，特别是智库报告，也应该有一套公认的评价标准。因为现在学术论文期刊对这类报告是排除的，进入不了学术评价体系。我也一直在推动这个事情。

其实，这个项目有点像现在的融合出版，只要有需要就可以精准的定制。在这个平台上，编辑和研究者的身份开始发生转换。比如，中国银行要在"一带一路"国家设置若干个分支机构，首先就需要一篇对这个国家的人文环境、社会环境、法律制度、宗教进行非常精练生动和精准描写的文章，每一个国家不能超过两万字，给他们做一个培训教材，而我们有"一带一路"专题数据库。这个时候我们就不只是知识的传播商了，更是知识的服务商。我做"一带一路"专题数据库，也是因为我有皮书数据库，在这个库里面找出相关专业的资讯和信息，再整合外部的信息来形成。

百道网："一带一路"作为国家战略，今年是个热门词汇，但我们在梳理相关出版社和相关图书时，发现社科文献的书目数量是最多的，且涉入时间最久。请您以专题数据库建设为例，分享社科文献对学术方向和前沿课题的把握、捕捉和准备？

谢寿光：举个简单例子，因为我们对学术有长期的坚持、追踪和积淀，也有基础的平台、内容资源整合、技术团队和营销团队，只要有需求，我们就可以提供从国家层面、从企业层面的定制产品。比如说，为配合"十三五"全面建设小康社会，深入领会落实习总书记自党的十八大以来对中国的减贫问题的系列讲话精神，我们正着手整合一批专家资源，准备做一个中国减贫数据库、蓝皮书，以及减贫案例系列丛书。

因此，现在不是转型不转型的问题，而是要把纸质出版和数字出版，

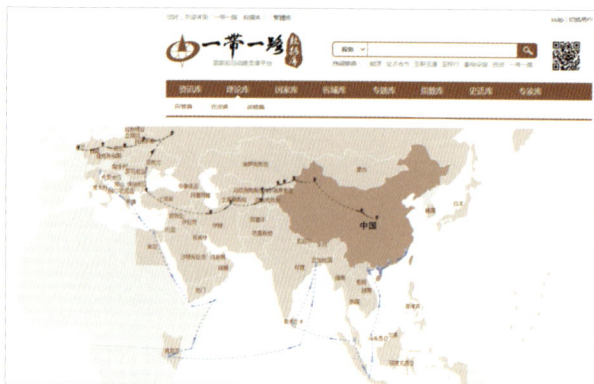

国际出版和中文出版都整合在一个内容资源平台上同时运作。

又比如，我们在抗日战争、二战的研究上积攒了相当多的学术资源，今年又是反法西斯战争胜利 70 周年，我们到年底会推出抗日战争研究专题数据库。我们把之前出版的上千种有关这样的书，按照结构化进行整合处理，然后提供给所有的学术研究机构，这个受众其实并不小。当然，有的同类出版社的资源也会加载进来，像现在的"一带一路"专题数据库，就有很多同行希望搭载进来。此外，我们还有一些专题的数据库。

百道网：目前社科文献的数据库进入国外的图书馆的销售渠道主要是什么？数据库的销售情况是否已经比较乐观？

谢寿光：主要有两个渠道。一个是我们委托在美国 East View Information Services 公司，签了三年合约，做得很艰难，但是我不断地参加美国的亚洲年会，这是研究东亚的最大的话语平台。最近一次我去芝加哥参会，与会的东亚馆的馆长们，研究中国问题的专家们，上来就问我皮书数据库的使用，以及碰到的问题，等等。另外，德国国家图书馆也是我们一个重要的订阅客户。在欧洲，我们也委托专门的销售团队，设定了一套规则来做数据库的销售。

关于数据库的销售，我们既可以整卖，也可以分拆，但还是以 B2B 为主。今年直接销售大概有 1000 多万，这还不包括间接的，目前国内作为传统出版单位自主研发数据库并实现销售的，还不太多见。我们配合国家方针，做热点话题，里面有一些方向性的东西，发展是有后劲的。

三、学术出版向大众市场的延伸："甲骨文"品牌的孵化

百道网：专业学术出版社向大众市场延伸，社科文献通过"甲骨文"品牌提供了很成功的范例。这也是社科文献 30 年历程中一道闪亮的里程碑。请您分享当时出版社面发展大众版块的思路，以及品牌孵化和发展的故事。

谢寿光：任何一个专业的出版机构，不可能面对着大众市场浮动而无动于衷的。任何一个出版社的发行部门最希望的是专业类图书能够发得越多越好，会不断地跟编辑部门施加压力，但很要命的是，编辑部门如果一味地迎合市场就容易错位，最后搞得不伦不类，这是绝大部分出版社存在的问题。我们社的图书分类是很清晰的，打开我们的分类系统就可以清楚地看到我们的产品结构。

我们的产品完全是以读者和渠道为中心，分为门店书、专业书（馆配书）、定制书三大类型。这三大类型的书互有交叉，但以什么为主，盈利核心在哪里必须确定。专业书和馆配书需要提供学术资助，能挣钱，这些年规模做得越来越大。但是，门店书也不能缺位，否则经销商会难以定位你。在这种情况下选择做大众学术，实际上就是市场定位的结果。

但是，中国的市场这么大，到底如何定位，我们也探讨了很长的时间。真正的契机大概在六七年前，那时候我们每年年末都要请一批专家来做年

度好书评审，目的是激励编辑，用于出版社做自己内部的榜单。在一次专家评审结束后，万圣书园的刘苏里找我慎重地谈了一下，他建议我找几个人，别施加经济指标压力，真心凭着爱好做一点能够和市场对话的专业学术类图书。

当时我们就在全球与地区问题出版中心（现为当代世界出版分社）组建了一个编辑室，提供一个平台，让员工用一年的时间探索。这个编辑室以出版翻译类作品为主，在学科上主要集中在历史学方面，他们选择的作品有些本身就是西方世界知名的学术畅销书。靠投入更多的精力来判定选题，以及一部一部学术畅销书的积累，这个团队逐渐摸清了一个特定的读者群的品位，"甲骨文"品牌也就这样诞生了。而现在，"甲骨文"品牌里面也在开始增加一些原创内容。

（原载百道网）

谢寿光：学术出版的"专业原教旨主义者"

中华读书报　郭　倩

今年是社会科学文献出版社建社 30 周年。对这 30 年的历史，社科文献人习惯把自 1998 年开始的快速转型发展称为"第二次创业"。1998 年也是谢寿光接任该社社长兼总编辑的时间，是他实践专业出版思路，为中国学术出版事业开疆拓土的起点。

20 岁出头时，谢寿光放弃提干机会掉头去考大学，40 多岁时又离开轻车熟路的工作岗位，转到另一家陌生的不被看好的出版社从头开始……谢寿光是一个认定一件事就会毫不犹豫去做的人。幸运的是，他想做的事，都做成了。

出生在 20 世纪 50 年代的人，往往会有一些不平凡的人生经历。谢寿光自己说，大约就是经历得多了，让我们这代人的理解能力和适应能力特别强。也许得益于大学时学习的是哲学专业，谢寿光的眼光总是超前一点，这不论对于他，还是对由他掌舵的社科文献，都是一件值得庆贺的事情。从五七干校大学分校校长到厦门大学哲学系学生，从中国大百科全书出版社到社科文献，谢寿光的每一个转身，都必有收获。

在上大学之前，当过"大学校长"

谢寿光出生于福建西部武平山区。父亲是"老革命"，谢寿光的童年因此在"红二代"的光环下度过。但是这段时光转瞬即逝，"文革"开始后，时任当地县公安局长的父亲被打成"叛徒"，关进牛棚隔离审查。谢寿光原本快乐的生活一落千丈，连给牛棚里的父亲送些吃的都要反复哭求"造反派"放行。十岁多点儿的谢寿光，作为家中长子早早地承担起了家庭的责任。他说，自己有一个快乐的童年，但是，没有经历少年的阶段。

"文革"期间，学校课堂讲授的内容只有《毛主席语录》。谢寿光总是跑到有书的人家去，遇到什么书就读什么书。1973年，谢寿光高中毕业，回乡种地。一次施完农药，谢寿光的脚肿了起来。两个月没能出门，却用这段时间专心读完了《马克思恩格斯选集》，又读了能找到的《战争与和平》《红楼梦》等书。有了这些积累，谢寿光成为一名小学民办教师。"文革"后期，谢寿光在共产主义劳动大学积极争取入了党，背着"家庭出身不好"的包袱，当上了五七干校大学分校的校长。

谢寿光说，自己是在读大学之前，先当过了大学的校长。

高考恢复后，谢寿光报考了厦门大学哲学系。全县3200余考生中，最终考取重点大学的只有13人，谢寿光是其中之一。回忆起这段经历，谢寿光说，是不间断的大量阅读和坚持自学成就了自己。

20世纪80年代的大学充满理想主义的激情，这一段大学生活为22岁的谢寿光打开了新的天地。学校的图书管理员下放做知青时，与谢寿光相识，常常帮他借书，有时连仅供内部的"灰皮书"也能借出来看。因为学校熄灯后还要读书，手电筒的电池消耗成了谢寿光整个大学时代最大的支出。除了大量读书，每天晚上阅览室的位子是必得去占的，要去看最新的期刊。

从哲学到社会学的"转向"

为了减轻家中负担，谢寿光大学毕业后放弃了读研的想法。由于他是恢复高考后第一届大学毕业生，且综合成绩出色，谢寿光几乎可以随意挑选工作的单位。也许是因为心折于编纂《百科全书》的狄德罗，受到影响，他毅然选择了中国大百科全书出版社。

当时，中国大百科全书出版社被称作是"没有围墙的大学"，汇聚着一批有理想有激情的出版人，谢寿光在这里先后承担《中国大百科全书》"哲学卷"和"社会学卷"编辑工作，与很多一流学者朝夕相处，耳濡目染。为了更好地完成工作，他查阅世界各国的社会学专业百科全书，系统梳理了社会学相关知识。如果说大学时的广泛涉猎是在打基础，那么这段工作经历则使谢寿光的注意力从哲学转到了社会学领域。在编写《中国大百科全书·社会学卷》的过程中，谢寿光又参与了国家社科基金重大项目"百县市经济社会调查"，编辑出版了105卷的《中国国情丛书——百县市经济社会调查》。

在中国大百科全书出版社15年的浸淫，谢寿光对出版逐渐形成了自己的出版理念。他很早提出将出版划分为三个领域：大众出版、教育出版和专业出版。并认为要想做好出版工作，应该"术业有专攻"，选择一个方向来集中发力。

谢寿光希望能实践自己的出版理念和想法。此时他是中国大百科全书出版社的骨干力量，是党组成员、社长助理，中国新闻出版总署的后备干部。

当他提出调离中国大百科全书出版社，要求接手社科文献时，身边的同事和朋友大多表示难以理解。

1997 年，谢寿光接任社科文献副社长兼副总编辑，次年任社长兼总编辑。时年 43 岁的他是当时国内最年轻的出版社社长之一。

瞄准高端学术出版

他是有备而来的。

2000 年前后，正是国内教育类、教辅类图书出版最火热的年份，市场上涌现出一批畅销书，很多出版社争相开始做大众读物出版，以分得市场经济的一杯羹。

在这股大众图书出版热潮中，谢寿光决定逆势而为。他的想法十分明确，很清楚自己要做什么，能做什么。他认为，随着经济的发展，社会对人文社会科学知识的需求会越来越大。他把社科文献定位为专业出版，而且是人文社会科学领域的高端学术出版。

现在回头来看，选择学术出版的大方向是正确的，但在当时，学术书平均发行量只有一两千册，如何获取利润、出版社如何发展呢？谢寿光依然以世界各国的出版常态作为参考和借鉴。他发现，专业学术书是小众产品，在世界范围内，通例是由国家、研究机构以及基金会给予支持。之后的很多年里，社科文献走的就是这条路径。

另外，中国社会科学院筹划出版社会年度调查报告——《社会蓝皮书》时，谢寿光到场参会。这是社科院例行年度性连续性的报告，他却隐约预感到这将是一种新的出版形态，这种兼具年鉴、刊物和深度研究报告性质的出版物将会有很大的市场价值。后来，谢寿光决定对《经济蓝皮书》《社会蓝皮书》进行升级改造，从与书商合作变为以自己为主导，开始有意识地进行市场化、系列化、规模化。1998 年，《经济蓝皮书》与《社会蓝皮书》一炮打响，这就是社科文献皮书系列图书最初的起步。

　　社科文献决心将这一系列打造成品牌，采用了各种营销推广创意。1998 年，社科文献花费 19.8 万在北京公交车身上做广告，成为最早的公交车身广告之一；后来又陆续做广告扑克牌，赠送面巾纸，等等。当时，这一系列图书的概念模糊驳杂，称呼混乱，曾任《中华读书报》总编辑的庄建等几位媒体人在新闻报道中开始使用"皮书"这一简洁明了的称呼，很快传播开来，"皮书"成了它通行的称谓。

　　经过 1997 年以前的"史前阶段"，1998 年至 2005 年期间数年不断地摸索完善，到 2005 年时，皮书系列有了有了较为完整的表述，基本形成了一套编辑、出版、推广的方案和模式。2003 年，皮书开始数字化的起步，每本皮书配有一张数据库光盘。2006 年，第一本英文版皮书由社科文献与拥有 330 年历史的荷兰博睿学术出版社合作出版。在之后的十余年间，皮书外文出版扩展至英、俄、日三个语种，出版规模达到四十余种。2011 年，皮书及其研创出版从一个具体出版单位的图书产品和出版活动上升为由中国社科院牵头的国家哲学社会科学智库产品和创新活动。目前，皮书的品牌影响力、知名度进一步扩展，超出了出版社，出版规模达到300余种，内容涵盖经济、社会、政治、文化、生态文明等诸多领域，全球有3000多家机构在使用皮书数据库，皮书成为社科文献的第一品牌。

永远对新事物保持敏感

有了皮书数据库作为先导，社科文献根据需求推出不同的数据库。2013年，国家主席习近平提出"一带一路"战略，谢寿光认为，出版人应该对这一重大经济战略具备敏感度。"一带一路"专题数据库于2014年建成，包括"一带一路"基础信息、战略的全方位追踪等，为使用者提供更好的服务。目前这一数据库也已具备相当影响力。

近代史也是社科文献的重要出版方向，它的发展方式与皮书不同，其领导核心是首席编辑徐思彦。徐思彦曾是中国社会科学院《历史研究》主编，在加入社科文献时，谢寿光提了一条要求：我们要成为中国近代史出版领域的领跑者，在五年之内，这一领域前一百位学者有三分之一在社科文献出过书，前一百家研究机构至少有三分之一与社科文献有长期密切合作。而徐思彦在三年之内就实现了这一目标。

谢寿光说自己是一个"专业原教旨主义者"，特别重视编辑的专业背景。目前，社科文献有16位拥有博士以上学历的编辑，其中近代史研究方向的已超过10个人了。

谢寿光上任以来，始终没有放弃做学术畅销书，其中《东亚三国的近现代史》《戈尔巴乔夫回忆录》《赫鲁晓夫回忆录》等作品均取得了不错的口碑。近年，社科文献整合自己的学术畅销书出版资源，推出"甲骨文"品牌，出版《天国之秋》《失败的帝国：从斯大林到戈尔巴乔夫》等图书，一炮而红，受到读者追捧。

人文社会科学文献数据公共服务平台"中文学术图书引文索引"(CBKCI)收录书目的相关数据显示，在其涵盖的 11 个学科中，社科文献在社会学和宗教学上排名第一。特别是在 2001 年至 2012 年间，社科文献在社会学、历史学和宗教学上表现十分突出。此外，社科文献在中国语言文学、历史学、考古学、经济学、法学、哲学、政治学等学科上均有不俗表现。

据统计，2014 年，社科文献共发稿 5.5 亿字，出版图书 1581 种（其中皮书 277 种），承印发行中国社科院院属期刊 71 种。全年数字化加工图书 3174 种，文字处理量达 12 亿字。在坚持品质的基础之上，社科文献同时实现了体量的发展。

谢寿光一直以来都坚信，要对新事物保持好奇和敏感，才能把握时代的潮流，顺势发展。谢寿光喜欢体验新生事物，作为一位"50 后"，他是苹果产品的忠实用户，会追着苹果新品来用。他总是鼓励社科文献的编辑深入各个学术会议，他认为"这点儿成本不能省"，出版人应该关注新的事物和新的发展变化，让快速反应成为本能，要引领潮流而不是跟着潮流跑。

（原载 2015 年 12 月 23 日《中华读书报》）

沟通民间交流 传递理性声音

——访社会科学文献出版社总编辑杨群

中国新闻出版广电报 孙海悦

今年是社会科学文献出版社建社 30 周年，也是该社与笹川日中友好基金合作 10 周年。10 年中，双方一贯坚持传递理性声音，保持民间沟通渠道，双方的合作成为中日民间交流的成功范例，为中日民间友好交往的历史写下了浓重一笔。

"中日友好的根基在民间。"围绕社科文献与笹川日中友好基金的民间学术交流与出版、传递中日双方知识界主流声音的 10 年历程，以及对双方今后合作的展望，《中国新闻出版广电报》记者近日专访了社科文献总编辑杨群。

助力中日人文交流

《中国新闻出版广电报》：在您看来，出版交流对于促进中日两国人文交流有何作用？

杨群：无论是人文学术交流还是增进民众了解的文化交流，出版业的交流都有着重要作用。因为，无论是人文学术交流还是民间文化交流，若是将其交流成果出版出来，其传播的范围一定会更广，作用和意义一定会比单纯的交流更大。如学术交流，一般都会将双方学者的论文出版，这样就会有更多的人看到，从而扩大其影响，民间文化交流也是一样。我们与日本出版业间的交流，一方面是沟通双方的情况、增进了解，另一方面就是商讨如何更多地将中日之间人文交流的成果及时出版出来。当然这些出

版项目也是有选择的，要适合各自的情况，要有一定的为人们所关注的内容，这样就会有一定的读者。

<u>《中国新闻出版广电报》</u>：10 年来，社科文献与笹川日中友好基金的合作取得了哪些主要成果？产生了怎样的影响？

<u>杨群</u>：10 年来，我们与笹川日中友好基金的合作，主要取得了以下成果：

一是共同推动"日中青年历史工作者共同研究"项目的开展，并将其成果出版出来（我们承担中文版的出版，日本东京大学出版会出版日文版）。此项目系笹川日中友好基金资助的长期项目，目的是加强两国青年历史学者的交流与沟通。2006 年，第一期成果《超越国境的历史认识》出版，其后陆续出版了《1945 年的历史认识》《对立与共存的历史认识》等书。原本的"共同研究"，参与的所谓中国学者多为中国在日华人学者，很少有中国大陆学者参加。在我们的积极建议下，从第二期开始增加了中国大陆学者参加，且主要由我们提名，如中国社科院近代史所、北京大学历史系等机构的学者先后参加了研讨。这样就使该项研究真正成为两国青年历史学者的"共同研究"，对加强学者间的交流发挥了积极的作用。

二是在日方的资助下，由社科文组织中国学者编撰《中日友好交流三十年（1978~2008）》一书。此项工作启动于 2006 年年底，2008 年在《中日和平友好条约》签订 30 周年时出版中文版，当时在中日引起较大反响。全书共 3 卷，分政治、经济、文化教育与民间交流三部分，全面梳理了自

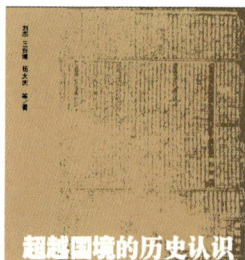

1972 年中日恢复邦交，尤其是 1978 年《中日和平友好条约》签订到 2008 年两国间各方面的交流情况，对于人们了解这 30 年间中日关系的基本走向有很好的参考价值。该书中文版出版后，日方随即组织学者翻译，于 2009 年 3 月由日本东京大学出版会出版了日文版，并在东京举办了日文版出版发布会。据东京大学出版会说，此书多次印刷，发行了 2000 册左右。这在日本出版业是不多见的。

三是在基金的支持下，我们于 2014 年组织翻译出版了由东京大学教授高原明生领衔撰写的《中日关系 40 年史（1972—2012）》一书。该书由日本中青年日中关系学者参加撰写，是迄今规模最大的中日关系史论著。这些学者来自日本主要高校和科研机构，可以说代表了日本主流学者的观点，是人们了解当前日本学界对中日关系认识的重要参考书。

四是由日方资助翻译介绍 100 种日本图书项目。此项工作启动于 2008 年年底，2009 年上半年正式展开，由社科文献以及南京大学出版社、三联书店、北京大学出版社、世界知识出版社、新星出版社、上海交通大学出版社等合作，拟在 10 年左右时间内，翻译出版 100 种日文图书，内容涉及日本的历史、文化、社会、政治、经济等多方面，目的是让中国一般民众对日本有一个相对准确的全面了解，从而帮助人们更好地认识日本。此项工作目前进展顺利，预计可以提前完成，总品种将达到 200 种。

五是中日出版业交流。该项目启动于 2009 年，由笹川日中友好基金

提供支持，每年由社科文献牵头组织中国专业学术出版机构组团赴日与日本学术出版机构交流，探讨双方合作、版权贸易等事宜。2012年起，日方出版业也每年组团来华交流，这样就形成了每年中日一来一往的格局。

六是协助笹川日中友好基金开展中日青年学者的研修活动。此项活动主要是在从事中日关系及中日问题研究的青年学者间展开，每年举办一次，每次7到10天，一年在中国举办，一年在日本举办。每次请知名的中日学者就相关问题做报告，同时展开讨论。目的也是为进一步加强学者，尤其是青年学者之间的交流，对于关涉两国关系的重大问题交换看法，以便更好地了解各自的观点和立场。此项目已进行了4期，2015年将进行第五期，在日本神户举办。

坚持学术原则第一

《中国新闻出版广电报》：在与笹川日中友好基金合作的10年间，双方合作秉持怎样的原则？具体是如何沟通的？

杨群：能够进行长达10年的合作，是基于双方在坚持各自原则情况下的相互信任，否则是难以持续下去的。这种信任就包括在遇到问题时，双方能够坦诚地交换意见，站在对方的角度考虑问题，这样经过沟通，问题也就解决了。如在出版日本学者的论著时，往往会遇到须对原稿进行修改的问题，主要是一些表述、用词用语乃至个别观点的表达，可能与我们

的要求不符。在这种情况下，我们一是尊重学者的观点和表达，二是说明我们的情况及修改的原则，三是尽可能找到日方学者能接受而我们又可通过的表达方式。这也是很花时间和功夫的，需要反复沟通，但除个别情况外，我们还是基本找到了圆满的解决办法。

《中国新闻出版广电报》：10 年间，双方合作过程中有哪些令您记忆深刻的事情？

杨群：首先想谈谈日本财团理事长、笹川日中友好基金运营委员长尾形武寿先生。他曾是笹川日中友好基金创始人笹川良一先生的秘书，长期从事中日友好交流活动。让人感动的是他对积极推进中日友好交流的态度。他几乎一两个月就来中国一次，几乎跑遍中国的省级地区以及众多的地市县，即使在中日关系困难的时候，他也坚持对华友好，坚持对华开展交流。尤其让我感动的是，一次我们在日本京都商讨合作事宜，他傍晚由东京赶到京都，商量完工作半夜又赶回东京，因为第二天上午他要在东京主持一个会。而第二天上午会议结束后，他又从东京赶到京都，继续和我们商谈工作。这真的很让我们感动。

再说一件关于《中日关系 40 年史（1972—2012）》的事。前面说过，这是迄今规模最大的由日本学者撰著的中日关系史论著，而且参加的 60 多位日本学者基本可以代表从事中日关系史研究的日本主流学者。应该说，日本学者的写作态度是严谨的，他们对所研究的问题包括复杂敏感的问题

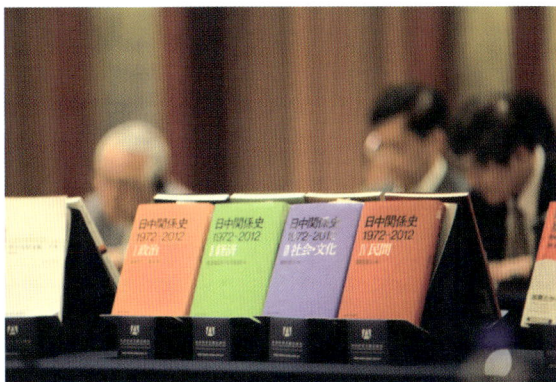

也能抱持学术的立场，但是毕竟是日本学者，有他们的观点和立场。同时，日本的情况与我们还是有很大不同的。因此，翻译出版中文版时，对书稿的处理就很棘手。日本学者的一些表达方式、一些表述，在他们看来没有问题，而在我们看来问题则很多。怎么办？只能一点一点磨，只能反复向日本学者说明我们的立场和原则，我们尊重他们的观点和表达，但对于不涉及观点表达的问题，亦请他们理解我们的态度和原则。这一过程可以说费力费时又费神。尽管最后结果还算圆满，但确实让人印象深刻。

《中国新闻出版广电报》：站在新的起点，展望双方未来的合作，您有何判断与期待？

杨群：在日本，存在着极右翼势力，同时还存在不愿了解中国、不愿与中国交流的情况。在这种情况下，民间交流的重要性更为凸显。因此，我们会坚持把合作进行下去，同时也会针对新的情况探讨合作的新形式和新内容。不过，今后的合作也可能面对一些新的问题。这是我们的一个基本判断。至于期待，我们希望合作的规模进一步扩大，内容更为丰富；同时我们也期待，参与合作的中日机构或团体能够更多一些、面更宽一些，从而使得这种合作的影响无论是在中国还是在日本，能够更大一些，影响更多一些人。希望我们的工作能为中日关系稳定、健康发展贡献一分力量，为中日关系之民众基础增添一块基石。

（原载 2015 年 8 月 5 日《中国新闻出版广电报》）

胡鹏光：人才强社，
永葆创业激情

中国新闻出版报　孙海悦

　　"人力资源作为核心竞争力的载体，是企业战略资源中第一重要的资源；人才是企业之本，人才是企业利润之源。"——胡鹏光

　　"凝聚智慧，追求真理，我们将人类文明的薪火代代相传。智库源泉，皮书之蓝，我们是学术出版的中坚；社科经典，传世文献，我们用心血和智慧凝练；中国经验，学术前沿，我们在改革发展的道路上勇往直前……"日前发布的出版业内首支企业歌曲——社会科学文献出版社企业歌曲《社科文献之歌》诠释了该社"两创一分"的企业文化——创业、创新、分享：创业是社科文献企业文化的核心，组织架构、产品结构、内部建设等方面的不断创新，带来高速发展，全社员工共同分享发展带来的丰硕果实。

　　社科文献副社长胡鹏光告诉《中国新闻出版报》记者，通过构建独具社科文献特色的企业文化，使该社全体员工提高了自身素质，展现了良好的精神风貌，逐渐形成了爱岗敬业、自强不息、讲求合作、永葆创业激情的风气。

战略布局筑现代人力资源体系

　　胡鹏光认为，随着出版体制机制改革的不断深化，出版业竞争日益激烈。与此相应，出版社之间、文化传媒产业之间、国内与国外之间的人才竞争亦日趋激烈。出版行业的竞争归根结底是人才的竞争。要想在激烈竞争中赢得主动、取得优势，不断发展壮大，就必须大力开发人才资源，努

力建设高素质的人才队伍。为此，社科文献制定了《社会科学文献出版社人才强社实施方案》，涵盖高端人才引进、员工薪酬体系、考核评价体系、"四个一批"和"五支队伍"人才建设、青年骨干培养计划方案、实习基地建立等诸多方面。

据胡鹏光介绍，社科文献实施人才强社战略的指导思想是：围绕"建设成为国内一流、国际知名的，集图书、期刊、数字出版物于一体的人文社会科学内容资源供应商和专业的出版集团"的战略目标，为向专业大社、专业强社和出版集团过渡提供有力的人才保证。人才强社战略的总体思路是：坚持以人为本，解放思想、转变观念、深化改革，以改革创新的精神推进人事人才工作；以转企改制为契机，推动人力资源管理体系改革，建立和完善科学的人才培养、选拔、评价和激励约束机制；加大人才队伍，特别是核心骨干、后备人才队伍建设的力度，建立有利于人才成长的长效机制和良好环境；建设学习型出版社，不断提高各类人才的综合素质和创新能力；努力形成绩效优先的人才评价机制，科学设置各类人才评价指标体系，完善评价标准和手段，客观公正评价人才的基本要素、业绩和贡献；努力形成符合现代企业制度要求的人才选用机制，推行市场化选才办法，努力形成与市场接轨的人才激励约束机制；完善以业绩考核为依据，以岗位绩效工资为基础，短期薪酬分配与中长期薪酬激励有机结合，资本、知识、管理等多种要素参与收入分配的新型薪酬激励制度；进一步完善法人治理结构和决策机制。

"到 2013 年，全面建立起符合发展需要、独具社科文献特色的人才资源开发管理体系，人才数量与企业规模相适应，人才结构与业务结构相适应，人才素质与发展水平和市场发展需求相适应，员工发展与企业发展相协调；人员总量供需平衡。"胡鹏光这样阐释社科文献人才强社战略的总任务。

转企改制促体制机制改革创新

　　胡鹏光介绍说，在 25 年的发展历程中，社科文献逐渐形成了一套符合学术出版规律、适应市场发展的人才工作机制，并注重与时俱进，不断完善。根据新闻出版总署和中国社会科学院的统一安排，2010 年，社科文献完成转企改制工作。该社人力资源管理工作结合现代优秀企业管理模式，完善人力资源管理模式，推动体制机制创新，注重提升人力资源智力资本，使人力资本实现增值，主要有以下做法。

　　健全各类人员考核评价体系。通过坚持量化管理、绩效考核，完善员工考核办法；在考核指标的设置上，主要通过每年制定上岗方案、签订上岗协议的形式确定各部门各岗位的任务指标、考核标准和奖惩政策；在考核形式上，强调考核面谈和绩效管理的积极作用，并引入 360 度考核方式，使考核客观公正反映工作实际。

　　建立科学有效的培训机制。分层次、分类别地开展内容丰富、形式灵活的培训；坚持社内培训与社外培训并举的原则；坚持培训人员、培训内容、培训时间三落实原则。该社的特色培训举措如：构建国际化专业人才

培训通道，采取多种措施培养业务骨干的国际视角和对外交往能力；建立"一二三"轮岗机制，要求新入职编辑在获得发稿权之前，原则上在总编室轮岗一个月，在市场部或发行部轮岗两个月，或在出版部质检室轮岗三个月，聘请专家全面负责新编辑的业务指导和培养；开展社科文献大讲堂和学术沙龙主题培训活动，邀请国内哲学社会科学界权威专家、学者举办讲座，为构建研究型出版社提供保证。

改革人才选拔使用制度。建立职位职级晋升激励机制，制定员工职位职级序列和晋升标准，建立考试考核机制，构筑适合人才发展、鼓励人才创造的职业生涯发展平台；构建适应社科文献关键岗位的岗位胜任能力模型和领导能力模型，使之成为发现、培养、使用核心业务骨干的基本依据；加强后备人才队伍建设，形成后备人才选拔及核心业务骨干培养方案；建立青年就业创业见习基地，一方面起到宣传形象、加深影响力的作用；另一方面也是培养后备力量、吸纳人才的一种手段。

人本管理助搭建和谐创业平台

在社科文献员工的休闲港湾——舒适、高雅的绿坞，员工们可以小憩、品茶；2005 年至今每年连续举办的社科文献春节晚会已成为员工的文化盛宴；在 2010 年"三八"国际劳动妇女节 100 周年之际，全社 100 多名女职工在"百年'三八'节，百女共献计"活动中为出版社的发展献计献策……这些都是社科文献快乐工作企业文化的集中体现。此外，社科文献还充分发

挥工会、共青团、妇工委组织的作用，定期组织开展各类有益于员工生活的文体活动，真正保障员工切身利益，加强团队凝聚力与协作精神，例如中秋节组织单身员工活动，举办出版社圣诞酒会，逢年过节安排职工慰问，组织员工积极参加社科院运动会并取得团体总分前三名的佳绩，下拨专门经费组织社里团员青年参加各类活动……在实现专业化学术出版的基础上，社科文献始终倡导绩效导向与快乐工作并存的企业文化理念，关注员工满意度，精心打造以人为本、发展共享的和谐创业平台。社科文献不断加大对实施人才强社战略的投入力度，逐步提高人才资源开发经费投入在各项费用中的比重，为人才强社战略的顺利实施提供充分的人员保障、设施保障和经费保障。此外，社科文献还积极开展党群工作，努力建设一支素质优良、结构合理、规模适度的优秀党员队伍，为构建和谐的创业平台提供组织保证。

胡鹏光表示，自社科文献成立以来，特别是1998年实施第二次创业以来，社科文献的品牌效应不断放大，核心竞争力基本形成，市场开发战略取得明显成效，管理制度全面创新，人力资源合理配置，已经形成哲学社会科学学术出版领域权威出版社的地位和社会影响。这些成绩的取得，与社科文献领导班子从战略高度深刻认识人才工作的重要性是分不开的：人力资源作为核心竞争力的载体，是企业战略资源中第一重要的资源；人才是企业之本，人才是企业利润之源；人力资本是第一资本，人才投入是效益最大的投入。

（原载2011年1月24日《中国新闻出版报》，该报后更名为《中国新闻出版广电报》）

"两统一"引发的改革探索

中国新闻出版报　王玉梅

编者按：2012 出台的《关于报刊编辑部体制改革的实施办法》提出，对于在国家基础学科和前沿学科中具有领先水平、能代表国家学术水准，并入新闻出版传媒企业或转为期刊出版企业条件不成熟的重点科技期刊和学术期刊编辑部，可暂时保留，但要建立由科研部门分别编辑、出版企业统一出版发行的运行模式。

中国社会科学院启动的院属期刊改革工作，将学术期刊的编辑和出版分离，近 70 种期刊统一印制、统一发行，科学配置报刊资源，增强了出版传播能力，是报刊编辑部体制改革的一项有益探索，具有较强的借鉴意义。

"从来没有这么忙过。" 3 月初，社会科学文献出版社运营总监梁艳玲又忙了一整天，直到下班后才挤出些时间接受《中国新闻出版报》记者采访，"春节前后，期刊运营中心所有员工都忙着跑印厂，联系编辑部和协调发行，几乎每天加班"。

中国社会科学院去年启动了院属期刊改革工作，改革的核心是"五统一"，而其中的"两统一"（即统一印制、统一发行）就交给了社科文献。近 70 种期刊的印制、发行任务在春节前后一下子涌进运营中心，梁艳玲和同事们忙得不可开交。

一场势在必行的改革

"80 种期刊分布在三四十个研究所，承担印制、发行工作的大部分员工是兼职，要发展，非改革不可。"

"作为全国最重要的哲学社会科学研究机构，中国社科院拥有 80 种学术期刊，我们希望打造一批国内一流、具有国际水准的品牌期刊，推动其在学术引领上真正发挥作用。"中国社会科学院副秘书长、科研局局长晋保平介绍说。然而，和国内众多其他学术期刊一样，由于体制障碍等种种原因，要使这些期刊在短期内成为品牌期刊，还有很多现实的困难。

在当今出版市场，要让自己的出版物赢得市场或口碑，不仅要有好的内容，还需要巧妙包装，懂得"吆喝"。而对社科院的学术期刊来说，包装和推广恰恰是其弱项。相关部门在对全院学术期刊摸底时发现，院属期刊的装帧质量亟待提升。

"80 种期刊分布在三四十个研究所，发行量从几千册到几万册不等，每年院里补贴 1000 多万元，仅有 10 余种期刊能够实现自我运转，其余均要依靠补贴；大部分从事期刊编辑、出版、发行的员工是兼职，精力不够，专业水平也不够；没有统一标准，印刷质量参差不齐，一个刊一个样儿。"晋保平说："要提高院属期刊的出版质量和学术影响力，非改革不可。"

由此，以统一管理、统一经费、统一印制、统一发行、统一入库的"五统一"为主要抓手的社科院学术期刊创新工程应运而生。

一场循序渐进的改革

"学术期刊的编辑和出版分离，编辑部负责提高期刊的学术水准，出

版社负责提质量、降成本、扩发行、改服务、增效益。"

"2008年,《世界历史》《史学理论研究》与我们达成了合作意向,从2009年开始委托我社承印;2009年《近代史研究》《新闻与传播研究》等期刊加入;2010年,外文所三种期刊,哲学所'四刊一年鉴'都开始与我社合作。"梁艳玲说,到2011年年底,由社科文献承印的期刊达到16种,且这些期刊的编辑部也都对印制质量表示满意。这为今年顺利开展大规模印制和发行工作奠定了基础。

从今年开始,社科院欧洲研究所的《欧洲研究》也加入了"两统一"的行列。《欧洲研究》编辑部负责人告诉记者,编辑部只有4名同时身兼研究人员的编辑和1名专职编务,"对我们这些专业性较强的学术期刊来说,把印制和发行给出版社后,既有了规模效应,也减轻了我们的负担,可以把编辑工作做得更好,这也符合国际学术期刊的运作规律"。

对这次改革,晋保平进一步解释:"总的来说就是学术期刊的编辑和出版分离,编辑部集中精力做好内容的审读和把关,努力提高期刊的学术水准;出版社承担印制和发行等工作,利用自身专业化的队伍和营销的渠道,最终达到提升质量、降低成本、扩大发行、改进服务、提高效益的目的。"出版社的统一印制、发行包括了排版、设计、材料选择、工艺要求、征订、邮发、零售和宣传推广等,几乎囊括了出版发行的所有环节。

一场阻力最小的改革

"改革就做'增量改革',在尽量不损害现有利益格局的情况下,向规模要效益，向改进服务和扩大发行要效益。"

　　"现在已经和 67 家编辑部签订印制和发行的委托合同。我们统计了一下，平均每家编辑部至少要走访两次才能签下来，仅走访编辑部就 130 多次。"尽管社科院做了"两统一"的要求，但要达成合作却需要出版社和一家家编辑部具体洽谈，春节前，梁艳玲和她的团队跑了几个月，个中辛苦，她最清楚。

　　难点主要有 3 个：大部分编辑部成立的时间较长，延续多年，一时难以接受转变，少数编辑部运转良好，不愿转变；一些编辑部认为"两统一"后，可能产生利益冲突；院里的配套政策当时不太明确，大家最关心的政策，如发行收入如何返还等，尚未公布。

　　为了解决这些难题，社科院和社科文献做了大量工作，《关于报刊编辑部体制改革的实施办法》等文件更为改革提供了有力抓手。

　　对学术期刊的正常运转来说，经费来源往往是最大的问题。"每年院里直接给期刊的补贴费用约有 1500 万元，不足的部分，各研究所会以其他形式给予补充。"晋保平说。

　　社科文献强调的则是服务。除了在具体交接中特别强调"提供最好服务"，在委托合同中，社科文献还明确提出"确保 2013 年期刊销售收入不降低，并把增加部分提取 50% 用于宣传推广"。而有关印制等成本，也明确由社科院与社科文献统一结算，发行收入则上交院里，实行严格的"收

支两条线"。由于各刊情况不一，出版社和编辑部也采取了相对灵活的合作方式。

总结改革顺利推进原因，在院领导、出版社负责人和编辑部负责人共同参加的座谈中，大家得出这样的结论：做"增量改革"阻力会小得多，把现有期刊的印制、发行集中起来是推进改革的第一步，以"两统一"为切入点，有利于平缓推进，效率也高。

一场重在长远的改革

"没有哪个单位能拥有这么多的一流社科类学术期刊，整合好，一定会产生不可估量的影响，这是下一步深化改革的重要基础。"

"现在还处于过渡时期，每种刊要求不一，交接、设计、校对等一系列复杂事情需要合作双方有更大的耐心和细心，并依据现实情况做出相应调整。"提起目前"两统一"具体进展和合作现状，梁艳玲表示，出版社承诺的各项工作已经全面启动。

截至目前，社科文献已经印制、发行 50 种期刊，其中近 80% 的印刷用纸是统一的。在整体宣传推广上，启动了专业报纸的广告宣传，制作了宣传品，并在北京图书订货会等专业展会上进行了形象展示。

对这次改革，大家都寄予厚望。

"通过管理机制的改革创新，加快打造一批国内一流、具备国际水准的学术期刊，使社科院学术期刊群发挥更大的影响力，推动中国期刊在国际学术引领上真正发挥作用。"晋保平说。

"这些期刊的读者和出版社的读者对象有很大重叠，统筹其出版工作，能让出版社的品牌价值有很大提升，我们会建好平台，以发挥优秀期刊集群的品牌影响力。"梁艳玲说。

"希望在更大平台上做宣传推广工作，使发行量显著提升，期刊也获得更大学术影响力和社会关注度；还希望出版社协助我们推动一些以前'不敢想'的事情，比如国际合作、每年推出英文刊等。"《欧洲研究》编辑部主任宋晓敏说。

"改革刚刚启动，统一印制、发行后究竟能节约多少成本还不好预计，但肯定有降低成本的空间，印制质量也一定会大幅提升。运行一两年后会有更准确的判断。"晋保平坦言，从目前来看，能把这些资源初步整合起来本身就是一个胜利，"没有哪个单位能拥有这么多的一流社会科学类学术期刊，整合好，一定会产生不可估量的影响，这是下一步深化改革的重要基础。"

（原载 2013 年 3 月 27 日《中国新闻出版报》）

我们真的了解列国吗？
列国志和"列国观"

南方周末　石　岩

在 12 年的出版周期里，被定位为"学术基础书"的 144 卷列国志，在政商界的影响远远大过在学术界的影响：

《科威特》分册出版，中国有色金属总公司采购 2000 本送给科方合作机构；

《乌克兰》分册被驻当地中国国企当做培训教材，分发给中层以上干部；

目前《泰国》卷是列国志丛书的销售冠军，原因是"泰国最近比较乱"。

以后，浙江商人不用再背着厚厚一本《中东非洲黄皮书》（目前，已分为《中东黄皮书》和《非洲黄皮书》），只要上网，就能查到黄皮书涵盖的信息，甚至更多。

2014 年 6 月 9 日，社科文献出版社列国志数据库上线，其数据来源于该社国别国际类出版物：144 卷列国志、逐年出版的国别 / 国际问题蓝皮书、国际问题类学术著作、论文、文献资料。据称，以这些出版物为基础，列国志数据库将覆盖世界上所有主权国家和主流国际组织。

为了方便不同专业领域的使用者，这个"巨无霸"数据库将下设世界政治、经济、文化、军事、安全、中国与世界等专题库。

任何人付费后——购买阅读卡或者使用各种快捷支付手段，都可以调看列国志数据库运营部主任王燕和她的同事们制作的数据。相比其他数据

库，列国志数据库的价格略贵。一篇三千余字的《菲律宾共产党的历史、现状》定价 3 元，《苏东党章演变对苏联解体影响》定价 5 元，不可复制，但可重复浏览。

社科文献社长谢寿光以日本为例，说明列国志数据库的体量，"除了列国志日本分册、每年出版的日本蓝皮书、日本经济蓝皮书，我们还有一套'中日历史问题研究丛书'，已经出了超过 100 种，内容涉及南京大屠杀问题、日本遗孤问题、日本慰安妇问题、钓鱼岛问题等。国内最权威的研究成果都在我们这里。我们还有一套'日本译丛'（指"阅读日本书系"），是日本学者写的。"

1997 年，谢寿光从中国大百科全书出版社调入社科文献，成为该社第 23 名员工。那时社科文献一年出版百余本新书，其中半数是合作出书。现在，谢寿光手下有 320 名员工，平均年龄 34 岁，出版社一年出版新书 1500 余种（数据截至 2014 年 7 月，同后）。

体现"导向"的莫过于世界社会主义研究专题库。该库数据来源之一是"中国社科院创新工程学术出版资助项目"——《世界社会主义黄皮书》。翻开《世界社会主义跟踪研究报告（2013~2014）——且听低谷新潮声》（即上述《世界社会主义黄皮书》），各章节标题都极具威慑力：洞悉资本主义新特征，把握斗争主动权；驳斥历史虚无主义，澄清几个历史问题；认清"普适价值"的本质，绝不放松意识形态斗争……王燕曾在"黄皮书"中看到研究西方准宗教组织共济会的文章，说"非常有意思"。

　　　　　　　　媒体篇

"我不区分'左的''右的'，只要是严肃的学术出版物，都出。"谢寿光告诉南方周末记者。

从 1993 年列国志拟议出版到 2014 年列国志数据库上线，21 年间，中国的"列国观"发生了变化。

把这支队伍稳住

1998 年，调任社科文献不满一年的谢寿光开始游说时任社科院科研局局长黄浩涛启动列国志项目。此前五年，时任社科院院长的胡绳在社科院科研局的一份报告上批示："国际片各所可考虑出一套列国志，体例类似几年前出的《简明国际百科全书》，以一国或几个国家为一册。"科研局分两步走：由中国社科出版社组织编写《简明国际百科全书》，完成后，再编写列国志。"简明国际百科"陆续出了七八本，"列国志"暂无下文。

1998 年的形势跟 1993 年有了很大不同。如果说 1993 年"列国志"只是工具书，到了 1998 年，由于正在进行中的 WTO 谈判，"世界各国"已经成为炙手可热的概念。十多家出版社跃跃欲试。其中就包括谢寿光的老东家——中国大百科全书出版社。

中国大百科全书出版社总编辑、前中宣部常务副部长徐惟诚，曾交办谢寿光筹划一套介绍世界各国的通俗读物：由出版社编辑到各驻华大使馆收集资料，自己编写。当时，国别通俗读物是出版界的主流想法。日本大宝石公司、英国 DK 公司（Dorling Kindersley Publishers Ltd）的汉译旅游丛书纷纷上市。但谢寿光想做的是学术性的国别研究丛书。他用一句话打动时任社科院科研局局长黄浩涛："上这个项目，能把这支队伍稳住。"当时，"这支队伍"流失严重——社科院国际学部研究"冷僻"国家和地区的学者找不到课题，纷纷转行。

立项报告打给时任中共中央政治局委员、社科院院长李铁映，李用毛笔批复：此项目该上，请佳贵同志（时任社科院分管国际片副院长陈佳贵）担任编委会主任。

有了"尚方宝剑"，列国志被列为社科院重大科研项目和国家新闻出版总署的国家"十五"重点出版项目。"第一次就拨给我们了 290 多万元（每本研究经费合 2 万元），这对当时的社科院来说，绝对是大手笔。"谢寿光对南方周末记者回忆。

"院重大项目"分到国际学部各个研究所的时候处境不一。《列国志·法国》作者吴国庆记得，当时欧洲国家大部分交给了他所在的欧洲所。但欧洲所当时真正有语种研究的国家只有英国、德国、法国、意大利、西班牙，"葡萄牙由西班牙兼搞，一些北欧国家是附带弄的，通过英语获得一些资料。"其余"小国"则"甩给"了世界历史所。

2010 年，列国志对外宣称出齐，一个国家被落下了：朝鲜，只能等全套丛书二版修订时再补齐。

黄金时代，然后……

"在国外，这种书是学术大家写的。"列国志编辑室（现为列国志出版中心）主任张晓莉告诉南方周末记者。在中国的学术评价体系下，编著列国志一类的书，属于基础研究，不算学术成果。

谢寿光的说法是，胡绳同志在建议编写列国志的同时还提出过"大家写小书"。列国志的作者中有没有"大家"？他毫不犹豫地对南方周末记者说："太多了。我们中国研究德国最著名的学者，叫顾俊礼，研究法国的吴国庆，都是我们的作者。"

从1959年参加外交工作算起，吴国庆见证了中国国别研究的大部历史。他是中国派到柬埔寨学柬埔寨语的第一人，后在中国驻柬使馆做翻译。1961年，诺罗敦·西哈努克的三位王子到中国学习，吴国庆陪同回中国一年多。当时，周恩来提出"不仅要发展大国语言，也要发展小国语言"，吴国庆就到了外语学院当柬埔寨语教员。20世纪60年代，外交部、广播学院、总参、靠近边境的省份都需要小语种人才，但小语种起伏比较大，"关系好的时候需要人，关系不好的时候就不需要"。北京外国语大学的柬埔寨语专业隔几年一开班。亲美的郎诺集团发动推翻西哈努克政权的政变后，吴国庆觉得教柬埔寨语"没意思"，重新捡起法语。

20世纪70年代末，外交部元老、中国驻欧共体大使宦乡调入社科院任副院长。在宦乡筹划下，社科院成立了世界政治研究所。不久，世界政

治研究所和世界经济研究所合并，"世政所"下设的美国组扩充成美国所，日本组扩充成日本所；欧洲组扩充为西欧所；苏联组扩充为苏东所；东南亚组并入世经所。随后，中共中央对外联络部（中联部）的西亚非所、拉美所，北大的亚太所也划归社科院。

列国志和"列国观"

20世纪80年代，中国的国别研究进入黄金时期。吴国庆5次到法国调研，短则三个月，长则八个月，其中三次都是在20世纪80年代。宦乡布置吴国庆研究法国的公务员制度、议会制度、政府结构。"当时，我们国家要推进政治体制改革，借鉴国外经验。"1983年，吴国庆参加了于光远主持的"政府体制改革学术讨论会"。

1983年，吴国庆第一次到法国，任务之一是"了解法国中产阶级"——1981年5月，法国社会党领袖密特朗当选法兰西第五共和国第五届总统，中产阶级在总统竞选的投票中起了关键作用。

吴国庆在《列国志·法国》卷写道：法国有三大社会力量：资产阶级、中产阶级、工人阶级。他知道，这个观点"原教旨的马克思主义者"不一定同意，共产主义经典理论对资本主义社会有清晰的阶级划分：无产阶级、资产阶级、中间阶层，何来中产阶级？但"研究无禁区"。

1988年，吴国庆第二次到法国，研究法国的劳资关系、总统选举、基层投票。但 20 世纪 80 年代末，"轰轰烈烈"的国别研究逐渐遇冷。

出访秘籍 + 培训宝典 + 风险报告

在列国志 12 年的出版过程中，谢寿光对中国国别研究做了一次普查：中国研究日本的学者，粗略地统计接近千人，研究美国的更多。然而，这些学者低水平且研究成果重复。"我可以很不客气地说，真正了解美国历史和现状的学者，在中国不超过 50 个。"

俄罗斯方面，俄罗斯东欧中亚研究所每年发布《俄罗斯蓝皮书》，重点锁定中俄关系和上合组织。东欧室专门研究东欧转型。除了北京和上海的华东师范大学，国内的俄罗斯研究重镇还有黑龙江大学、黑龙江社会科学院、哈尔滨师范大学。

对朝鲜半岛、东北亚的研究，除北京之外，吉林、沈阳的一些高校实力也不弱；拉美研究，当推北京大学；非洲研究，浙江师范大学是后起之秀；中东研究，西北大学、宁夏大学已经成为社科院中东所的重要补充；韩国研究，山东大学威海学院很强；东南亚研究的重镇有厦门大学、中山大学、云南大学、华侨大学、广西社科院……

列国志的读者市场，与高校国别研究的地区优势类似，社科文献学术传播中心主任刘德顺（目前为社科文献纪委书记）注意到，列国志和国别蓝皮书销售也呈现明显的地域差异：《越南》《泰国》等东南亚国家在中

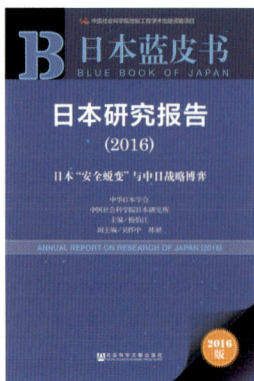

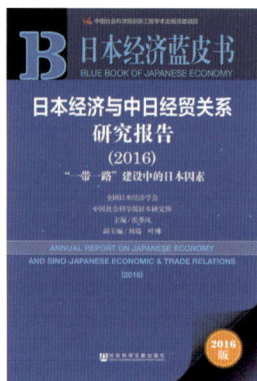

国的西南省份很好卖；《朝鲜》《韩国》《日本》在中国的东北、山东畅销。"反过来说，西南省份很少有人买《朝鲜》《韩国》。"与列国志相比，国别类皮书更"专业"，但购买国别类皮书的大户是私营企业主。"中东、非洲的皮书在浙江特别好卖。"

被定位为"学术基础书"的列国志，在政商界的影响甚至比在学术界要大。"这十几年中，国家及部委领导人出访，调阅对象国的资料，列国志往往成为首选。"谢寿光告诉南方周末记者。

"回流"现象更有趣：有些国外驻华使领馆外宣部门把列国志作为礼物回赠中方，"他们编写材料介绍自己的国家，还要译成中文，并且不见得适合中国人阅读。我这个是专家撰写，为中国人定制。"谢寿光说。

目前，社科文献的国别类皮书仅覆盖与中国关系密切的国家：美、日、韩、欧盟、东盟、缅甸、柬埔寨、越南……日本有两本，一本《日本蓝皮书》（偏重政治）、一本《日本经济蓝皮书》。"我们有专门的'皮书学术评审委员会'负责皮书质量把关，确保把数据重复率控制在15%之内。"社科文献全球与地区问题出版中心副主任高明秀（现为社科文献当代世界出版分社总编辑）说。

"中国国别研究的现状已经赶不上实际的需要。在非洲，中国私营企业主的市场布局远远走在中国政府和国有企业的前头。"社科院亚太所副研究员周方冶告诉南方周末记者。

"以前我们的国际关系主要集中在'周边'跟'大国'，现在我们是全世界 128 个国家的最大贸易伙伴。对国别研究的需求在急剧增加。"中国现代国际关系研究院中东研究所所长牛新春认为：中国外交的重心应当适度从发达国家转向发展中国家。

列国志编辑室（现为列国志出版中心）主任张晓莉统计的列国志销售表，一定程度上支撑了牛新春的论点：销售好的列国志分册除了大国、周边国家，最让人意外的是一些"小国"。

"《波罗的海三国》可能会成为这些国家历史上最重要的文献。苏联解体前对波罗的海三国没有太多的史料，但我们社科院'苏东所'一直有专家在研究。"谢寿光说。

"《阿联酋》现在是出第三版，但你现在搜，只有他写过，就没有其他人写过。"张晓莉补充。

《阿联酋》作者黄振历任中国外交部翻译处阿拉伯组组长，中国驻也门大使二秘，外交部翻译室副处长，驻叙利亚大使馆一秘、参赞等；《波罗的海三国》的作者李兴汉，退休前是社科院东欧中亚研究所副研究员，1991 年前，他主要研究苏联对外政策，1991 年后，转而研究波罗的海三国的政治、经济和外交政策。

国别研究"集体性失明"

《泰国》卷是列国志的销售冠军。书的作者周方冶说："（《泰国》）

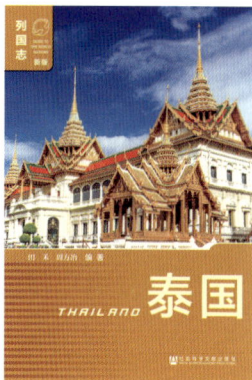

卖得好，很可能是泰国最近比较乱。如果其他国家乱起来，也可能卖得好。"

在周方冶看来，过度应急是国别研究的悲哀：出了事儿大家一起围观，低水平的观察、评论重复列举，不出事不重视。

2002 年，周方冶到亚太所工作。恰逢所内一位尼泊尔问题老前辈从副研究员的职称上退休。退休前，老前辈冷板凳坐了几十年。2001 年，尼泊尔共产党在与政府军的对抗中声势渐起，尼泊尔一下成为热点。老前辈十几年前的著述纷纷得奖。

"在中国做国别研究，第一不容易出成果，第二大家不是很关心。媒体上报的都是大国关系、热点问题：气候变化、能源问题……"中国现代国际关系研究院中东研究所所长牛新春在现代关系研究院美国所工作过十几年，据他观察，国内的美国研究大多集中于美国能源问题、气候问题、亚太政策、中美关系……专注于美国国内研究的学者越来越少。

除了中国速度带来的压力，现实政治版图的变化，对国别研究也有影响。

欧盟成立后，吴国庆所在的欧洲所不再以国别划分，取而代之的是欧盟经济、欧盟社会文化、欧盟政治……很多课题由欧盟提供资金。研究人员被课题牵着走，"我遇到过，有人研究法国几年，就去搞世界性的课题了。"正常情况下，一个学者建立起对对象国家的基本了解至少需要十年、八年。"现在年轻人一本外文书能不能坚持看完，都成问题。"吴国庆说。

各研究机构越来越趋同。以前侧重基础研究的社会科学院和北京大学，也慢慢转向政策研究、热点研究。

"过去，社科院在国别研究上占据绝对优势，很大程度上得益于院内相对宽松的科研氛围。高校搞国别研究的学者早就被急功近利的评价体系压得喘不过气来了。"社科院亚太所副研究员周方冶说。

近几年，社科院的评价体系也在发生变化。像周方冶一样的青年学者，不得不转而研究更容易发表论文和获得课题资助的国际战略研究。对学者来说，无论从学术环境，还是从"风险评估考虑"，放弃国别研究都是理性选择：国别研究可以证伪，对某一国家局势的预判在几年甚至几十天里就会被验证准确不准确；战略研究没有风险，"说了也就说了"，很多判断有可能永远都不会成为现实。

然而，抽离了国别研究的国际战略研究，充其量是沙上城堡。

"中国战略研究一大半不合格，做得好的大约是资深记者的水平。"外交学院副教授、世界政治研究中心主任施展，以达尔富尔事件为例，"美国人掌握的情况具体到叛军领导人有几个人，他们分别的家庭背景、有几个老婆。当地武装力量分属什么部落、财政来源、当地的食物、道路……目前国内发表的关于达尔富尔的研究大多为科普性的。"

"国别研究需要真正的专家而非'大家'，中国国际关系学界恰恰缺少专家……中国的国别问题专家就少之又少，在国际关系研究界又难以立足主流，久而久之形成恶性循环。"牛新春以中国学界对伊拉克战争、阿富汗战争的预测为例，说明中国国际问题研究的"集体性失明"。

100 个国别研究中心和 426 个智库

2011 年下半年，列国志再版被提上议事日程。此次再版预计出齐"联合国承认的所有主权国家"，"小国 8 万字就可以出，大国不超过 40 万字"。百科全书的框架不变；除非作者有新见解，历史部分基本上不修订；删除经济、军事、外交、社会等领域的旧数据，增加最近 10 年数据，其中，经济方面的改动将最大。

事实上，从立项起，经济和外交就是列国志的第一推动力。王燕对列国志数据库的现有数据进行学科分类，发现经济和外交类的数据最多。

这与其他国家的经验吻合。"日本对东南亚研究在 20 世纪七八十年代发展迅速，跟日本在当时加大对东南亚投资有直接关系。"周方冶告诉南方周末记者。但他同时强调，如果把国别研究比喻成完整的肌体，经贸方面的需求只是皮肉，国家的战略安排才是骨架。

"中国正从地区大国向国际大国转变。国别、国际研究怎么做，国家安全委员会层面应该做出战略布局：哪些是战略支点国家，哪些是通道节点国家，哪些可能成为我们的对手或朋友，应该有通盘考虑。"周方冶说。

国家的战略布局从下面一组数字可略见一斑：

在教育部网站上以"国别研究""地区研究""国际研究"为关键词，可以检索到 214 条信息，其中一部分是高校的工作简报。简报中频繁提及高校的国别研究热与"积极贯彻落实六中全会精神""落实十八大'走出去'

战略"的关系……

2013年1月4日，教育部国际合作与交流司当时的司长张秀琴接受《中国教育报》采访时谈道：中国已有25所高校建立了37个区域和国别研究中心。据说，未来几年，高校系统的国别/区域研究中心将扩展至100个。南方周末记者试图联系教育部相关机构，查证这一数字是否准确，并询问目前教育部对于国别研究的发展规划，得到的答复是："正在规划中，暂不方便向外界透露。"

2014年1月，美国宾夕法尼亚大学发布《全球智库发展报告2013》：全球共有智库6826家，其中美国智库最多，有1828家，中国以426家次之。其中，中国社科院位列"非美国的全球顶级智库"第九名，中国国际问题研究所、中国现代国际关系研究院、北京大学国际战略研究中心、上海国际问题研究院、国务院发展研究中心进入前100名。

大多数中国智库成立于最近几年，2013年4月，习近平提出建设"中国特色新型智库"后，"智库"变成热词，"甚至商业咨询公司也纷纷以智库自居。"中国与全球化智库主任王辉耀说。王辉耀有在中国商务部和哈佛大学的工作经验，他所供职的智库成立于2008年。

"国家总在发展"

也是2008年之后，吴国庆搜集信息的方式发生了革命性的变化。

以前他了解法国信息主要靠国家图书馆和社科院欧洲所进口的图书。"书的出版周期加上采购周期，到我手里往往需要三五年，新数据变成旧数据。"

2008年，吴国庆学会了上网。现在，吴国庆每天上网看法国的最新动态，看到有用的数据、图表马上下载。他惊诧于法国的信息公开程度。"按理说军事应该很机密。2013年3月，法国在互联网上公布了《安全和国防白皮书》，同年8月又公布了《2014~2019年军事规划法》。"这些信息都被吴国庆增补进2014年《列国志·法国》第三版中。1934年出生的吴国庆现在常跑北师大的校内印刷点，把他从网上下载的资料装订成册，"特便宜，一本书也就七八块。"现在他基本上不要工具书。

"你别看马耳他那么小，材料也很公开，什么都有。"吴国庆告诉南方周末记者，他从网上迅速了解这个国家。

2013年初，吴国庆写了三份材料，交给社科院上报。第一份材料关于法国社会党的新党章，"其中民主化举措，有值得我们借鉴的地方"；第二份材料写法国高官的财产公布政策；第三份关于法国政府成员的道德宪章。"听说都没有报上去"。

吴国庆很乐观："国家总在发展。法国每一个当政者都有改革口号，20世纪70年代以后，政治人物不提改革的口号，就上不了台。"

从2003年初版到2013年三版，《法国》分册一直是列国志的样板。为了介绍真实的法国，吴国庆所有数据尽量拿到最新的和最权威的。国内有学者撰文：资本主义末日就要来临。吴国庆专门在《国民生活》一节开列法国二战后的恩格尔系数和 20 世纪 90 年代之后的基尼系数，来实证这种提法的谬误。

与吴国庆一样，谢寿光也有一套雄心勃勃的计划。他的中期目标是希望借列国志数据库，建立起对出版社"库存"国别信息的长期修订机制；远期目标是培养自己的国别研究队伍。"到那个时候，出版社不仅仅是出版商，而且是学术资源的整合者。"

"列国"数字

426：美国宾夕法尼亚大学发布《全球智库发展报告 2013》显示，中国有 426 个智库，数目仅次于美国；

144："列国志"第一期项目共计 144 卷；

128：目前中国是全世界 128 个国家的最大贸易伙伴；

2：《越南》《泰国》等东南亚国家在中国的西南省份很好卖，《朝鲜》《韩国》《日本》在中国的东北、山东畅销；

1：《泰国》是列国志的销售冠军。

（原载 2014 年 7 月 11 日《南方周末》）

甲骨文：
谁说中国人不爱读世界史

澎湃新闻　臧继贤

除了成功学、理财和养生，对于并无心从事学术研究的读者，是不是没有其他严肃又有趣的书可读了？

如果你对历史还有些兴趣，那估计会有人推荐你读读"甲骨文"的书。不过这可不是研究甲骨文的著作，也不是那个大名鼎鼎的软件公司。

它是社会科学文献出版社的一个普通编辑部门，甲骨文工作室主任董风云特意强调了"普通"二字，不过在外人看来，它的确是体制内一个新兴的出版品牌，想做些和之前不太一样的事情。

2015 年 8 月，亚马逊中国公布了一份预售图书销售排行榜，甲骨文出版的《金雀花王朝》位居第三。并不是最好的名次，不过再看看排行榜的前两位，就知道这对于一本世界史的严肃读物来说，已经算是奇迹了。

甲骨文出版人文社科领域的大众学术著作，现在出版的基本上都是翻译过来的作品，其实连"甲骨文"这个名字也是翻译过来的，是英文新造词 Oracode 的译名。董风云说，Ora 有神谕的意思，Code 有法条的意思，而 Oracode 表达的是："我们做的事情结合了天道和规则，既有自然性，也有社科人文的内容。"

2013 年 1 月，甲骨文出版了自己的第一本书。

2014 年，甲骨文被评为《新京报》年度致敬出版机构，董风云被评为凤凰传媒·社科类中国好编辑。

至 2015 年末，甲骨文已经出了将近 60 本书，董风云说，也不算多。

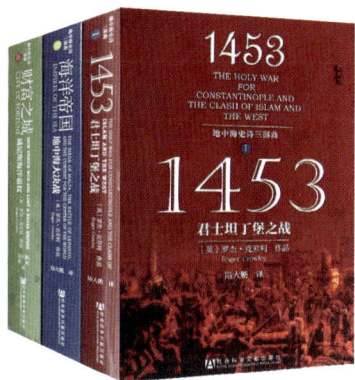

甲骨文现在的每本书 1 万册起印，大部分书都会加印，董风云说他没算过每本书的平均销量，但卖得不错的有《天国之秋》和《地中海史诗三部曲》，前者 6 次加印，共 7 万多册，后者印了 5 万套，即 15 万册。这个数字离百万畅销书还有点距离，和《故宫日历》一年的销量差不多。

翻翻董风云的朋友圈，甲骨文的点点滴滴都被他记录下来了。

2015 年 7 月 29 日，ffy 董风云：甲骨文 x 陆大鹏，《1453：君士坦丁堡之战》整整一年，第一版第七次印刷。

2015 年 12 月 22 日，ffy 董风云：【《杀戮与文化》（罗辑思维独家定制版）】一万册两天售罄，比起《金雀花王朝》和《午夜将至》，这本可谓神速。

一位自称"历史控"的知名书评人说："长久以来，包括舆论，一直认为中国人不喜欢看世界史。但甲骨文打开了一个新局面，让人们知道原来世界史的书也是有人看的，读者也是喜欢的，中国人也是关心世界史的。"

但董风云和他的团队是怎么做到这一点的？

"新的模式"

甲骨文出了 3 年的书，但最初的筹备就用了半年时间。

近几年，老牌出版社中新生的出版品牌不少，广西师范大学的"理想国"就算一个。不过甲骨文并没有"理想国"走得那么远，没有成立新的公司，

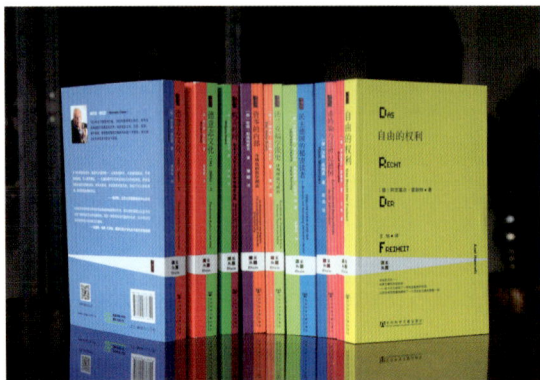

办公地点和所有人员的编制都在社科文献里面，办公流程也要因循旧例。

社科文献直属于中国社会科学院，是那种传统的国企，在人文社科领域也算个不小的出版社。每年出版的图书也很多，比如皮书系列和列国志，但大多数针对的是专业读者，对一般读者来说有些生僻。

但董风云想做大众学术的图书，既是严肃的学术读物，又具有可读性。这类图书在欧美市场已经做得非常成熟了，就像那股刚刚吹进国内的非虚构写作风潮，在欧美也盛行已久。

要依托社科文献已有的资源，但又要避免读者产生习惯性的印象，只能开创独立的出版品牌。

对于甲骨文来说，不管是书的内容选择，还是装帧形式，以及推广方式，都完全是市场化的做法，这与传统的学术出版需要资助是有区别的。

"社科文献是典型的国有企业，但社领导给甲骨文开了个口子，一个是用人，一个是选题，都有一定的自由度。"

在董风云看来，仅仅从社科领域来讲，如果要做一些让读者喜欢的东西，不一定要做品牌，但一定需要新的模式。

"传统的做书模式有一点点过时，对于市场的把握和营销都不是特别准确了。因为受体制和积极性的影响，编辑可能不会太投入地和认真地去想问题。他们可能也想思考，但机制不进行灵活的改动，他们很难做出什么自己的事情。"

"第一本书的忐忑"

甲骨文的初创团队，包括董风云一共只有 3 个人。

第一本书——《罗马帝国的崛起》的出版用了半年时间。"那个时候心里并没有底，不知道书做出来市场是否会接受。"

《罗马帝国的崛起》出版后，豆瓣中就出现了两篇热评，一篇是复旦大学英文系讲师、豆瓣 ID"文苑阁大学士"的吐槽。他拎出几处翻译做了点评，还说道："我对出版社搞版权的同志，一直有则忠告：引进台湾译本，务必慎之又慎。"

在这篇评论下面，豆瓣 ID"ffyouth"回复道："大学士好犀利，下一版一定改进这些问题。"

ffyouth 是董风云的豆瓣账号。

在另一篇热评中，豆瓣知名书评人唐山说："波里比阿这本《历史》原有 40 卷，成书略早于中国的《史记》，文字量本应更多，可惜只留下前 5 卷，东西方两本史学巨著参照来读，趣味果然迥异，将这样一部伟大的作品翻译过来，实为伟业。"

甲骨文的第一本书就是这样进入国内图书市场的。和彼时的心态相比，董风云和他的团队对新书的市场和销量大多已能吃准，对于出现的小问题也能从容应对。

2015 年出版的《金雀花王朝》由于印刷疏忽，书中的王室图谱有少量

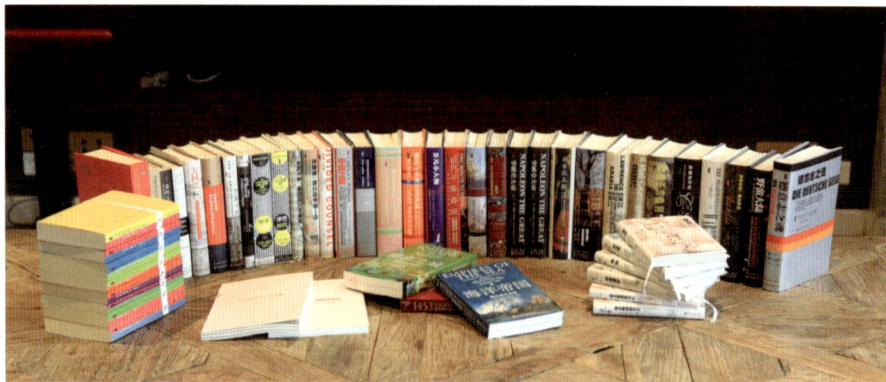

缺漏文字。为此，甲骨文特地设计了彩页图谱，免费寄送给读者。

而对于其他技术层面的问题，甲骨文也会通过多种途径听取读者的意见和建议。

同时，对于选题本身或者封面设计，读者也会提出各种意见，但董风云认为这些多属于主观意见，不能全部参考。"文化产品还是以'我'为主，才会有一个一以贯之的风格。"董风云坚定地说。

"我们做起来这件事，并不是因为听了别人的意见，而是因为我们有自己的想法，并将它们实施出来。"

现在甲骨文并没有百万级的畅销书，无法与很多图书公司比较。或许这是读书人做书和商人做书之间的区别，在叫好和叫座之间有不同的取舍。

"被盗版的学术书"

董风云看到过很多甲骨文盗版书的图片，这还不算电子版和音频版的侵权，但他们对这也没有办法。

印象中，盗版的多为考试类、虚构类或经管类的畅销书，如今虽说是大众通俗化，但依然很严肃、并不经世致用的甲骨文丛书也被盗版了。

可是，甲骨文的书为什么如此吸引人？

首先，他们在选题上投入了非常大的精力，综合考量了诸多因素：原版书本身的质量，作者的知名度和实力，在国外市场的口碑，还要考虑内

容是否适合中国市场，是否符合出版条件。

除了经典的学术名著，他们选择的主要是在国外广受欢迎的大众学术书，涉及的学科有历史、国际政治、人文和社会学，但在世界史方面发力更大，影响也更好。

这些大众学术书在董风云看来，介于学术书和畅销书之间，知识含量非常高。

沪上媒体人徐书白说，甲骨文的选题好，让人一看就有阅读的欲望。不像其他很多社科类的书籍，让人觉得和鸡肋一样，食之无味，弃之可惜。

另一位媒体人"有鬼君"说，甲骨文引进的图书打破了非历史专业读者对历史的传统认识，带来一种新鲜感。"我们常见的有国别史，是传统的叙事模式，但"地中海史诗三部曲"带来的是另一种阅读历史的方式。"

其次，虽是译介，还是要经历本土化的过程。甲骨文选择保留了大部分图书的原标题，但有一些还是要改的。

那本卖了6万多册的《天国之秋》，原著有主标题和副标题，主标题直译为"太平天国之秋"，副标题直译出来是"19世纪中国、西方以及太平天国内战的传奇"。"最终大陆的版本译为'天国之秋'，因为这样更具诗意，而副标题就不要了，因为这原是让国外的读者明白这本书要讲什么，而对于国内的读者来说没有必要。"

甲骨文最近又推出了一套日本研究东亚历史的著作，叫作"鲤译丛"。

说到为什么叫作"鲤"，董风云说，如果称"日本的中国研究译丛"则太直白，而锦鲤鱼是日本的国兽之一，用这种象征方式来代表日本，会带来距离，也会带来美感。

不过董风云认为，甲骨文的出现是有大的现实背景的。"随着国民教育水平的提高，很多大学扩招的学生已经步入社会，他们有一定的消费能力，也有对高品质严肃读物的需求，但他们又来自各行各业，不能要求他们去读特别精专的学术书。"

"有粉丝，但不相信粉丝经济"

甲骨文现在的读者，最小的在读初中，最大的已步入古稀之年，但还是以年轻读者居多，一般是在攻读本科或更高学位的学生、大学和民间的学者以及媒体人与公务员。

读者中有一部分是甲骨文的粉丝，他们称自己为"骨粉"，其中相当一部分会买甲骨文出版的每一本书。

在微博上，@社科文献出版社甲骨文与粉丝互动颇多，一改老牌出版社的威严感。

对于董风云来讲，他更愿意把出版业当作商业行为来看，出版业也需要赋予自己一个健康、积极的、具有个性的人格在其中，不要让读者感觉自己在和一个国有的出版机构打交道。

@万木直是思想政治教育专业的大二学生，她加入了甲骨文的粉丝群，也经常在微博上同@社科文献出版社甲骨文互动，算是甲骨文的铁杆粉丝。在接受采访时，她说了很多甲骨文的好话：“甲骨文的编辑董风云先生，为人亲切和蔼，充满活力，与读者打成一片，对读者提出的意见，他都能很好地接受、解决。他的这种态度，是甲骨文整个团队的态度的表现。甲骨文的口号是：让我们一起追寻。”

　　其实她并没有见过董风云本人，对他的印象全部来自粉丝群直接和间接的交流，然后她还记得甲骨文的口号。

　　但董风云不相信粉丝经济，就像他认为《罗辑思维》的成功也并不是因为简单的粉丝经济，而是在图书的选择上下了功夫。

　　对于甲骨文现在的成就，董风云说，我们喜欢的东西就是比程式化做出来的要好，只要用心做，就会得到市场好的反馈，这样一来一往，甲骨文这个品牌就在市场和出版界站住脚了。

　　而对于盗版的状况，董风云说，买甲骨文丛书的很多都是在校学生，没有非常强的经济实力，所以一本书在收回成本，并有一定盈利的基础上，有少量盗版是可以接受的。不过他说这仅代表他个人的看法。

“从出版品牌到个人品牌”

　　甲骨文的团队：六个人、四门外语——英、法、德、韩，他们中有从英国、法国和德国留学回来的。另外还有非常重要的后援团：一个金牌设计师和一个金牌小译霸。

至少是硕士学历、至少会一门第二外语，这是甲骨文对编辑的最低要求。

董风云称自己介于团队的管理者和服务者之间，除了定夺大的选题方向，那些编辑们觉得麻烦的事情都归他，好让别人专心做内容。

微博 @ 社科文献出版社甲骨文是董风云和另一个同事在打理，从资料的个人色彩中也可以看出：天蝎座，毕业于波尔多四大。

甲骨文的微信订阅号去年 4 月上线，6 月 8 日就登上了出版社类新媒体排行榜的第一名。目前订阅的用户将近 2 万，真不算多，不过某些文章阅读量可达 10000+。这也是董风云在业余时间做的。

很多读者都觉得甲骨文丛书的封面设计很赞，让人有阅读的欲望。

书评人"有鬼君"拥有十多年的出版经验，他说，"我们看理想国、看三联书店的图书，一眼就可以看出这是哪个出版社的作品。但是甲骨文的风格就比较多变。"

大家都猜测这些惊艳的封面是由一个设计团队完成的。甲骨文的确有专门的设计师，但不是一个团队，而只有一个人——社科文献设计中心的主任宋涛。

宋涛其实一直在社科文献做设计工作，有很多自己的想法，但原来的工作方式不适合他发挥自己的个性。作为设计师，宋涛一直以来对自己的要求都很高，平时会读一些非常有意思的书，甚至包括哲学类的。出于对

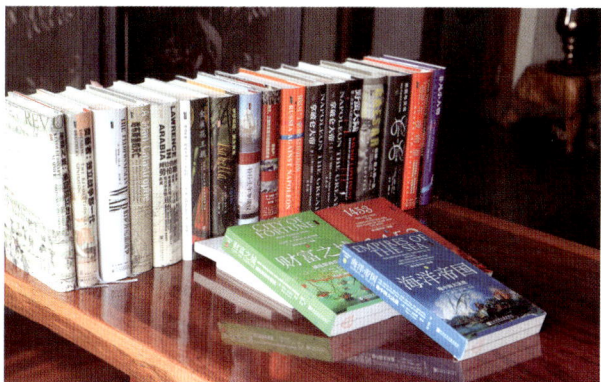

同事的了解，甲骨文工作室觉得宋涛会有一些好的设计思路，便任由他发挥，完全不干涉他的设计理念。

董风云说，现在流行的图书设计多是极简主义，是从日本到中国台湾，再到中国大陆这么一路传过来的。宋涛也可以做极简主义的设计，但他没有。目前他的设计也不是标新立异，而是要体现自己的思考，突破那些固有的观念。

"我们的书和其他的书是有一定的区别，有自己的风格，这都归功于宋涛。"

这期间，宋涛也从一名设计师成长为了设计中心的负责人，现在很多知名的出版品牌和大的出版社都来请他做设计，通过董风云来找他的就有不少。

除了有金牌设计师，甲骨文还有个金牌小译霸陆大鹏，他是南京大学英美文学硕士，现任译林出版社的版权经理。陆大鹏和甲骨文结缘于"地中海史诗三部曲"。当时版权公司对董风云说，有一个人特别喜欢这几本书，如果你们把版权拿下来，他很愿意翻译。董风云想，既然有人自荐，那就让他试试吧。

别看陆大鹏出生于1988年，但现在已经有16部译著出版了，其中和甲骨文合作的就有8部之多。

现在甲骨文把最好的选题交给陆大鹏，如果他觉得有意思就接受，董风云说，这是非常良性的合作。陆大鹏在和甲骨文的合作中也收获了很多，从一个知名度不高的译者成长为翻译界的良心：翻译速度快，质量又好。董风云说，陆大鹏这种人非常少见，他自己非常努力，这是第一位的，同时他在语言上也有很强的天赋，这也不能忽略。

除了陆大鹏，甲骨文不会特别寻找学院派的人来做翻译，而是会找那些年轻的、没有名气，甚至没有经验的译者。董风云说，我最看重的品质就是认真，态度决定一切。他们对自己选择的这本书，往往充满了热情。在稿费特别有限的情况下，又要找到特别认真的人，那只能是特别喜欢做这件事的人。

而对于团队中的其他小伙伴，董风云说，如果仅仅把他们定义为编辑，那就是小看他们了。

现在甲骨文团队集出版、媒体和营销为一体，董风云希望甲骨文以后能够做成平台级的，而不仅仅是一个编辑团队。

但对于甲骨文现在的成就，董风云似乎并没有那么在意。他觉得对于团队中的每个人来说，最重要的事情并不是做了几本书，重要的是每个人是否在这其中有很大的提高，成为自己想做的那个人。

从初创的三人到现在的六人团队，董风云自信地说，只有想进来的人，没有想出去的人。

（原载 2016 年 1 月 13 日《澎湃新闻•翻书党》）

我与社科文献
30 年的光荣与梦想
社科文献篇

1997

1985

共　享

我与社科文献的缘分

谢寿光

　　我来社会科学文献出版社，是因为一个偶然的机缘。这要从我个人的出版生涯说起。

　　我大学学的是哲学。1982 年大学毕业分配的时候，正是"文革"十年没有招生，而社会各界都在提倡科学、需要人才的时候。面临毕业分配，其实我并不是想直接来北京，但是隐隐约约知道自己想做一个出版人。毕竟我们这些经过"文革"、上山下乡的人都比较成熟，会有自己的职业理想。最早想去的出版社是福建的几家出版社，特别是福建人民出版社。

　　当时厦门大学作为全国著名大学，有一种传统，就是学习成绩最好的人考研究生或者留校，而学习成绩不太优秀，但政治素质等各方面条件都很好的人一般去党政机关。北京当时有 30 多个单位来招人，我们一共 60 多个毕业生。因为我是综合成绩排名前十的，老师当时就点名，要么你留校，要么你去北京吧。我不想留校，因为留校就必须继续读研究生。可我是家里老大，当时我的几个弟弟都在上大学，需要我早些就业。他说那你就去北京吧，北京的单位你自己挑。最后我在这些单位里，选择了中国大百科全书出版社。

　　在中国大百科全书出版社工作期间有一段特殊的经历，对我社会学专业背景的塑造是有着至关重要影响的。那是我刚到中国大百科全书出版社的时候，参与了《中国大百科全书·哲学卷》的编纂，也因此与中国社科院哲学研究所有了密切的联系。到《中国大百科全书·哲学卷》接近完成的时候，

出版社的领导又让我开始组织编撰《中国大百科全书·社会学卷》。社会学是一个在中国发展非常曲折复杂的学科，但因为我在大学期间就已经对社会学产生了浓厚的兴趣，就在很艰难的情况下接下了这个工作。在编纂期间，我开始和社会学界、中国社科院社会学研究所有了密切的交往。

虽然没有正式行过拜师礼，但我自觉陆学艺先生就是我的老师。陆先生开始在中国社科院哲学研究所中国哲学史研究室工作，后来长期驻扎在山东陵县搞联产承包责任制调研并兼任陵县的县委副书记。我陆陆续续地对他有了越来越多的了解。我编"社会学卷"期间，他就从社科院农村发展所转到社会学所当所长了。因为和社会学所的交往，我跟陆学艺先生的关系也慢慢从认识到深交。当时正值 1987 年党的"十三大"以后邓小平同志提出要进一步拓展社会主义初级阶段理论，要摸准摸清国情，中央宣传思想工作领导小组就安排中国社会科学院等单位组织全国大规模的国情调查。这次国情调查从 1988 年开始全面布局，到 1989 年年初调查成果即将出版的时候，陆学艺先生把我找去谈了整整一个下午。因为考虑到这批调查资料需要出版，但国家又没钱，而我在中国大百科全书出版社工作，陆老就问我有没有魄力把这个很大规模的工程接下来。我回到出版社找到社领导汇报，领导说书可以出，但是社里没钱，如果赔钱了你自己负责。最后我接下来了。

随后，我就在中国大百科全书出版社独立组建了中国国情丛书编辑部，

这套书的出版就全方位地展开了。我对项目的全部环节从调研到统稿、编辑出版深度介入，最后形成了《中国国情丛书——百县市经济社会调查》，作为国家"六五""七五""八五"的重点项目正式出版。这套书共105卷，5000多万字，是迄今为止中国最大规模的关于单个县市经济社会发展状况的全面的调查成果。也正是因为在这个项目上的锻炼和经历，我和陆学艺先生结下了深厚的情谊，也得到了他的认可。所以，他提议我做完这个项目后，不回出版社，而是到社科院社会学所去，从事社会学所的领导和研究工作。

在做百县市调查项目的过程中，还有一个人物出场了，就是当时科研局的副局长何秉孟，后来是中国社科院党组成员、副秘书长。陆学艺先生、何秉孟先生和我作为"中国百县市经济社会调查"的总体负责人来共同协调整个项目，慢慢地，我们三个人之间也建立了深厚的友谊。

时间转眼到了1997年的春天，这个项目的出版工作已接近尾声。这个时候何秉孟已成为中国社科院副秘书长，分管院属出版社。当时的社科院或者说整个人文社会科学出版单位中国社会科学出版社是走在最前面的，所以，何先生就计划安排我去中国社会科学出版社。他让我自己先去找他们老社长郑文林先生谈一次，了解一下情况。后来我就偷偷去了，谈完以后我认识到，他们领导也表示，其实中国社会科学出版社本身也并没有什么位置让我发挥。

到了1997年"五一"节，我突然接到何秉孟副秘书长的电话，他说你赶紧到院里一趟。"五一"节后第一天我一早就过去了。他对我说，你要到社科文献来。当时我对社科文献没有任何印象，因为它太不知名了。我问他能不能到年底？他说来不及了。因为那时候我的副高职称已经到期了，而评职称应该在秋天，所以我希望在中国大百科全书出版社、在新闻出版署评完正高职称以后再来，因为当时职称的指标是受严格限制的。后来社科院主管人事的副院长说，堂堂一个社科院不存在职称指标问题，你就来吧，符合条件照样给你评。

调离"大百科"来到社科文献，经历了一个非常曲折的过程。当时大百科不愿放人。出版署主管人事的副署长也找我谈了两次话，问我为什么会选择这么个不起眼的出版社，就算不在中国大百科全书出版社、人民出版社、商务印书馆和其他所谓"出版业国家队"照样有发展的空间。毕竟当时我是在中组部备案的出版署的优秀后备干部，同时我在"大百科"还做到了党组成员、社长助理。我对这位署长说，我喜欢社科院的学术研究环境，喜欢社科院的学术出版资源，我自己本身也有研究能力，可以自己做社会学的研究和调查。从1982年到1997年共计15年的时间里，我对中国近代以来的出版史以及世界出版史逐渐悟到了自己的一套理念，我希望找到一个支点能够实现自己的学术出版梦想。即便我失败了，我还可以有退路。

最后，在社科院当时的党组书记、副院长王忍之同志的直接干预下，我调来了社科文献。

重整旗鼓，开始第二次创业

谢寿光

来社会科学文献出版社之前，我是有准备的，全方面地了解了这个社的状况：当时社里正式编制 22 个人，加上一些返聘的老同志和临时工，总共不到 30 人，我是正式人员里的第 23 人。这个出版社 1985 年成立以后，出过像《电视英语》这样的产品，小日子应该过得还可以。当时整个出版业实行审批制，书号是有价格的，在这种情况下生存应该没有问题。记得当时的老社长在我来之后，很自豪地对我说，我们的账上有 80 多万元的现金，还有将近 20 万美元，过日子是肯定可以的。但当我全方位了解了社情之后发现，事情并没有这么乐观。当时正好院里对社科文献做审计，账面数字显示还是有些家底的，但是办公的硬件条件实在有限——办公室是在社科院租用的，一共 5 间房子，我去了以后连办公桌都没有地方安置；出版社内部尽管人员少，但是相互间的历史债及各种各样的问题太多。

我来了之后，作为副社长兼副总编辑开始主持工作。在我上任两个月之后，沈恒炎社长就生病了，正好年龄也到了，就退休了。

社科文献刚起步的时候，我做出了两个决定：第一，改变出版社没有规矩、没有章程的局面。那时候出版社就 20 来人，作坊式地生产。我就根据在中国大百科全书出版社 15 年的积累，自己起草了一个 3 万多字的管理条例，对整个内部组织架构进行了调整，同时确立了出版社的各项规范。这个管理条例就形成了今天我们的整个管理架构，而且其核心部分就是我们今天做学术出版社的规范。第二，我看了一下正编辑的书稿选题之后，决定把它们都停掉，重新研究定位，重新包装，再出发。那么，这里面最核心的问题就是怎么样来定位这个出版社。我查了社科文献的历史资料，发现翻译类的图书占很大比重，这与这个出版社申报成立和在文献中心审批设立时的定位是直接相关的，这是一个传统。但我认为，我们不能再做这种大众出版，应该做专业出版。这个定位我记得很清楚，是在8月中旬我来社科文献报到后到9月1日在这里第一次拿到工资之间的半个月时间里，我起草管理条例、书写方案的同时做出的一些分析判断。

记得在8月下旬的一个中午，当天正好是社科院各个所的返所日，我找了几个社会学界的朋友，有李培林、苏国勋（社会学所的老研究员，搞社会学理论的），还有黄平、沈原（现任清华大学社会学系主任），我自己花钱请他们吃饭。当时他们就问我，你来这个名不见经传的小社干吗？我跟他们道出了我的分析结果：中国社会科学出版社是社会科学院的老社，也是一个大社，我们这个小社还不如人家一个编辑部大，而他们是做全方位出版的，提出的口号就是要做大众学术；三联当时在沈昌文先生和董秀玉女士的领导下，原来做的是精英文化，现在也开始下沉做大众文化。那么我要往上走，做高端学术，服务于学术研究，而且要一直坚持这个定位。

提出这个定位以后，我们就开始研讨社科文献的整体发展。有一个地方不得不提，那就是密云栗林山庄的一个招待所，我们社当时就在那里进行了出版社发展方向的研讨。那地方当时非常破，房间里还有耗子，把社

办秘书吓得直叫唤。但条件这么差的地方对我们社来说却是一个有历史性意义的地方。在那里，我正式提出吹响第二次创业的号角，开始第二次创业！而且我告诉大家，我的话也许你们不会信，但请给我一年的时间看变化。我的话你们也不需要理解，就按照我的思路起步吧！就此，社科文献在1998年正式开始了第二次创业的征程。

这个征程分成几大部分。

首先，在产品架构上，我把社科文献从1985年成立到1997年我来之前所积累的所有有学术价值的选题都做了全方位的梳理，然后采取相应策略，把它们重新包装。比如说"中国社会科学院青年学者文库"，它当时是为了解决39岁以下青年学者出书难的问题，在院里的资助下开创的一套书。我把这个"青年学者文库"重新做了包装，严格按照学术图书的规则进行运作。第一批出版的书名都是我定的，非常典型的例子是，有一本书叫作《社会资本论》，作者是张其仔。它原来的题目很长，后来我跟他说，你就直接叫作《社会资本论》吧！他好像有点胆怯，说这个题目也太大了吧！我说你就听我的，如果别人说什么了，你就说这是出版社的主意，不是你的意见。重新包装的"中国社会科学院青年学者文库"出版后，我们在社科院学术报告厅召开了一次发布会，中央电视台还来了。这次发布会第一次形成了社科文献学术出版的整体效应。

第二，我们把原来社科文献出过的书，重新校订，重新翻译，把原来

的错误予以纠正，并且增加新的选题、再出版，比如"资本主义研究丛书"。社会学理论方面，我组织了一套"社会理论译丛"，把学术领域里的资源重新进行了梳理，整合吸纳各类理论著作进行出版。当时的一个情况就是，院里很多学者的书，一般出版社都看不上。什么原因？没有市场，卖不出去，或者说有一点资助，也只够本儿而已。而我们就要做这些小众的东西，把它们聚合起来，精心包装。

第二次创业的重要突破在于皮书。从1997年年底，我就开始做皮书的自主包装、整体市场化的运营。到了1998年，《经济蓝皮书》和《社会蓝皮书》就开始推向社会了。皮书的出版要开发布会，从那个时候就开始了。

就最初皮书给社科文献带来的影响，我考虑到的是在起步阶段最关键的两点：第一，要在业界形成动静，要在人文社会科学界里制造你的影响力，所以，我们就要抓住不同类型的、有传播点的产品，与媒体进行密切互动。第二，要有必要的规模效应。所以，那个时候的选题、印数几乎都是我一人决策拍板。我也知道印量上如果只凭我自己的经验，有可能会形成积压。但是那个阶段必要的印量是必需的，无非牺牲一部分利润，但更多的是要形成规模效应，进行大规模扩张，大量地进行专业编辑，大量地出版产品。我查过历史资料，我到任前社科文献出版种数最高的年份出了103种书，其中接近一半是与人合作的，就是组稿、编稿都是别人，给我们一个书号

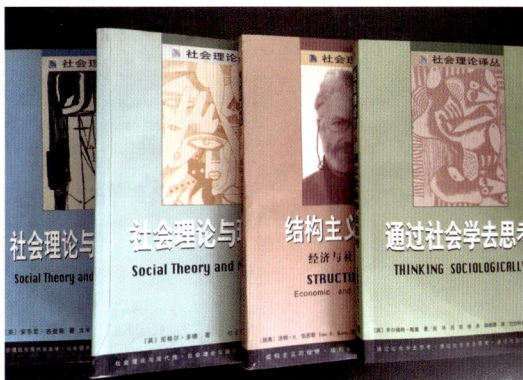

的费用，我们最后终审终校。而真正自己做的一年也就是五六十种。我来了之后，那时候有书号的限制，我就通过多方想办法，积极争取出版署的支持，1998年那一年，如果没记错的话，我们自己出了160多种书，整体规模由原来不到1000万码洋达到了2000多万码洋，翻了一倍多。以皮书为龙头，以学术产品为主体形成影响力。人员也开始进行规模扩张，没有办公场所，我们就在社科院前院的楼跟各个所去租房子，从15楼到下面楼层，再到后院里的平房，都有社科文献租的房子。我们从各方吸纳人才，开始了扩张的道路。

一直到2002年，我们搬离社科院的院子，来到先晓胡同。从1997年到2002年，就是我们第二次创业的初级阶段。到了2002年，我们的员工人数已经达到了70多人，年销售收入已经超过3800万元，所以，我们有能力搬离社科院，来到先晓胡同。

从2002年搬到先晓胡同一直到2009年是第二次创业的完成阶段。在二次创业的完成阶段中有一点很关键，就是坚持走学术出版的道路。其实在这期间我们尝试过很多的路径——但不是大众出版，而是各个出版单位绕不开的教材教辅。我给了编辑们一定的空间，让他们去试，但大家最后都发现，还是要回到专业出版的道路上来。所以，这个阶段我们形成了鲜明的"走高端""走专业"的出版特征。

2004年，我们在当时的社科院副院长、经济学家陈佳贵的启发和支持下，开始考虑买自己的办公用房了。但当时自有资金不够，又因为是事业单位没法贷款，所以社里前前后后开了17次会议，最后靠着全体员工的力量，我们买下了华龙大厦第15层一层。但是买下来以后迟迟交不了房，幸好我们的法律手段比较完备。从2005年开始，房地产商每天付给我们的滞纳金就够在先晓胡同的租金了。就这样，到了2009年，我们的经营规模已经超过了1亿元，员工人数已经超过160人，形成了几大品牌特色，比如社会学、近代史、皮书、列国志。这几大品牌都是在那期间完成的，特别是皮书已经成为社里的重要龙头产品；我们社在国际国内已经有了相当知名度和影响力；我们已经有了两层楼的自有用房。这几个衡量指标标志着我们的第二次创业完成，以2009年我们搬到华龙大厦为节点。

在第三次创业中奋进

谢寿光

社会科学文献出版社的第三次创业，是从 2009 年开始的，最重要的一个标志是转企。2009 年年初我们搬到华龙大厦，同年完成转企。从 2010 年开始，社科文献产生了一次爆发式增长，在经济数据上体现得很明显：1997 年，全年销售额只有 240 多万元，利润只有 50 万元左右；1998 年销售额达到了 700 万元左右，利润突破了 110 万元；从 2009 年起的第三次创业开始阶段，我们完成了 8000 万元的销售额，利润超过 400 万元，打造出了以皮书为首的几大图书品牌，有了 4000 平方米左右的自有办公用房，同时完成了转企改制。过去我们积累的学术产品生产能力因受书号的限制在很长的一段时间内受到压制，到了 2010 年放开书号限制之后，我们出书的品种数比 2009 年翻了一番，2010 年到 2014 年间，我们的销售收入又翻番了，达到了 1.8 亿元，利润超过了 2000 万元。2015 年我们的目标是 2.3 亿元。员工人数已经超过 350 人，而 2009 年的时候社里有 200 人左右。

到如今，我们已经在五大能力建设方面形成了自己独特的资源整合能力和竞争优势。

面对学术产品市场，我们有自主的核心品牌——皮书、列国志、中国史话、社会学、近代史、甲骨文，在定制出版方面也做得不错；

在学术著作出版能力方面，我们有一套流畅的学术产品生产流程，具备快捷的、满足社会专业知识需求的生产能力。所以，我们社出书的速度非常快。过去的印象里，国有出版社或者老社出书都非常慢，但我们社全部图书平均出版周期不超过 90 天，最快的可以只用 3 周。另外我们社的质量保障体系也基本完备，出书质量在全行业范围内处于领先水平。

我们有一整套比较完备的、立体式的、有我们自身特点的市场营销推广模式。我们在评价市场营销能力时会用一些关键指标来衡量，比如品牌知名度、渠道覆盖率、核心客户的终端拥有人群、读者的黏度等，这都是我们独特的地方。

在数字出版方面，我们在行业里是处于领先水平的。从几个硬指标说起。首先，我们的信息化水平在全行业里处于遥遥领先的位置。2013 年，社科文献被授予"全国企业信息化工作先进集体"的称号，而且是出版行业中唯一获奖的单位。其他获奖的单位都是大集团。2014 年我们开始实现移动办公，并首次提出"智慧出版"的概念。其次，我们已经具备了数字出版的能力。所谓数字出版的能力，我认为是指传统出版社有自己开发的原创数据库，而且能够在全球实现销售的能力。就实现全球销售来说，只有少数几个出版社能够实现。而无论是皮书数据库、列国志数据库，还是我们陆续要推出的数据库都是由我们自己开发的、有着较高学术价值和应用价值的数据库产品，并已经或将会实现全球销售。最后，最为关键的一点是，我们已经找到了一个传统出版和数字出版相互融合的模式和机制，最典型的标志就是我们和宁夏大学合作的阿拉伯数据库。阿拉伯数据库实际上是一个互动性的研究平台，它基于我们提供的内容和技术之间的融合，为我们的使用者提供一个知识、学术服务和专业服务的平台。比如，国家提出了"一带一路"战略，那么我们完全可以基于我们的资源和数据库技术所形成的"一带一路"专题数据库，为那些决策者、企业和研究者提供精准的、专业的数据产品服务。而他们的研究成果又会反过来进入和丰富我们的数据库，为更多的人服务。这套商业模式，我们已经基本形成。

在国际出版领域，我们是起步比较早的。2006年以前主要是输出和引进版权，进行国际交流。到了2006年出现了一个重要的节点，包括两部分内容：第一就是我们和荷兰博睿学术出版社这个有着330多年历史的老牌学术出版机构建立起长期的合作关系，把我们的皮书产品同步翻译成适合全球推广的英文图书，包括电子书。以此为起点，我们逐步建立起国际分社，并形成强大的国际出版的能力。只是在国外办自己的出版社，搞自己的那套是没用的，根本形成不了国际话语权，进入不了西方发达国家的主流话语系统。我们通过这种与传统西方著名的学术出版机构进行合作的方式，直接形成了我们自己的国际学术话语权，直截了当地让我们把中国的故事、中国的声音，准确而且在我们自身的把控之下向全球推广。它产生的效应、作用和价值，我曾在自己的一篇文章中提到过，不只是对一家出版企业，实际上是对整个国家的话语体系建设，都有着重要的意义。中国的学术和软实力的提升已经形成了一套非常好的模式并开创了一条广阔的路径。

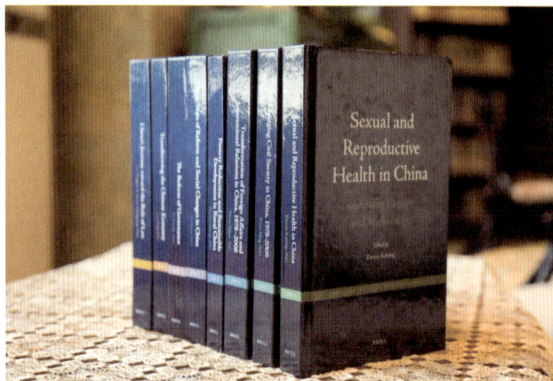

第二就是我们建立了一支队伍，这个队伍是面向全球范围的。我们的翻译队伍在全球范围内都有，同时，我们形成了自己的一套终审、终校的专家库。所以，我们可以做到的就是，国际学术市场需要什么样的有关中国的成果，我们就可以有意识地和这些著名学术出版机构合作，组织最佳、最有价值的成果然后推出来。所以，现在我们的国际合作已经实现了多语种转换，无论是英文还是俄文、日文、韩文等语种的合作出版我们基本都涉及了。这种国际合作的出版，每年大概有接近七八十种的规模，到2015年应该能突破100种。

我们从国际合作领域获取的收益已超过1000万元，而且不只是基于纸质图书进行合作，我们的数据库产品如皮书数据库，已经在北美、欧洲落地，哈佛大学、耶鲁大学、普林斯顿大学以及美国国家图书馆等都成了我们的用户。现在，皮书数据库已经成为世界了解当代中国最便捷、最及时、最准确，而且是公认的一个途径，成为讲中国故事的最好的窗口和平台。

这五大能力最后得以实现的关键还在于人才，其实出版行业里最关键的东西就是人才。所以，这些能力的获得，都是因为我们建立起了一套人才的吸纳、培养和评价体制，比如我们的编辑导师制度、培训制度、名编辑工程、博士后科研工作站以及我们在数字领域里的人才制度，都有可圈可点的地方。我们在数字出版领域和国际出版领域的人才培养都要利用特殊的手段。传统出版社一般都会受到文化和体制机制的约束，往往这些人才进社后都会面临水土不服的情况。首先，他们原来所属行业对他们的薪酬定价是有一套标准的，要吸纳 IT 领域里的高端技术人才，就要给他更高的报酬。但问题来了，这个薪酬标准没法和我们社里原有的骨干人才对接。其次，他们开始并不了解在知识生产领域里，特别是在学术出版领域中怎么与技术相结合。所以，这些年我们也付了很多学费，才形成今天的人才培养模式。他们必须能在逐渐认同我们的企业文化基础上，在我们的培养下，通过自己的摸索慢慢地发挥与施展才华。我们终于在人才培养上摸索出了一系列自己的制度和机制。

皮书那些你不知道的事儿

谢寿光

皮书和社会科学文献出版社结缘是有偶然因素的。皮书最早起步在20世纪80年代末，准确说是1990年。1990年江泽民总书记在中南海请一批社科院的著名学者召开座谈会，这次座谈会开得非常热烈，本来安排了半天，结果谈了一整天。这次会议上，著名经济学家李京文、刘国光和当时社科院的常务副院长王洛林提出，与改革开放十几年的经济态势相比较，当年的 GDP 增长已经下滑到 6% 了，处于下行的状态。在中国经济处于治理整顿期的形势下，中央需要对宏观经济进行分析和预测，经济学家要为宏观经济决策服务。在这次座谈会之后，刘国光、李京文这些著名的经济学家就给中央写信，建议根据 80 年代初期中国社科院数量经济与技术经济研究所通过诺贝尔经济学奖得主克莱因和一个华人经济学家刘遵义的推荐，而采用的通过建立数量经济模型的方式对经济波动进行分析和预测的方法，来对全国的经济进行分析和预测。

这个报告得到了李鹏总理的批示，他表示全力支持，并且从总理基金中每年拿出 50 万元人民币给予研究资助。当时的 50 万元是很大的一笔数字，按照不变价格测算的话，相当于今天的 500 万元都不止。1990 年的秋季，就召开了第一次经济形势分析座谈会，根据预测的结果和座谈会的现场讨论成果形成了一本书。这本书当年没有正式出版，就用一个蓝色的封面裹在一起，称之为"蓝皮书"，因为是经济方向的，就叫作"经济蓝皮书"。我相信主编和经济学家们并没有自觉意识到当时所谓的"蓝皮书"会是一

种新的出版形态。

第二年，也就是1991年，蓝皮书开始正式出版。1992年，社科院社会学所所长陆学艺组织了社科院现任副院长李培林、现任欧洲所所长黄平，试图编一本《社会蓝皮书》，因为他们认为，经济形势需要分析和预测，社会形势也同样需要。这个想法得到了当时主管科研的副院长汝信同志的支持。社科院立即组织课题组，每年给予10万元的支持。1992年《社会蓝皮书》出版。到1996年，先后有了《世界经济黄皮书》和《农村绿皮书》。为什么叫作黄皮书呢？因为当时世经政所的所长，同时也是这本书的主编，说中国经济用蓝色的，那世界经济我就用黄色。所以，皮书颜色的选择有时候也是个人意志。农村绿皮书用绿色，而不是黄色，就是因为农村带有可持续发展的意义，就用了绿色。

一直到90年代中期，由于市场反响一般，原来的出版社对皮书的出版就是有一搭无一搭，时间不正常，出版也不规范，库房里存在大量的积压。当时的数量经济与技术经济研究所所长、《经济蓝皮书》主编之一李京文院士说我不想再补贴这个出版社了，没有补贴，出版社也就不出了。所以，以前和我们有过合作的数技经所编辑部主任李富强就找了我们的老社长，老社长碍于面子就接了下来，但是虽然接了下来，他自己也不知道该怎么做。

所以，那一年，出版社找来了一个广东的名叫王胜华的书商。王胜华完全用民营书商的眼光来做这本书，改了宣传口号，加了个腰封，书名

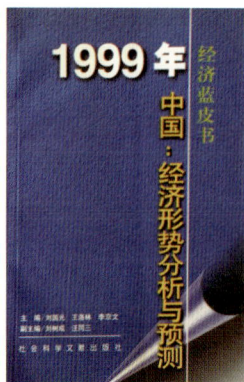

（《1997：中国经济形势分析与预测》）突出"1997：中国经济"，一炮打响，发行了4万册，不仅书商挣钱了，出版社拿了书号钱，作者方原创单位也拿到了稿费，还没有出补贴。后来我来到社里，第一个主意就是要找准方向，按专业化、市场化方式来运作。为什么呢？首先，因为我和陆学艺所长天然的师生情分，1992年《社会蓝皮书》从酝酿到出版我一直参与讨论，对这种年度报告类图书的认识很深刻；其次，我接触类似的这种报告比较早，像《世界银行发展报告》，对这种产品模式还是有着自觉意识的。当时我就意识到，必须以规模化、系列化为方向，以制造市场效应为出发点。

1997年的冬天，我就和那个书商说，蓝皮书你可以参与发行，但是对它的编辑和主导权，由出版社来负责。当时我们老社长还没退，他看到这种形势心里特别打鼓。那是在1998年，我选择了当时最好的纸张，开本由小32开变为大32开；还请现在的设计总监孙元明按照做品牌的角度做设计；我们把时间的节点把握好，做市场化、品牌化的宣传和推广，让书商参与发行。结果，1998年的经济蓝皮书我们总共发了3.8万册，社会蓝皮书2.2万册，一把就挣钱了，这让我们信心大增。

1999年，我们在蓝皮书的基础上紧接着就做了《农村绿皮书》《世界经济黄皮书》，这就容易形成品牌效应。当时我就觉得要做大规模的推广和宣传，比如发布会，这个从《经济蓝皮书》开始就有了，而且在以后也是必须坚持的。那时候请记者和开发布会都是要花钱的，而且即使花钱了也并不容易做好，但实践证明，最后产生的市场效益还是很不错的。我们还开了图书在公交车上做广告的先河。那是在1999年，我根据皮书读者对象的特点，选择了四条公交线路投放广告。因为皮书对大众读者来说毫无吸引力，白送他们也未必要，但是对于专业人士和决策者来说却非常有意义。因此，我选择的44路是沿着二环路转的，320路是要经过国家发改委、三里河到中关村的，9路经过人民日报社。在4条公交线车身上做广告，做了3个月的时间，共花了19.8万元，那个时候19.8万元可不是一笔小钱啊！

随着影响力的增大，皮书品种也在不断增加。到了2002年，我和许春山第一次到日本参加东京书展。在大街上走的时候，好多商店门口有人派发面巾纸广告，面巾纸封面上，有的做的是新杂志发行的广告，也有其他产品的广告。我一下子受到了启发，何不用面巾纸作为广告载体？我让出版部去找能提供面巾纸广告的企业，最后广东一家生产高质量面巾纸的企业，在我们定制的面巾纸上印上了我们皮书的标识。那么面巾纸派发到哪儿呢？我们找人到京西宾馆、西单图书大厦、王府井门口发放，然后到中央党校发放。同时我们开始设计用扑克牌做广告，2002年就推出了皮书的扑克牌，《经济蓝皮书》大猫就是那个时候形成的。之后我们的宣传推广就慢慢发展到了今天这种模式，像皮书年历本、皮书水、皮书伞等等，这就是系列推广了。

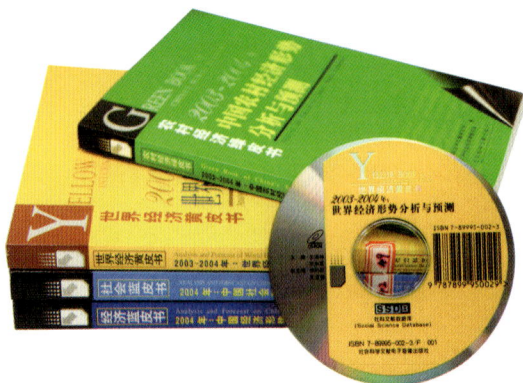

通过我们的带动，在 1999 年的时候国内很多出版机构、研究机构就已经把紫皮书、蓝皮书、绿皮书、灰皮书等等都出版了，泡沫现象随之产生，开始引起媒体的关注，因为抄袭和不规范的运作确实太多了。所以，我们社 2000 年在葫芦岛与辽宁省社科院召开了第一次皮书年会，这次会议就是为了规范皮书的原创，研讨维护这个品牌的举措。之后的每一届皮书年会，我们都有一套独特的组织方式，而且有着特有的主题，现在皮书年会本身也形成品牌了。

"皮书"这个概念，最早就是因为有了"蓝皮书""绿皮书""黄皮书"之后，大家觉得很绕口，后来内部就形成了"皮书"这种工作语言。编辑们叫开了以后，媒体也就开始使用这个概念，当时还带引号的。在 2003 年第四次皮书年会上，我就开始对皮书下定义。到 2005 年，在郑州召开的第六次皮书年会上，就有了现在的这种经典表述了，即皮书是一种以年度为时间单元，关于某一门类、地域或领域的社会科学资讯类连续出版物。

到了今天，皮书研创变成了智库建设的主要抓手，已经自觉成为智库产品聚合。2003 年，我们开始在皮书上附带光盘，开启皮书数字化的历程。皮书为什么要带光盘呢？是因为当时有一件事情给了我刺激。北京电视台有一次播新闻，说北图抓了几个撕书偷书的农民工，后来电视上澄清那本书是《城市竞争力报告》，是因为有公司收购书里面的数据部分，一页五毛钱，才会有农民工想撕了卖钱。当时我就自觉意识到，我们皮书里的大量数据是可以为研究者提供准确服务的，而且一定要让它变成数字化的东西，方便使用。说来也巧，有一次，我们社会政法分社社长王绯的弟弟王宏源，从 IBM 辞职回国创业，最初的时候就是为台湾代理一个高速扫描整理成数据的产品，这个产品包含着若干项专利技术，同时，这个产品还带有一个阅读平台，可以自动累加信息。我说你这种技术可以安装使用在我的皮书上。

2003 年是使用这种技术的第一年，我说我们实验一下，在不加密的情况下，看看光盘对纸质书的销售会不会有影响。后来我们经过调查获知，清华大学的研究生把这个光盘放在校园网上去了，使用者很多，对纸质图书的销量真的产生了影响。所以，从 2004 年开始我们就对这个光盘进行加密，买了书再附赠光盘让你下载使用。第一次不加密，就是作为实验，培养大家的使用习惯。2004 年我们开始同步做了第一期皮书数据库。当时我们把历史上所有出过的、能搜集到的，包括不在我社出版的各类皮书，只要他们愿意，都放到了我们的皮书数据库里。我们做的第一期不是全文检索，是图形文献检索，而且只能检索到篇章，不能做全文检索。2009 年在深圳文博会上我们正式发布了皮书数据库第一版。后来开始做第二版，就是可以进行全文检索的网络版，但只是体验，因为当时的投入有限。2014 年皮书数据库第三版正式发布，无论从用户体验还是内容的数据量上来说，它都已经可以作为一个比较成熟的数据库产品。现在我们通过美国一家叫"东方瞭望"的公司代理在北美和欧洲的销售，无论是哈佛大学、普林斯顿大学、耶鲁大学、哥伦比亚大学、美国国会图书馆还是美国外交政策委员会，这些著名的高校和智库都已经开始订阅我们的数据库产品。而且在2015年的美国亚洲年会上，在我们和这些海外图书馆、学者们的交流中，皮书数据库得到了认同。现在，在国内，皮书数据库已经有了上千家的使用单位。我可以预期，皮书数据库下一步的发展，就正如在2011年在京西宾馆召开的皮书年会上，当时新闻出版总署副署长邬书林提出的那样：我们要有气魄，以标准普尔这样的企业为方向和目标，努力作能打造出中国指数的企业。未来我们会成为当代中国最重要的智库产品的整合平台，成为最主要的关于当代中国的经过筛选整理过的数据服务来源和服务商。

我们的皮书由原来单本的纸质书，变成为每一个需求者提供专业的智库产品服务的平台，所以才会有"一带一路"专题数据库这样的产品。接下来我们可以给每个个人、机构提供定制服务。随着数据库的使用量越来越大，使用越来越普遍，每一篇报告在后台统计出来的被检索、下载、转引的数据将会成为对每一篇研究报告和文章的评价依据。每一篇报告都用这种客观的指标，再结合同行专家的评价，就会形成我们对皮书这一类产品相当客观、公正、科学的评价体系。我们在后台对所有入库的文章进行数据分析，就可以得到这篇文章的社会影响力、媒体影响力、学术影响力

的量化分析结果。最后我们会像 SSCI 那样，变成一个标准，只有能进皮书数据库的研究报告，才是一篇合格的研究报告。现在其实已经可以对当年出版甚至若干年前出版的研究报告的下载点击量进行数据抓取和分析了。因为皮书数据库成了一个智库产品交流和推送的著名平台，最终就会吸纳非常多的研究成果和智库的成果在这个平台上进行发布。所以我说，它开创了一个新出版形态，也是为向现代出版转型搭建起了一个最主要的平台。

在皮书为决策而产生的这些服务还有它形成的影响力背后，有很多故事。我记得有一年《经济蓝皮书》发布，直接影响了香港股指。还有一本很不起眼的叫作《杜仲产业绿皮书》的皮书发布（杜仲是一种可以提炼杜仲胶并且品质优于橡胶的植物），第二天沪深两市橡胶板块全面大涨，成为影响决策的一个重要的手段。关于安徽我们出过一部《合肥经济圈蓝皮书》，最后形成皖江经济带、长江中游城市群进入国家决策层面。往往学者的研究成果会通过皮书的发布而形成社会舆论，然后引起决策部门的高度关注，这就形成了一个因果链条。

每一本皮书都有它自身的故事，有的是非常生动的。比如说，我们今天政府的采购规范、透明，和前几年我们出版的一本《法治蓝皮书》有相当大的关系。《法治蓝皮书》发布了政府采购的调研报告，将不当的采购行为加以披露，形成了巨大的社会舆论压力，带动政府改进决策和服务，而政府采购的规则又推动了我们的法治以及依法治理的进程。现在政府网

站的透明度，国务院已经正式发文将其作为一种考核政府的执政业绩指标，而政府网站透明度的问题最初就是《法治蓝皮书》披露出来的。

2008年全球金融危机爆发以后，当时政府最担心的问题是农民工返乡就业的问题。而那一年我们的《社会蓝皮书》预测，农民工的返乡问题不会成为问题，而真正的问题是大学生就业。这引起了国务院常务会议的高度关注，采取了一系列的措施来缓解大学生的就业问题。《社会蓝皮书》曾经发布出高校扩招以后，大学校园的扩张负债率超过2500亿元人民币，这也引起中央的高度重视，马上着手采取措施解决。这些都应当说是皮书本身所带来的决策影响力。

列国志的渊源

谢寿光

列国志这个产品最早起步于什么？其实，中国了解世界最早是从魏源的《海国图志》开始的。然后在很长一段时间里，出版业曾对介绍世界各国的状况做过一些努力，比如商务印书馆出过有关各国的概况，中国社会科学出版社也出过大本的各国概况，但出版社普遍遇到的问题是出不全，只有部分的国家。最早正式提出"列国志"动议的是社科院的前院长、著名历史学家胡绳。1993年他提出要中国社科院组织编纂《国际大百科全书》和"列国志"。先起步的是《国际大百科全书》，这本书后来中国社会科学出版社花了十几年时间终于出版。

而"列国志"的动议在1993年提出以后就没有了动静。我来到社会科学文献出版社以后，1998年就找了时任中国社科院科研局局长、现任中央党校副校长的黄浩涛。对于怎么去落实胡老的"列国志"设想以及它的价值和意义，我用一句话就把他打动了。当时我们社科院国际学科好多所都在进行国别研究，在中国是最集中研究国别人才的机构，而研究有些冷僻国家的一些研究者因长期得不到课题，致使很多人才都流失了。我说通过研究"列国志"的系列课题，起码可以把这批队伍留下。果然，从这个角度说动了他。他说你写方案，起草报告。

我随即起草报告。过了几个月，时任社科院院长李铁映同志就批示"列国志"项目要上马，而且请主管我们出版社的、也是当时主管社科院国际片的陈佳贵副院长担任编委会主任，所以我们就争取在院里立项。在此之

前，我在中国大百科全书出版社的时候，时任中国大百科全书出版社总编辑徐惟诚也意识到"列国志"这类书的价值，让我给一个介绍各国概况、一国一本的系列丛书提方案。我说中国社科院胡绳院长那边也在计划做这个项目，他也有能力去做。但徐总那时候说两个项目思路不同，坚持要做。他找人到一家家使馆请他们提供资料然后撰写，但实践证明难度非常大，通过使馆来完成这件事是个不可能完成的任务。因此，通过院里立项来完成项目，是可行性更强的一个方案。1999 年列国志项目正式上马。2007 年，历时将近 10 年的时间，我们把列国志出齐了，后来又做了精装版。

列国志在社会上产生了巨大的影响。我们党和国家领导人、各个部委领导出访时对出访国家的了解基本上都是靠这套丛书。因为它和一般的旅游读物不一样，它是全面介绍这个国家的历史和现状、而且是对这些国家做深度分析的读物。

正是因为列国志的价值，它本身的内容就需要不断地进行更新。所以，我们启动了列国志数据库，2014 年已经正式上线了，再版纸质图书也同步启动。列国志已经变成了面对世界最重要、最权威的参考工具书，成为融合出版的经典产品和案例。

中国史话的由来

谢寿光

"中国史话"最早的动议也是源自于原社科院院长胡绳同志。20 世纪 90 年代中期，为了普及中国历史知识，社科院专家们掀起了一股叫"大家小书"的风潮。1996 年，中国社科院组织了两套书，一套叫作"中华文明史话"，一套叫作"中华百年史话"，系列中的每本书都不超过 10 万字，所以都是些"小书"。当时我还在中国大百科全书出版社。大家都知道这种书不一定赚钱，就问我愿不愿意出。当时"中华文明史话"已经成稿了，我就接下了。每套书都是找著名的装帧大师做的。等我离开"大百科"的时候，这套书也接近尾声。"大百科"出版了这套书，但影响力并不怎么大，算是不赚不赔吧。

1997 年，我来到社科文献，"中华百年史话"也完稿了。我认为没有理由再让"大百科"出了，就提出在我们社出，由现任总编辑杨群这位做历史研究的同志来抓。这套书出版的时候已到了 2000 年，已经有了 100 本。按单本出，就得申请 100 个书号，但是当时书号限制得太紧，我们全年也才不到 200 个书号，就把这 100 本书分了四集，用了 4 个书号出版。但是这种出版方法，不能使每本书都能面对单本书需求的读者，因此，销量受到了严重的限制，社会影响力非常差。到了我们 2010 年转企以后，新闻出版总署对我们不再有书号的限制，我就希望这套书重新发挥作用，让每本书都可以拥有一个书号单独发行。就把过去的这两套史话整合了一下，同时又另外组了 30 多套书稿，形成另外一套丛书，叫作"中国史话"。

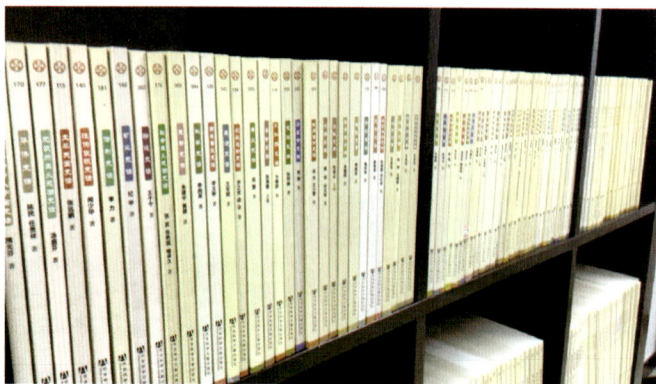

　　我最初的目的是利用这套已经出版了的书，使用最低的成本，发挥最大的效益。社里也是做了很多的投入，重新把错漏的地方进行校正。但编辑们只是作为一种任务来完成，只有我自己是带着目的的。后来就形成了这 200 本中国史话，而且申请了国家"十二五"重点出版规划项目。所以，2011 年，也就是"十二五"规划头一年，我们以单本书的形式，整体推出，一炮打响，不但得到了高度的肯定，还形成了巨大的社会影响力。

　　之后，我就自觉地去考察，比如法国一家出版社的"128 丛书"、巴黎政治学院的"公民丛书"等的出版模式；还有日本的岩波书店、讲谈社，他们每年都出好几百本系列书，并称这些书为"新书"，实际上就是指一种新的出版形态，就是把有关的内容资源进行整合，通过最通俗的方式服务于社会大众。所以，这次 200 本系列史书的成功让我们开始意识到，必须要把优质的资源利用好，为社会普通读者提供高质量的历史知识服务。我们要把有关中国内容的、面向社会大众的而且是专业的研究者所著的作品进行最大程度的整合和利用，将来可以把其做成纸质的，也可以做成手机版的、图像版的，这样就形成了一个巨大的内容资源库。"中国史话"这套出版物就开创了一个这样的平台，把现有的优秀的通俗类史话小书进行整合，并进行多样化利用，形成我们社自身的一个出版特色，并以这种特色服务于整个社会。

市场部和人力资源部的成立

胡鹏光

2000 年我来社会科学文献出版社的时候，社里只有编辑部、发行部、总编室和网络出版中心，没有市场部。但是当时皮书的影响已经越来越大了，如果想要有进一步的发展，营销一定要跟上去，而营销很重要的就是做宣传。谢社长为了做宣传，推出了很多花样，比如在 44 路、9 路和 320 路公交车上做广告，弄纸巾、扑克牌，但随着我们社产品的发展，这些宣传的事越来越需要有一个部门去专门负责，与媒体联系，同时兼顾一些宣传产品的设计和制作。

但是成立市场部也面临着很多分歧。记得我刚来的时候，就讨论是否建立市场部，但大家的意见很不一致，有些人认为市场部是只会往外扔钱但不产生效益的部门。但谢社长还是耐心地给大家做工作，最后还是坚持建立了市场部。

2002 年，市场部就这样应运而生了。王绯是第一任市场部主任。社科文献搬迁到先晓胡同之后，市场部就已经壮大了，有自己专门的队伍，人员也增加了。这个时候包括发布会的组织、宣传产品的设计等都慢慢地走向正轨。到现在，市场部已经更大了，仅发布会的场次达到了每年 100 余场。

人力资源部是 2004 年成立的。在这之前人事工作一直由张星负责，一年招聘几个人。2003 年的招聘工作是由我组织的。那一年进了 11 个同志，包括蔡继辉、祝得彬和薛铭洁。经过十几年的历练，他们一个个都成长起来了，都是社里的骨干，有的还走上了重要领导岗位。

2003 年一下子进来这么多的学生，社里就有一百人左右的规模了。这个时候的人员管理，还按照机关人事处的办法根本不行了。因为人力资源管理有自己的一套规则、工作流程和工作内容，这个时候没有专业的机构，就靠一个人在管，不仅精力达不到，知识结构也不够，所以工作质量也很难保证。因此，2004 年经谢社长提议，成立了人力资源部。

　　人力资源部最开始由我来兼任主任，社科院近代史所科研处副处长刘红调到我们社做人力资源部副主任。2004 年 10 月，谢炜来了。但当时他来的时候我心里其实是没有底的，因为做人事工作对于一个 1981 年出生的、才 20 多岁的人来说实在太年轻了。后来正好赶上社科院有个活动要往上边递送材料，谢炜就写了个材料。我一看，思路、套路都很对，心中暗喜，就开始带谢炜了。

　　到了 2005 年 1 月，刘红老师就回到社科院去了。于是我就领着谢炜，带着两个刚招进来的姑娘干了起来。员工培训、薪酬体系、员工考核陆续开始建立并逐步走向正轨。员工的档案管理和招聘也逐步成体系起来。

　　有一点我经常告诫给做人力资源的同事，做人事工作，心眼就得正。我曾经题了一幅毛笔字，送给他们一句部训或者叫作告诫的话："热情、周到、公正——为每一个员工成功服务"，到现在还挂在谢炜办公室的墙上。

　　我认为人事工作能做到这几点，肯定就不成问题了。而且我还跟他们讲，做人力资源工作的同志，一定不要怕别人超过你们、比你们进步更快，要有胸怀，在此基础上缜密和热情，为每一个员工的成功服务。为每一个员工成功服务的背后隐藏着巨大的人力资源积累，其实并不容易。所以我们的人事工作者也要不断努力。今天为什么社里的氛围年轻人感觉还不错？我觉得与我们人力资源部一直秉承的理念有很大关系。当然，与我们其他的一些惠及员工的政策也有关，谢社长很为员工着想。

现在人力资源部的队伍壮大了，队伍的素质也大大提高了。人力资源部走到今天，做得有模有样、风生水起的，很不容易，真为他们感到高兴！

2005年，
社科文献经营管理机制改革

胡鹏光

2004年年底社会科学文献出版社开始正式推行事业部制改革，酝酿着未来会按照绩效考核部门的效益。

改革之前，我们的工资体系总的来说是"大锅饭"制，职工无论干多干少，干好干坏，都不大会影响收入。谢社长上任后，曾一度想打破这种"大锅饭"的体制，希望能按需设岗、按岗设级、以岗定薪。

于是，2001年，谢社长带着我们领导班子的几位同志，到国家机关工委的绿化基地去讨论方案，让大家无论如何也要拿出一个初步的改革方案来，这个方案就是要打破"大锅饭"，体现多劳多得。我们就在那里的一个房间里封闭讨论，分门别类，一个一个地设岗、定任务、定薪酬。记得那个时候班子成员好多人都抽烟，整个房间搞得烟熏火燎的，一开门，恨不得就能着了一样。最后，终于弄出来一个方案。

方案一出来，遭到了很多人的反对，他们认为这个方案是把人分三六九等，再加上当时全国文化单位改制的形势还不明朗，方案没有能够颁布和实施。

这样一来，我们的改制工作等于又回到了原点。但是谢社长一直都没放弃，不断地思考。到了2004年"静之湖会议"，他就正式提出了体制机制改革的设想，还提出了要搞"上岗方案"。这次会议等于给全体员工吹了阵劲风。当时全国的大环境就是转企改制、体制机制转变。

"静之湖会议"后，谢社长找我，让我研究研究这件事。于是，我就开始关注这个问题。我查阅了一些资料，发现我们社员工的分配的确存在一定问题，比如一线编辑同志的工资，个别的还没有后勤人员高。后来我就去找谢社长,说必须改!他说:"怎么样老胡,我早就说了嘛!不改的话,一线员工没有积极性。这件事交给你了!你设计个上岗协议,再设计个改革方案。2005 年我们就按照新的方案正式实行。"

在这个背景下,当年 12 月,大家都去海南休假了,我就领着谢炜在家里开始设计方案,测算每一个岗到底多少收入合适等细节问题。现在的每一千字 12.5 元怎么出来的?就是根据我们当时的测算演化过来的。我不熟悉计算机操作,就让谢炜开始先试着写写。谢炜当时刚来社里,对企业情况不熟,双休日回去写方案,结果星期一回来,只写了两行字。就这样,我们爷儿俩愣是在办公室算啊算,从大框架、指导思想到原则、细则,方案就这么一步步出来了。从此,我们社就有了第一个改革方案,是完全量化可控的方案。后来就成了谢社长概括的"量化管理、绩效考核、成本包干、部门核算"的十六字方针。

一改革立马就变了。2004 年我们大概出了 200 多个品种的图书,2005 年就翻了一番——400 个品种,速度上来了,规模也上来了,队伍各方面都上来了。当时的网络中心主任于晓伦亲口跟我说,真是挺怪的,人还是那些人,但是工作成果却产生这么大的不同,这体制机制一变,把人的能量一下子都释放出来了!

上岗方案走到现在快 10 年了,一年一个上岗方案。可以说,社科文献现在的运行机制是从 2005 年年初一直走过来的。虽然每年的具体内容会有所不同,但大的思想和框架就是那个时候过来的。

绿坞和蓝厅的由来

胡鹏光

谢社长眼界比较开阔，他到处走到处看，处处留心。在行走的过程中，他深刻感受到一个文化出版单位需要有一个非常好的场地（用学术用语称之为公共空间）来让编辑与作者进行沟通，也让员工有一个不错的休息场所。如果场地允许，他恨不得再办个书店才好。这个场所的存在，不仅能使人的素养得到提高，另一方面也可以净化自己，升华自己。谢社长很早就有这个想法了。所以当时买了这个房子之后，他就跟分管装修和设计的同事下了指示：一定要辟出一个地儿，作为专门给员工和作者进行沟通的场地，再怎么困难也要挤出来。

2004 年开始买房的时候，我们选了华龙大厦 15 层。但是因为建筑商迟迟没有给房，到了 2009 年才交房，5 年的时间让我们又有机会再买了一层，就是华龙大厦 13 层。从此，我们就开辟出了绿坞和蓝厅两块儿地。这在先晓胡同是根本没办法实现的。那时，我们开会要借院里的学术报告厅，培训要到单位旁边的跷脚牛肉馆去借地方。有了蓝厅、绿坞，我们终于有了开会的地方，虽然不是很大，但开个六七十人的中型会议，甚至是开发布会都可以。绿坞和蓝厅对社科文献很有意义。

有了这两个场所还得给它命名。当时是发动大家来命名的。这几个厅的名字，王绯老师的贡献不小。她当时基于我们的绿皮书、蓝皮书、黄皮书的"绿""蓝""黄"三种颜色出发，取了"绿坞"和"蓝厅"两个名字，顺着这个思路，大伙儿又给金鼎取了一个规避掉"黄"的名字，取名"金鼎"。

绿坞的装修风格非常清新淡雅，现在也在不断地扩大，也有了贵宾室，经过不断地改造，真正成了员工休息的好地方。绿坞在社内外的口碑都非常好，好多员工都很愿意去，现在又开始卖早餐了，还给大家提供一系列的其他服务。

　　蓝厅也有自己的特色，大的背景板体现了社科文献的蓝皮书的蓝。蓝厅经过进一步的改造，相信会更好。我到外交部参加发布会，才知道外交部的新闻发布厅也叫"蓝厅"。不知道是谁模仿的谁。不管怎样，外交部的蓝厅做的是外交发布，我们做的是社科文献发布，都很不错，都很大气。

光阴荏苒，十年风雨同舟 *

——社会科学文献出版社创业十周年

沈恒炎

社会科学文献出版社自 1985 年 10 月 3 日正式建立以来，至今已整整 10 年了。在院领导的亲切关怀和支持下，在出版社全体同仁共同努力下，出版社有了一定的发展，取得了社会效益和经济效益的双丰收！

回忆起建社初期的战斗岁月和艰苦的工作条件，每个出版社同仁都记忆犹新。在一无资金、二缺少工作人员的条件下，出版社同仁硬是白手起家把社科文献办起来了。近几年已达到每年出书 150 多种的出版水平，而且绝大部分是学术著作，为解决我院研究人员出书难的问题做出了自己的贡献！每想到这一点，出版社同仁都会感到由衷的高兴。

为了提高出版社人员的素质，加强队伍建设，近两年来，我社结合学习邓小平同志建设有中国特色社会主义的理论，进一步开展了遵守国家法律和出版法规的学习，提高了我社员工自我学习、自我教育的自觉性。通过学习，出版社同仁在政治思想方面提高了一大步。大家认识到，出版工作是党的事业，不是一般的企业部门，不能单纯地考虑经济效益，更重要的是社会效益。出版工作是党的宣传工具，是宣传群众、组织群众的重要一环，出版工作搞得好坏，直接关系到社会主义革命和社会主义建设。因此，

---

* 此文为社会科学文献出版社第一任社长沈恒炎同志在 1995 年社科文献建社 10 周年时的讲话。

加强出版工作队伍的建设，多出好书，也就是为社会主义物质文明和精神文明建设服务。

近年来出版社出版的主要是社会科学理论和有关文献资料方面的图书。在政治书籍方面，我们出版了《毛泽东对马克思主义发展的贡献》《中国共产党与中国社会科学》《邓小平特区建设思想研究》等书。《邓小平特区建设思想研究》这部著作是在召开学术研究的基础上，组织了全国这方面有研究的专家学者撰写的，这部著作的出版，《人民日报》《光明日报》均在头版进行了报道，还上了中央电视台《新闻联播》节目。为了宣传和研究邓小平同志建设有中国特色社会主义的思想，我们还出版了《特色论》和《换脑筋》等著作。这两部著作出版后，《人民日报》《光明日报》《北京日报》等10多家报刊和香港《大公报》等报刊进行了广泛报道。《香港文学报》还发表了评论员的长篇文章。此外，我院接受上级领导出题并组织撰写的《当代资本主义》一书，也由我社出版，该书出版后，受到学术界的好评。为了结合苏联问题研究和学习，我社出版了我院前副院长江流主编的《苏联剧变研究》、卢之超主编的《关于斯大林问题的再认识》，也都受到了读者的好评。为了和日本学者进行论战，我社1994年出版了有关钓鱼列岛的归属问题的专著《甲午战前钓鱼列屿归属考——兼质日本奥原敏雄诸教授》一书，受到舆论界的关注，《光明日报》等予以介绍。日本学者不断对钓鱼岛的归属问题发表文章，在这方面我国学术界一直没有针锋相对予以批驳。我社出版的这部专著，是20多年来第一本比较系统、全面地进行论述钓鱼岛自古以来就是中国领土的历史事实的作品。

在语言学专著方面，尤其是方言研究著作，不仅出版成本高，排版难度大，而且出版后销售有限，很多出版社不愿意出版。为了解决这方面的出书难的问题，我们接受了语言所众多方言研究专著的出版业务，先后出版了《江永方言研究》、《嘉定方言研究》、《福清方言研究》、《博山方言研究》、《舟山方言研究》、《洛阳方言研究》、《黎川方言研究》、《泉州方言研究》和《阳曲方言研究》等专著。此外，我们还出版了语言所研究人员的研究成果《唐代诗词语词典故词典》、《金瓶梅俚俗难词解》和《面向声学语音的普通话语音合成技术》等著作，虽然出版社为出版这些著作支付了大量资金，但为语言研究者排忧解难，解决了出书难的问题，受到了研究工作者和广大读者的欢迎，出版社因此也得到了社会效益。中国新闻社在播发的《泉州市方言志》出版的新闻稿中（《中国新闻》第13183期，1993年12月14日）指出："《泉州市方言志》汲取古人和今人的研究成果，又深入调查了辖区现行方言的状况，它的编成出版，标志着泉州方言的研究达到了一个新的阶段。"这套方言专著，1994年3月底在台北举行的"1994年中国大陆书展"中展出，受到台湾读者的欢迎。

在文史方面，为了纪念郭沫若、冯至、唐弢等我国著名学者，我社出版了《郭沫若诞辰一百周年纪念文集》《冯至纪念文集》《唐弢纪念文集》。

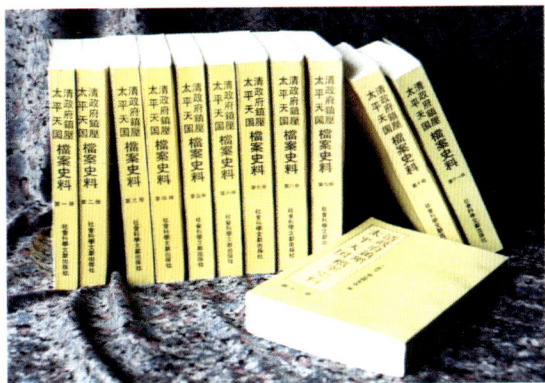

1989年4月，我社出版了反映"老三届"知青生活的纪实文学《狂风乍起》一书，印行4万册，受到广大读者的欢迎和舆论界的关注。《文艺报》《光明日报》《北京晚报》等10多种报刊发表评介文章。香港《大公报》也为此发了特稿《一首献给"老三届"的歌》。1991年8月，我社出版了反映新中国成立前夕东直门中学（原北京女二中）迎接新中国成立的纪实文学《群芳初蕾》一书，为此还专门召开了座谈会，著名作家王蒙和八一电影制片厂导演师伟等参加了座谈会。

长期以来，我国文艺界重史轻论或扬论非史的矛盾一直没有得到很好的解决。我院文学研究所承担的国家哲学社会科学科研项目——《文学原理—发展论》（钱文）、《文学原理—创作论》（杜书瀛）和《文学原理—作品论》（王春元）三部专著较好地解决了这一矛盾。这部专著由我社出版后，受到了文艺理论界的好评。《人民日报》《光明日报》《文艺研究》《文艺学习》《文艺月刊》《学术论丛》等报刊发表了多篇长文进行评介，上海等地文艺界还专门为此召开了多次学术讨论会。讨论中认为，过去出版过多种文艺概论，对于阐述马克思主义文学思想方面起过积极的作用，但是对具体的文学现象论述不够，在文学批评方面缺乏鲜明的个性和独创性。这部《文学原理》的出版有很大突破。

为了给史学工作者，特别是太平天国研究者提供一套系统的研究资料，我社和中国第一历史档案馆合作，编辑出版了一套大型的古籍文献史料汇编《清政府镇压太平天国档案史料》。全书约 1500 万字以上，分为 26 辑出版，目前已出版 16 辑，估计共约需 6 年时间出齐。该书内容极其广泛丰富，涉及清朝道光、咸丰、同治时期的政治、军事、经济、外交等方面的新史料，编纂任务相当繁重，需要阅读大量的原始资料。这部史料的出版，是研究太平天国史、中国近代史、军事史和地方史的必备参考文献，具有重要的史料价值。此外，我们还出版了研究太平天国的专家王庆成研究员的《太平天国的文献和历史——海外新文献刊布和文献史事研究》一书。

为了配合孔子诞辰 2545 年和相关的国际学术讨论会，我社出版了《孔孟荀之比较》（中日韩越学术讨论）和《明清实学简史》两书，并作为大会参考书在会上分发。为了进一步探讨儒学与现时代的关系，我社还组织出版了《儒学与现代化》一书。

我社是以侧重介绍国外社会科学理论发展的专业出版社，我们先后出版了《历史唯物主义的发展趋势》《政抬经济学争论问题》《当代西方社会科学》《扑朔迷离的游戏——后现代哲学思想研究》《当代全球问题》《国外学者论人和人道主义》等。

马克思主义的研究著作是我社出版的重点。出版社一成立即组织中央编译局翻译出版《当代马克思列宁主义哲学》（上、下册）一书。此后，我社出版了多种中外学者的专著，如《马克思的理论和方法论中的系统论原则》《马克思社会思想史纲》。为了配合马克思主义的学习与研究，我们还出版了《黑格尔与哲学史》《理性的历史——德国古典哲学关于历史的思考》《建构与范导》等著作。

在国外研究方面，我社还出版了《当代西方思潮》《当代欧洲人的价值观念》《第二次世界大战风云录》《苏联文学的最后七年》等等。此外，我社还出版了苏联著名学者齐赫文斯基的《我的一生与中国》以及我国学者撰写的《肖洛霍夫的艺术世界》等。

在经济方面，我社出版了三卷本《经济发展改革与政策》和《体制转换中的中国工业生产率》等书；在法学方面，出版了《国际环境法导论》《宪法学基本理论》等。

在文献资料方面，我社出版了《全国社会事业十年规划和第八个五年计划》《世界社科机构指南》《世界中国学家名录》《中国社会科学学位论文提要》《南社文献资料丛书》《中国文学年鉴》等。

上述出版的图书，一般均印行1000~2000册，从经济效益来说，很多书都是亏本书，如果没有院里出版基金的资助和出版社本身的补贴，这些著作都很难出版。我们出版这些图书，为"出书难"问题做出了贡献，更重要的是繁荣了图书市场，加强了学术交流，这对建设社会主义精神文明是有帮助的。我社出版的《新编实用汉语词典》，1994年获首届国家辞书奖。另外，新闻出版署主办的"泛达杯"法律图书评奖，我社出版的《中国劳改学大辞典》和《中国人大制度》两本图书获奖。这既是对我们工作的肯定，也是对我们同仁的鞭策和鼓励。

我社声像部自建立以来，尚未很好开展工作。1994年与吉林市满族文化研究会合作制作《中国满族萨满祭祀》（十盘），在声像方面发展天地广阔，有声读物、电子出版物、光盘等都需要不断探索和拓展。

我社自1985年成立以来，为院内外广大学术理论工作者出版了500多种多学科的研究成果，受到作者和广大读者的好评。为了更好地繁荣文化出版工作，我们将坚持党的"一个中心，两个基本点"的基本路线，努力工作，为中国社会科学院多出研究成果，为进一步繁荣我国文化出版事业做出我们应有的贡献！

光阴荏苒，十年风雨同舟。在党的方针政策指引下，在院各级领导的正确领导下，我们将会更加充满信心，扬帆出航！

在期许和疑问中取得准办证

陆象淦

　　有哲学家和心理学家说，梦是人的潜能的一种表达信号。梦是人们内心追求的音符。没有梦就无所谓梦想成真。梦想与信念相结合并付诸实践，则是一个创造的过程。所以，梦是创造之始。此言也许不虚。从某种意义上说，社会科学文献出版社的创建和发展正是追梦的产物，也是中国改革开放的创造性过程的见证。

　　1985 年 2 月下旬，当时受换届人事安排和更名等麻烦纷扰的中国社会科学院情报研究所，多少有点意外地获悉一个喜讯：文化部于 2 月 13 日下达的文出字（85）第 235 号文件同意中国社会科学院成立社会科学文献出版社。

　　中国社会科学院办公厅于 1985 年 2 月 24 日收到文件（收文第 247 号）后，翌日送秘书长和党组第一书记梅益、院长马洪和主管科研的副秘书长孙尚清圈阅，并将复印件分送科研办（现在的科研局前身）和情报所（今天的文献信息中心——院图书馆前身）。2 月 27 日，马洪在文件上批示："既然有社会科学出版社，为什么又要成立这样一个出版社呢？"作为这一疑问的注释，孙尚清于同日在文件上写道："这是 1983 年同意上报审批的，是情报所提出的，属情报所，现在属文献情报中心。"3 月 6 日，办公厅在文件边上记载："尚清同志批示马洪已阅。"

　　马洪的疑问和孙尚清的注释清楚说明，社科文献的创建源于中国社会科学院情报所的要求和申请。那么，情报所为什么会有这样的倡议和要求呢？这就不能不从情报所的前世今生说起。

　　追根溯源，中国社会科学院情报所的历史应上溯到中国社会科学院的前身——中国科学院哲学社会科学部情报研究室。情报研究室建于1957年4月，其主要任务是收集、编译和研究国内外哲学社会科学的动态，分析其发展趋势，为学术界和领导提供有关的参考资料和信息，分为国内和国外两大部门。1961年，由于当时形势的变化和人事变动，决定收缩，撤销国内学术情报研究部，集中精力进行国外学术情报和动态的编译和研究，机构名称改为"学术资料研究室"，是学部直属单位，原来的国内部人员大多调走，只留下郑敏、林南庆、雷中庆、沈恒炎、王幼农等几位。在"文化大革命"十年浩劫时期，哲学社会科学部是重灾区，全部正常业务处于瘫痪，学术资料研究室自然也不例外。从1969年开始，哲学社会科学部的全体人员在军宣队和工宣队督导下，分批去河南息县农村走"五七道路"，接受脱胎换骨的改造。学术资料研究室被编入学部机关连队，于1970年夏天最后一批下放。1971年，被号召必须走一辈子"五七道路"的人们，刚刚住进自己动手打土坯在息县下寨公社的一块洼地上盖起的房子，通电用上电灯，准备稍稍安顿一下之时，又奉命立即开拔。全体人员急匆匆地集中到信阳的一处原部队驻地——当时大家称之为"师部"，而戏称自己为1157（遥遥无期的谐音：指回京归期渺茫）部队——搞运动。一年后，于1972年夏秋之际，大家终于回到北京，与妻儿老小团聚。又经过两个多年头的半是搞运动——多数人对于写大字报"批林批孔"和打派仗之类的活动已经厌烦透顶——半是闲扯的无聊生活，直至1975年8月底，根据国务院发文，哲学社会科学部才被允许恢复工作。当时以林修德为首的学部临时领导小组鉴于形势需要和某些其他原因，决定将原学术资料研究室与语言所原国外语言学研究室合并，加上从原对外文委、外交部国际问题研究所、国务院外办、编译局和其他单位调入的人员，扩建为哲学社会科学部情报研究所。1977年5月，中国社会科学院宣告成立，原哲学社会科学部情报研究所随之改称为"中国社会科学院情报研究所"。无论是人员结构和名称，两年之间完成了一次三级跳。

但是，无论就方针任务的确定或者学术情报业务的续接和人员的培养而言，原来的学术资料研究室为新建的情报所提供了很好的参照，打下了坚实基础。

建院初期，学术情报工作得到高度重视。1977年11月报送国家计委的《中国社会科学院三年规划初步设想》特别提出，要"扩大充实现有的情报研究所，使之成为了解和研究外国社会科学动向的中心"。1978年4月20日，文学理论家和东方学专家鲍正鹄正式被任命为中国社会科学院情报研究所第一任所长。在鲍正鹄的领导下，情报所为稍后召开的各省、自治区直辖市哲学社会科学研究机构负责人座谈会，以及拟议中的全国哲学社会科学规划预备会议和规划会议准备了一系列有关国外情况的参考材料。1979年10月，鲍正鹄调任院科研规划局长，杨承芳被任命为情报所党委书记兼所长。杨承芳是1927年参加中国共产党的老革命，精通英语，一直在上海等地坚持地下工作。中华人民共和国成立后，他参加过《毛泽东文选》英译工作，1958年担任新创立的对外宣传的英文刊物《北京周报》的总编辑。"文化大革命"中被扣上莫须有的罪名遭受批斗，1979年应胡乔木院长之邀，来中国社会科学院，大家都尊称他为"杨老"。

杨老出任情报所所长之时虽然已年届古稀，却依然精神饱满，思想开放，毫不墨守成规，处理问题既显示出成熟老练的缜密思考，又不乏大胆的创意。来所后，他从调查研究入手，再三强调要把情报所办成面向世界、吸纳社会科学最新发展成果的开放窗口。继情报研究所的代表性学术月刊《国外社会科学》于1979年仲秋公开出刊之后，杨老又根据1980年全国学术情报工作会议的精神和动议，着手筹备编写《当代国外社会科学手册》的工作。

20世纪80年代的情报研究所在思想解放和改革开放的大潮中开展了十分活跃的学术活动，除了《国外社会科学》，又相继创办了《国外社会科学动态》《国外社会科学快报》和稍后出现的《第欧根尼》中文版选刊。《国外社会科学动态》月刊是一本供内部研究和参考的学术读物，刊登有关学术热门话题争论的各种不同意见和论述，辟有"国外文选""中国研究""研究参考""新学科""学术报告""通讯""纪要"等栏目。如果就了解国外的学术争论，特别是有关马克思主义发展的各种观点而言，那么《国外社会科学动态》要比《国外社会科学》更有看点。《国外社会科学快报》也是一份月刊，以文摘形式快速反映当前世界各国社会科学各个领域的信息，其特点是栏目多、学科多、信息量大，具有较高的情报价值。至于《第欧根尼》中文版选刊，则是与联合国教科文组织和国际哲学人文科学理事会合作创办的一份半年刊。此外，继《当代国外社会科学手册》编撰之后，所里的大部分研究人员又参加了与重庆出版社合作的《社会科学新辞典》及稍后的《当代中国社会科学手册》的撰稿和编辑，还有部分研究人员在当时的"丛书热"的浪潮中参与了一些省市出版社组织的《面向世界丛书》《现代化探索丛书》《现代社会科学丛书》等一系列图书的编辑和撰写工作。在学科研究和建设方面，情报研究所也取得了令人瞩目的成果。特别是对于国外"中国学"（sinology）的研究，在孙越生、王祖望等先生的推动和努力下，取得了开创性的建树，对此何培忠先生已经做了比较系统的回顾。不少研究人员在新兴学科、边缘学科、跨学科研究、社会—人文科学研究新方法以及国别研究等领域做了开拓性的工作。总之，当时的情报研究所生机勃勃，蓄势待发，期望着社会—人文科学学术情报事业走向更大的繁荣。

正是在这种社会—人文科学学术情报事业欣欣向荣的氛围下，建立一个学术出版和推广平台作为学术情报研究走向纵深的支撑，成为一种迫切需要，其呼声日益高涨。其实，情报所的许多人从实际工作中早就切身体味到，学术情报资料和信息的原生性和多样性要求通过专业的出版平台来加以多重开发和应用。但在出版工作全面统制的时代，这是一个不可实现的奢望。随着出版领域的逐步开放，提出这样的期望可以说是水到渠成。于是，情报研究所于1983年8月1日向院党组提交了申请成立外国社会科学情报资料专业出版机构的报告。这份打印在16开公文纸上的申请报告有两页半，约两千字，内容主要包括四个部分：一是阐述学术情报工作对于哲学社会科学繁荣和发展的重要意义以及情报所的成果和发展规划。二是强调学术情报资料和成果在出版和推广上的困难和瓶颈及其不利影响。三是综述国外学术情报出版专业机构及中国科学院情报所出版机构的先例及成绩。四是强调建立学术情报专业出版社不仅是社科院情报所的期望，而且是此前不久召开的全国情报座谈会的呼声。8月2日，社科院科研办副主任朱崇利在批复中强调了学术情报资料出版确实存在情报所申述的难题，拟在不增加编制的前提下同意由情报所申办外国社会科学情报资料专业出版机构的要求，并建议由情报所以中国社会科学院的名义代拟报送文化部出版局的发文。8月18日，情报所提交了代拟的发文。朱崇利仔细修改了这个文件，指出了某些不规范之处，强调作为社科院文件发文的规范性和避免语病等问题。这个文件与情报所上报院党组的前一个文件内容基本相同，只是最后明确地概括了拟定名为"外国社会科学文献出版社"

的专业出版机构的主要任务：

一、有计划地编译当代外国马克思主义研究和社会科学理论著作；

二、有计划地编译外国研究中国的有代表性论著；

三、介绍国外新兴学科、边缘学科、世界文化和学术思潮；

四、编译学术界人物、流派、会议、研究机构相关的文献资料。

朱崇利批示同意并报请院党组第一书记梅益和科研办主任王焕宇圈阅。王焕宇和梅益分别在 8 月 19 日和 20 日圈阅同意。随后，这个申请报告以"（83）社科研字 22 号"发文报送文化部。

然而，事情并没有想象中那么简单和容易。申请报告提交到文化部出版局半年多，依然杳无音信，如石沉大海。想来也许是社科院已经有了中国社会科学出版社，申请再建立一个学术情报的专业出版社，似乎超越了一个部级单位允许办一张报纸和一个出版社的不成文规定。尽管如此，情报所的经办人员并未放弃通过各种渠道去一再争取。俗话说，事情的成功往往在再坚持一下的努力之中。1984 年，在春寒料峭中呈现出新的转机。1984 年 3 月 6 日下午，中共中央当时主管宣传工作的胡乔木约见人民出版社主要领导曾彦修、陈茂仪、张惠卿，谈用什么名义出版"那些研究参考性的读物"并如何"以灭害为己任"与"这些对我们有害的东西"做斗争的问题。当人民出版社的一位领导说，当时理论界、学术界存在着对国外思潮的研究和批判，有些工作刚刚开始，所以人民出版社做了一些提供资料的工作之时，胡乔木接口说："提供资料这些任务要中国社会科学院情报所去担任，他们不是搞情报的吗？这是名正言顺的。"与会者随即问："由哪里出版为好呢？"胡乔木回答说："这个由他们另案办理。"以胡乔木当时的地位，自然是一言九鼎。胡乔木之所以如此器重社科院情报所，也许是因为在他担任社科院院长期间对情报所为院规划会议等准备和提供的材料印象颇深。这个信息稍晚一些时候传到社科院后，情报所又通过院科研办向文化部出版局就建立"外国社会科学文献出版社"审批事宜进行探询。据说，从出版局侧面传来的信息称，社名用"外国"两字不合适。于是，院科研办主任和副主任王焕宇、朱崇利建议社名去掉"外国"两字，直接改称为"社会科学文献出版社"，再以院的名义重新发文。1984年6月11日，社科院再次向文化部发文，申请成立"社会科学文献出版社"，而出版社的宗旨和主要任务等内容未作改变。文化部终于在1985年2月13日发文，通知社科院同意成立"社会科学文献出版社"，社号为419。

建社的重担落到了
"大老沈"肩上

陆象淦

  1985 年适逢社科院院所两级领导换届。情报研究所由于某些意外的情况，出现了架构和人事安排上的某些曲折。据中国社会科学院院史研究室编写的《中国社会科学院编年简史（1977~2007）》（社会科学文献出版社，2007 年 5 月第 1 版）记载，1984 年 1 月 12 日，社科院下达了一个称作《关于院图书资料中心筹备组成立事项的通知》的文件，据称为了加强图书资料情报的管理，拟建立院图书资料情报中心，成立了一个图书资料中心筹备组。两个月之后，这个筹备组摇身一变，于 3 月 16~22 日以院图书资料中心的名义与情报研究所联合召开全国情报图书资料"七五"规划会议。又过了三个月，社科院于 6 月 21 日向国务院呈送《关于建立中国社会科学院文献情报中心的请示》。9 月 20 日，劳动人事部函复，经国务院批准，同意建立"中国社会科学院文献情报中心"，为院直属事业单位。但直到一年之后的 1985 年 9 月 28 日，院领导才研究决定成立文献情报中心领导小组，由汝信等五人组成，汝信兼任组长，撤销原图书资料中心筹备组，免去情报所代所长、副所长的职务。10 月 14 日，情报所与图书资料中心正式合并，成立文献情报中心。1986 年 6 月 5 日，院务会议、院党组任命副院长汝信兼任文献情报中心主任、分党组书记。从院《编年简史》的这些有点矛盾的记载来看，从另起炉灶建立图书资料中心筹备组，到汝信被任命兼任情报所与图书资料中心筹备组合并后建立的文献情报中心主任，前后经过了两年半的时间，尽管对其中一些情节语焉不详，从中却可以隐约窥见架构及方针任务上的某种纠葛和转向。

俗话说得好，时不我待。当时的情报所虽然氛围有点纷杂，日常业务却依然井然有序、有条不紊地开展着。取得准办文件后，筹建"社会科学文献出版社"自然成为必须及时着手去做的事情。变换之中的所一级领导也许腾不出手来顾及此事。于是，这个任务似乎名正言顺地落到了时任编辑室主任的沈恒炎肩上。究其原因，一是他从1963年开始就在情报所前身——哲学社会科学部学术资料研究室从事编辑工作，不但熟悉人文社会科学学术情报工作特点和编辑业务，而且懂得排版、印刷、出版等流程。再者，他又是要求建立出版社的积极鼓吹者和谋划者。从情报研究所提交院党组的报告和以院的名义代拟的给文化部的发文的文风来看，两者很可能均出自沈恒炎之手。当然，这只是一种猜度。笔者曾问过若干在世的当事人，但他们对此都印象模糊。

沈恒炎可以说是当前少数还健在的中国社会科学院的前身——中国科学院哲学社会科学部的元老之一。1957年从复旦大学中文系毕业后，他就被分配至刚建立的哲学社会科学部情报研究室国内部工作。1961年，情报研究室改组为学术资料研究室，国内部被撤销，他是国内部留下来继续在学术资料研究室工作的少数几个人之一。笔者1961年年初到学术资料研究室工作时，见到他们几个人正在为如何处理存留的大量剪报资料而发愁：全部扔掉未免太可惜，却又没有地方可以存放。最终还是一扔了之。沈恒炎人高体壮，超过一米八的个头，甚是魁伟，这在当时颇为少见，所以大家都叫他"大老沈"。在同事们的眼中，"大老沈"是位热心人、文体积极分子。20世纪60年代的学部，人们的物质生活颇为匮乏，但文体活动还算丰富，不但周末有时组织交谊舞会或者篮球赛，而且工会也每个月组织一两次看电影或者话剧。"大老沈"是这些活动的组织者之一，时时在球场上充当啦啦队员，呐喊加油。每逢组织看电影或话剧，他总是自告奋勇去排队买票，最常去的自然是离学部最近的东单大华影院。他的热心在学术资料研究室是出了名的。"大老沈"比笔者年长5岁，当时虽然都是研13级的助理研究员，工资却比我们高6元：我们转正后是56元，他们那一届转正后是62元。尽管只有6元之差，但以当时的物价而论，这6元远胜过今天的600元。所以，我们经常哄着要他请客。至今记得十分清楚的是1964年春节前，学部去山东海阳县朱吴公社等处搞"四清"或曰"农村社会主义教育运动"的数百人回京过节，途径青岛，他邀笔者一起去一家餐馆喝黑啤酒、嚼牛排，差点醉倒的情景。其实，沈恒炎不仅是美食家，而且是对厨艺颇有研究的烹饪高手。20世纪80年代，随着改革开放和经济的发展，食品开始丰富，有一阵很时兴同事和朋友聚餐。每逢这样的场合，他总是担任掌勺的角色，烹制出一道道色香味俱全的上海本帮菜，让大家大快朵颐。

1977年中国社会科学院情报研究所建立后，沈恒炎一直负责主编《国外社会科学动态》月刊。《国外社会科学动态》虽然是一个内部发行的刊物，但在学术界的影响很广，因为它可以刊载不同观点的争论，包括被认为是"反面的"文章，并提供更加全面的信息，活泼清新，很有看点。在办刊中，大老沈显示出很强的开拓进取精神，以及建立良好的社会和人际关系的能力。他广结人缘，开辟稿源，以情报所和社科院的研究和编译力量为依托，通过那个时代活动非常活跃的各种学会的会议，广泛联络地方社科院和高校的一大批中青年研究人员，不但把刊物办得有声有色，而且担任了《面向世界》等与一些出版社合作编辑和出版的丛书主编。从多年的实际工作经验中，他深切体会到办刊只能消化大量的学术情报信息和资料的很少一部分，亟待建立一个专业出版社来更有效地开发和利用学术情报资源及其研究成果。这是他在20世纪80年代初与笔者经常谈到的话题，也是他在所内外游说和鼓吹的想法。因此，由他来承担社科文献的筹建工作可以说是得其所哉。

　　但是，常言道"事非经过不知难"。起初，所内不少人以为只需在原来的编辑室基础上再挂一块牌子就行了。其实，那是一种极大的误解。出版社虽然在当时也被认为是事业单位，实际上是具有企业性质的经营单位。拿到文化部出版局的准办批文只是办社的起点，随之而来的是一系列极其麻烦的办证手续，从工商登记、开设账户，到购买纸张许可、准印和准销登记等等，每办一件事都要加盖一个又一个公章，来回奔走，煞费工夫。从1985年的春天到秋天的半年时间里，经常可以看到"大老沈"骑着他那辆笨重的北京牌 28 寸自行车，顶着骄阳出去办理这些纷繁的杂事。他这个光杆司令一面需保证主编的刊物按时编辑和出版，一面又需应对种种麻烦的手续，真是恨分身乏术。偶尔能调遣帮忙的只有当时在复印室工作的张星一人而已。

1985 年 10 月，随着文献情报中心上层的安排尘埃落定，社科文献的组织架构也露出水面。社科文献作为文献情报中心下属的一个部门与各个部室平级，沈恒炎从编辑室调任出版社社长，并为他配备了一名总编辑姜其煌和一名副社长赵启厚，下辖编辑三人——冯韵文、赵洁珍和常富英，以及办公室负责人一名——张星。人事由中心统一管理，财务单独立账，由中心财务室代管，出版社设有一名出纳管理日常收支。

白手起家，初战告捷

陆象淦

沈恒炎对于刚成立的社会科学文献出版社的架构和人事搭配，并不很满意。主要是觉得没有比较熟悉人文社会科学学术情报业务的人能帮他在选题和审稿方面谋划把关，取长补短，商量共事。不过，那时最紧迫的事情莫过于尽快出书，开展业务，站稳脚跟，其他一切都无暇顾及。用沈恒炎的话来说，就是"先干起来再说"。先后兼任文献情报中心领导小组组长、中心主任和分党组书记的汝信副院长提出的社科文献的指导方针是"船小好调头"。其实，在明文规定不允许增加编制的前提下，也只能从打造小船开始。

经过几个月的筹划，到 1986 年春，社科文献已经有几部书稿经过编辑加工，等待发排印行。但是，万事俱备，只欠东风——启动资金。文献情报中心作为一个事业单位，一切经费都是经过严格审批的专款，不得挪作他用，出版社作为经营单位，其资金不可能进入中心预算。但出版社是等米下锅，急需用钱买纸，否则这条小之又小的"划子"就将搁浅。在万般无奈的情况下，沈恒炎找到兼任文献情报中心领导小组组长的汝信副院长，如实说明困难，恳请批准向院有关部门借款 20 万元购买纸张，约定出书两个月后立即归还。就那个时代而言，20 万元并非区区小数。汝信副院长是个体察下情的学者，对沈恒炎的为人也比较了解，知道事关一桩新生事业的生死，踌躇再三，最后还是冒着风险签字同意了借款申请，救了出版社燃眉之急。而沈恒炎也没有食言，在第一批书籍出版和销售回款后，

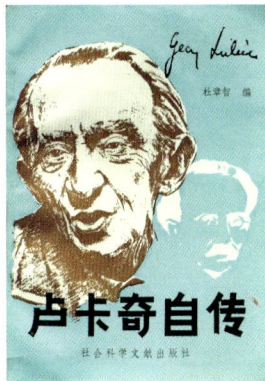

立即如期归还借款。汝信副院长后来在闲谈中告诉我们说："当时还是很担心的，直到老沈还款后，我才松了一口气。"

社科文献出版的第一本书是1986年4月面市的《卢卡奇自传》，由中央编译局研究西方马克思主义的专家杜章智主编，内容包括两大部分：第一部分是自传提纲和沃尔西等人整理的《自传对话录》；第二部分包括卢卡奇本人写的简历、《我走向马克思的道路》、《对〈历史和阶级意识〉一书的自我批评》、《我在斯大林时期》、《我向马克思的发展（1918~1930）》五篇文章，以及两个附录——《答南斯拉夫〈七日〉周刊记者问》和《答英国〈新左派评论〉记者问》，译者分别为李渚清和莫立知。这本32开338页的书当时定价只有两元四角，但其至今仍然是研究欧美马克思主义流派及其发展的一部很好的基本参考书。与此几乎同时出版的另一本译著是《戈尔巴乔夫传记》，作者为先后担任加拿大最大的报纸《多伦多明星报》副主编和美国《纽约时报》国外版副主编的著名记者托·伯特森。这是伯特森在戈尔巴乔夫于1985年刚刚坐上苏联第一把交椅，当选苏共总书记之际撰写出版的，由文献情报中心精通英语的资深翻译家戴侃、冯韵文、李瑞华、李吟波、黄育馥等在不到一个月的时间里赶译成书。它虽然只有10万字，是一本内部发行的小32开4.5印张、定价只有一元的小书，但可以说是当时国内译成中文的第一本戈氏传记，为了解戈氏上台背景提供了十分及时的参考。稍后，在1986年6月和9月，又先后出版了美国著

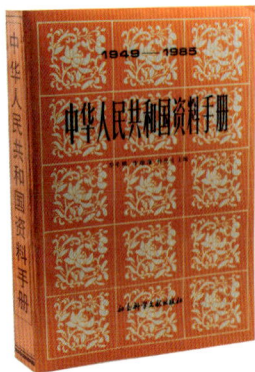

名社会学家威廉·J. 古德撰写的《家庭》（魏章玲译）和罗马尼亚社会学家 F. 马赫列尔撰写的《青年问题与青年学》（罗马尼亚原文书名为《青年学导论》，陆象淦译）。古德是国际学术界公认的研究家庭和婚姻问题的权威之一，魏章玲选择翻译的这本书的一些基本观点今天依然被国内学术界认为并未过时。至于《青年问题与青年学》一书，至今仍被看作 20 世纪 80 年代促进中国青年学作为学科确立的动因之一。有人这样写道："80 年代中期之后，又有两个因素加快了从青年研究到青年学这一学科化的进程，促进了青年学的诞生。一是 1984 年前后来自国外青年研究的信息和 1986 年 F. 马赫列尔《青年问题与青年学》中译本的出版，激发了更多学者在我国开拓青年学研究的兴趣和勇气。二是国家教委自 1984 年开始在高等院校开设思想政治教育专业，需要有一门研究青年的专业课"（陈育芳：《改革开放三十年青年社会学的发展历程》，见中国社会科学院《青年研究》编辑部主办的青年研究网，2009 年 7 月 17 日）。

　　如果说这些书籍体现了得风气之先的学术情报的快捷特色，那么 1986 年 12 月和 1987 年 7 月第一版印行的《中华人民共和国资料手册（1949—1985）》和《教师百科辞典》两本工具书则发挥了文献资料积累和深度开发的优势。《中华人民共和国资料手册（1949—1985）》由新华社、人民日报社和中央人民广播电台的几位老同志寿孝鹤、李雄藩和孙庶玉主编，大 16 开本，956 页，定价 19.80 元，印前征订数突破 2 万册，第一次开印

24500 册。《教师百科辞典》由北京师范大学、北京市成人教育局和中国社会科学院的陈孝彬、张念宏和卫景福主编，收词 5861 条，32 开本精装，859 页，首次开印超过 3 万册。这两本书连续多次加印，累计超过了 20 万册。沈恒炎和张星首次参加了在北戴河举行的 1986 年夏季图书订货会，据报社科文献的图书订货码洋意外地超过了几家学术出版同行。消息传来，文献情报中心的领导和同仁备受鼓舞，庆幸社科文献首战告捷，赢得了一定的流动资金，站稳了脚跟，从白手起家转入日常的自主运营。

异军突起

——《电视英语》的插曲

陆象淦

1985 年那一届院所两级领导任期为三年。1988 年，汝信副院长不再兼任文献情报中心主任，而改由哲学所原科研处长李惠国出任主任。沈恒炎也因出版社业绩显著，荣任副主任之一，继续主持出版社工作并分管中心编辑业务。其间，他同笔者谈过两三次，坦言急需一个比较熟悉业务并能精诚合作的人帮他谋划选题和在审稿上把关，想邀笔者出任社会科学文献出版社总编辑。笔者当时虽然正在赶写两部已经签约的书稿，也没有太多的编辑工作经验，但为沈恒炎的诚意所感动，同意斗胆一试。记得笔者大约是在 1988 年 4~5 月间到任的。其实，那时是属于中心内部调动，只是把原来在新学科和边缘学科研究室的办公桌搬到沈恒炎的副主任办公室——院科研大楼的 507 室——一起办公而已。从此，社科文献在原有的两间办公室之外，又多了一处可用的空间。与我前后脚来出版社工作的还有屠大夫。屠大夫本名屠敏珠，原来在院医务室工作，毕业于浙江医科大学，医术精湛，为人热情，大家都喜欢找她诊疗或者咨询，是一位很出色的医务工作者。由于当时医务室的某些人事纠纷，她主动要求离开医务室，到社科文献来做编辑工作。她是在上海著名的光华女中毕业后进入浙江医大的，有很好的英语底子，很快就在编辑译著方面显露身手。尽管她已经脱离了医务室，但几乎所有的人依然称呼她为屠大夫，以致后来到出版社工作的年轻人反而不知她的本名。

随着资金的从无到有，经济实力逐步加强，沈恒炎提出了"快出书，出好书"的口号。从出版社成立之初，他就强调充分调动和利用文献情报中心的翻译和编辑力量，特别是编辑室的人员。1988年任中心副主任后，他把分管的编辑室视为出版社的一部分，出版社许多活动都同编辑室联合起来进行，1991年在科研大楼前拍摄的出版社全家福和同年夏天到天津塘沽新港的参观游览的情景，至今在许多人心中留下难忘的深刻印象。

与此同时，出版社逐步强化对于编辑和出版工作的管理，完善选题和书稿的审查和编校制度，陆续调进了总编室、出版部和美编部负责人陈海力、窦建中和孙元明，以及罗琳、吴伯凡、程晓燕、汤兮等青年编辑。与前两年相比，选题愈趋丰富，出书品种和数量迅速增加，从每年的二三十种上升到八九十种。在1989年东欧剧变后，社科文献成为有权出版有关内部文献资料的六家出版社之一。到1993年，据统计全年出书已经达到127种，就当时全社只有五六个编辑的编制，而且完全靠手工操作的条件而言，工作量是很大的。在那几年社科文献出版的图书中，不乏至今为人称道的好书。譬如说，"灰皮书"和其他内部发行的出版物中的《赫鲁晓夫回忆录》《莫洛托夫回忆录》《新马克思主义研究辞典》《苏联大清洗内幕——苏联历史启示录》《血泪难忘——布哈林夫人回忆录》《蒋介石评传》《对手与盟友》《毛泽东的中国及其发展——中华人民共和国史》等；介绍和阐释新兴学科或新的研究方法的《混沌学——一门新科学》《史学研究中的新问题、新方法、新对象》《当代欧洲人的价值观念》等；文献和工具类图书中的《枫丹娜现代思潮辞典》《当代中国社会科学名家》《当代中国社会科学手册》《西方现代派文学艺术辞典》《世界人体艺术鉴赏大辞典》《美学百科全书》《世界电影百科全书》《少女百科全书》等。这些书籍或开风气之先，传播新信息和新知识，开阔国人视野；或提供可资参考的可靠文献和资料，反映和促进中国相关学科研究的开拓和发展。

谈到社科文献在这个时期的创业史，自然不能不说《电视英语》的插曲。说《电视英语》是一个插曲，乃因为它原本不是社科文献计划中的项目，而是由世界知识出版社的资深编辑张光勤策划的一个选题，但这个选题计划据说在世界知识出版社不被看好，申报 9 个月未获审批。经人介绍，张光勤认识沈恒炎后，谈起此事，沈恒炎表示社科文献可以考虑这个选题。老沈随即要笔者找张光勤详谈一次该选题的具体设想，做出评估。据张光勤告诉笔者，他在做教辅读物的过程中，了解到当时青年群体很需要一本适合中国人学习的电视英语教材，尽管中央台已经播放过《跟我学》等影响很广的节目，但尚缺乏由浅入深达到大学专科水平的自成一格的视听教材。许国璋教授主编的四册《英语》自 20 世纪 60 年代以来畅销不衰，成为商务印书馆的摇钱树之一。张光勤曾经找过许国璋教授的研究生，但据说许先生当时很忙，正在编写新的英语教材，无暇顾及其他。于是，他找到了正在深圳办学的张道真教授。张先生也是北京外国语大学的资深教授，尤以研究和教授英语语法见长。当时他正在深圳等地办学，曾协助黑龙江电视大学举办为期三年的电视英语培训班，取得了很好的成效，所以可以说具有比较丰富的电视英语教学的经验，在原有基础上编写相关教材轻车熟路，发挥其长能够系统整合语音、语法、词汇，将课文讲解与语法介绍结合于一体，突出听说，反复实践之所长。从张光勤的陈述来看，可以判断这并非只是泛泛而谈的空头设想，而是能够较快付诸实践的具体行动计划，如果联系中的中央电视台社教部能够接受合作并通过相关选题，作为社教节目开播，应该有取得较大影响的把握。笔者同沈恒炎谈了自己的想法和判断。老沈当即表示事不宜迟，马上与张光勤敲定选题计划，决定分头行动，在落实张道真教授的编写教材计划和交稿时间的同时，重点突破与中央电视台社教部商谈的公关行动。到1989年下半年，通过多渠道的争取和努力，两方面都有了突破性的进展。张道真教授的近百万字的《电视英语》上下两册书稿终于杀青，经过张光勤的夫人初审，交到社里，由冯韵文和屠大夫分头复审，陆续到外文印刷厂付排。书稿原来还选有几十首英文的英美流行歌曲，作为练习听说辅助材料之用，但由于课文内容含量本身已经很大，只能忍痛割爱。中央电视台社教部也经过对书稿的审查，反复讨论后，同意作为社教节目录像和开播的初步计划，由社教部副主任冯存礼同沈恒炎草签合同。

　　记得在此期间就由谁来主播《电视英语》讲座问题出现了小小波折，或者也可以说是花絮。一开始，张道真教授坚持由他理所当然地亲自主讲，因为全部课文是他编写的，对内容自然有深透的理解，何况他还有过举办电视英语培训班的经验，无论在形象或者音准方面都得到参加培训班的学员好评。而且，他还提出在他当时工作的深圳录像也比较方便，他同深圳电视台比较熟悉，录像成本肯定便宜。在张先生的一再坚持之下，中央电视台社教部不得不同意一试。于是，1989年仲秋，沈恒炎委派笔者同中央电视台社教部负责英语节目录播的田勇一起去深圳电视台，考察试录情况，然后再决定主播人选。在印象中，深圳电视台当时比较简陋。笔者同田勇在深圳逗留了两个星期，观摩了大约三次张教授与一位英国女士合作讲课录像现场。但中央电视台社教部终审认为深圳的录像及张先生的口音等不符合他们的标准，决定聘请两位年轻人——在京的一位端庄的英国女教师玛丽亚和一位俊朗的中国英语教师陈伟合作主持电视讲座，加紧进行录像工作。

1990年4月初，《电视英语》出版面市，分为上、下两册，包括96讲课文，每课安排36个生词及短语，分三个单元学习，每个单元学习12个生词和短语，以达到一个"保险数"的词汇量，防止词汇负担过重，欲速不达，最终目标是使学员经过一年半的学习，从ABC开始，掌握4000个词汇和常用短语，熟悉主要语法项目，具有较强的听说和阅读能力。在书的"序言"中还特别强调，希望广大农村青年参与学习。沈恒炎和张道真分别在大连外语学院主办的《英语知识》杂志1990年第3期和第4期上发表了题为"写在《电视英语》开播之前"和"祝《电视英语》胜利开播"

的文章，强调了《电视英语》的新颖性、系统性和实践性，突出听说能力培养的特点。《英语知识》还开设了《电视英语》辅导专栏，每期刊载相关的辅导材料和讲座，后来还买断了《电视英语》录像带的销售权，既为《电视英语》的推进助力，又分尝了《电视英语》兴旺的红利。

由于比较充分的准备工作，以及1989年政治风波刚刚结束、1990年北京亚运会接着召开的大环境，《电视英语》可以说是当时国内电视台播出的独家英语教育节目，在一定程度上成为中国面对西方"杯葛"，表达坚持在独立自主的前提下继续开放政策的象征之一。从1990年5月一开播，收视率就很高，而且日渐攀升。《电视英语》课本自然十分热销，在前半年的高峰期往往供不应求，出现了书商在印厂门前排队等着拿书，或者甚至托关系走后门批发书的红火景观。一时间，社科文献也名声大噪。尤其令人意外的是播出时间长达一年半的《电视英语》节目，在第一轮播完后，马上又应观众要求进行重播，两轮联播历时将近三年，据说这也是中央电视台社教节目播出安排中罕见的。

这个插曲尽管热闹和产生了相当的轰动效应，但毕竟是插曲，有其特殊环境下形成的不可复制性。可以说是可遇而不可求的某种机遇，社科文献敏锐地抓住了这个机遇，显示出果断决策、迅速行动的能力。后来社里有人接连策划《剑桥少儿英语》等，试图再建辉煌，但结果都不理想，大多草草收场。即使张道真教授亲自操刀的《自学英语》，其销量和影响也难望《电视英语》项背。

十年生聚，十年教训

陆象淦

社会科学文献出版社与文献情报中心脱钩，转为社科院直属出版单位，这件事曾在文献情报中心上下引发许多议论，对其前因后果有着不同版本的传说。就笔者而言，当时也颇觉突然，此前沈恒炎从未向笔者详谈或透露过相关信息。直到当时分管出版工作的副院长龙永枢找笔者谈话，要笔者继续留在出版社，与老沈合作进一步办好作为院直属单位的社科文献之时，才知此事已成定局。但在我印象中好像始终未见正式文件。笔者曾经向沈恒炎讨教，独立后的社科文献究竟是什么样建制的单位，老沈总是回答说："先干起来再说，慢慢再定。这也是院领导的意思。"这也许是随遇而安的别解。

随着管理体制改革的推进和发展，中国社会科学院于 1995 年年底终于出台了早已酝酿中的《中国社会科学院出版管理体制改革试行办法》，其主要条款明确规定：自 1996 年 1 月 1 日起出版社试行事业单位自收自支管理体制；出版社应按照国家规定为 1996 年 1 月 1 日后由院外调进的职工建立住房基金和退休养老基金，为全体职工建立待业保险基金和医疗保险基金；1996 年 1 月 2 日之后由院外调入的职工住房由出版社自行解决；各出版社需做到国有资产的保值和增值，并按国务院有关规定向院上交国有资产占用费。

与此同时，从 20 世纪 90 年代中期开始，中国的图书市场开始出现某些令人关注的变化。一方面是随着纸张和排版印刷费用的上涨，出版社生

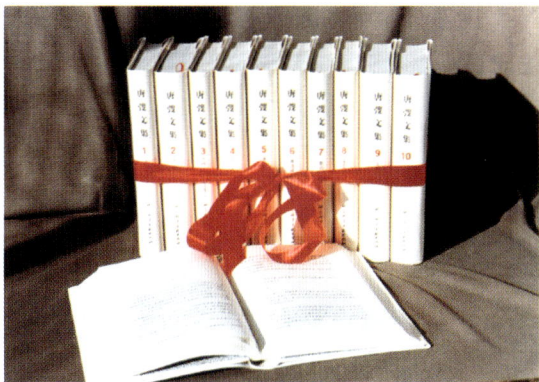

产成本激增；另一方面在图书品种增多的同时，销量普遍下滑，不少出版社因一些图书征订数不足而不能开印，而作为销售主渠道的新华书店随着市场化改革的推进，由原来的图书包销制度改为代销，将卖不掉的书全部退还出版社，一切损失由出版社承担，从而导致出版社图书库存暴涨，流动资金短缺。凡此种种，对于社科文献这样建立不久、建制尚不健全的单位来说，压力是显见的。尽管在划归院直属单位之后，根据院领导指示精神，社科文献名义上设置了编辑部、总编室、出版部、声像部、发行部、对外合作部、办公室、财会室八个部门，但工作场所依然只有三间半办公室，在编职工不足 20 人，缺乏规模效应。加之，中国于 1992 年下半年加入《国际版权公约》后，一时间洽谈和引进版权的渠道还不十分通畅，出版翻译著述受到严重制约，一些老牌的译著期刊，诸如中国社会科学院各个研究所的《译丛》不得不停刊。对于原来以有计划编译国外马克思主义研究和人文社会科学其他学术著作为主要任务的社科文献来说，这无疑又是一个极其不利的因素。

面对这种严峻的形势和巨大压力，社科文献上下坚信"发展是硬道理"的至理名言，以中国社会科学院为依托，力求把自己打造成为科研服务，借助出版来推广科研成果的学术平台，办出自己的特色，结合国际和国内的社会政治热点问题，更多地编辑出版院内专家的研究著述。在 1993~1997 年的五年中，共计出版了 483 种图书，约计 2 亿字，其中不乏

得到重大奖励的文集、专著和工具书，如：10卷本《唐弢文集》（第三届国家图书奖二等奖）、《当代资本主义论》（中国社会科学院学院第二届优秀成果奖）、《苏联剧变研究》（中国社会科学院第二届优秀成果提名奖）、《新编实用汉语词典》（首届"中国辞书奖"）、《扑朔迷离的游戏——后现代哲学思潮研究》（中国社会科学院第二届青年优秀成果一等奖）等；具有相当社会影响的专著，如《国际共运史上的一大论战——关于恩格斯〈马克思"法兰西阶级斗争"导言〉的争论和评价》、《科技富国论》、《中国经济形势分析与预测》（即后来所说的《经济蓝皮书》）、《姜丕之文集》《文学价值论》、《领导者媒介形象设计》、《论中国对外开放的战略和政策》《元论经济学——市场经济理论探微》、《依法行政论》、《中国边防史》、《中韩关系史》、《中国多民族文学史论》、《伊斯兰教与世界政治》、《美国和拉丁美洲关系史》、《中国与东盟国家经济关系——中国与东盟产业结构调整》、《英国的政治制度》、《当代法国政治制度研究》、《冯至先生纪念论文集》《20世纪初苏俄文学思潮》《苏联文学的最后七年》《匈牙利文学史》、《波兰戏剧简史》、《哲学逻辑研究》和七卷本《第二次世界大战风云录》等；以及胡绳院长主编的"中国社会科学院青年学者文库"等一系列成果，如《中国经济运行与发展》《中国人口的盛衰与对策——中国封建社会人口政策研究》《三民主义与中国政治》《荒诞、怪异、离奇——法国荒诞派戏剧研究》《拉美当代小说流派》《审美应用学》《维特根斯坦：一种后哲学的文化》《弗雷格思想研究》等。

有计划地编译国外优秀的学术著作，乃是社科文献建立的初衷。在这个阶段，尽管在版权引进方面存在某些难题，社科文献依然另辟蹊径，通过国际学术交流渠道或者学者的推荐，继续出版了较多优秀译著。其中要特别提到的是《儒学与现代化》和《欧洲民主史》。《儒学与现代化》一书系韩国第二任驻华大使黄秉泰在美国加州大学伯克利分校攻读政治学的博士论文，从历史的视角论述和比较研究了中、韩、日三国儒学的发生、传播、发展及其在现代化过程中的作用，特别是强调了韩国在儒学东传日本过程中的重要的中介角色及历代统治者将儒学作为社会稳定剂的原因。该书的学术价值得到了莅临中译本首发式的张岱年、任继愈等儒学研究大家的肯定。而《欧洲民主史》是意大利佛罗伦萨大学教授、欧洲政治思想史专家萨尔沃·马斯泰罗内的著作。这本书同他的《欧洲政治思想史》和《当代欧洲政治思想》构成一个系列，系统地阐释了从 15 世纪直至东欧剧变的欧洲政治思想，特别是民主观的发生和发展，对于解读欧洲的社会政治发展具有相当参考价值，得到中国学术界好评。马斯泰罗内教授曾两次访华，参加上述著作的研讨会，并在佛罗伦萨举办了《欧洲政治思想史》和《欧洲民主史》中文版的发行式，在意大利政治思想史学界引发热烈反响。

"十年生聚、十年教训"，这是中国古代安邦治国的要诀之一，意思是说国家的富强不仅需要重视财富的积聚，而且必须强化制度建设和教育。其实一桩事业的成败也何尝不是如此。社科文献在其创建过程中有过困难，也有过辉煌，有过忧愁，也有过快乐，一路走来，可以说是顺风顺水。从白手起家，不拿国家的一分钱投资，到积聚起一定的资金和财富，是全社上下共同努力的结果，为出版社的后续发展打下了基础。但就制度建设和提高职工素质而言，由于某种历史的原因，始终流于形式，得不到落实，尤其是1993年转归院管之后，在较长一段时间里，建制和地位悬而未决，规章制度的制定及部门设置和人员配备往往一纸空文，始终没有建立起一支训练有素的管理、经营和行销队伍，成为阻碍进一步发展的瓶颈。出版社作为一个生产单位，只有不遗余力地扩大再生产，才能不断壮大自己，取得质的飞跃。但在后期，由于对于图书市场出现的转变思想准备不足，"守成"求稳倾向在社内占据了上风，致使将近1000万元可用流动资金长期趴在账上，成为没有利息的存款，到头来不但为人作嫁衣裳，而且被诟病为"小富即安、不求进取"思想的表现，不亦悲乎！

俱往矣，数风流人物，还看今朝。历史总是在不断前进着，舞台上的角色也在不断变换，此所谓"铁打的营盘，流水的兵"。1998年，随着年届65岁的老沈正式宣布退休，社科文献进入谢寿光领导下的第二次和第三次创业的新时代，在建立和发挥品牌战略优势基础上，抓住契机，调动一切有力手段，正以超乎常规的飞跃速度发展，打造航母，向着"国内一流、国际知名"的研究型学术专业出版社的大目标挺进！

一位学者与一部精品

徐思彦

　　因为工作的关系，我认识金冲及先生已经 20 多年了。

　　记得第一次到他的办公室拜访金先生，是 1995 年春天。当时我在一家学术期刊做编辑，为了纪念抗日战争胜利 50 周年，刊物特邀金先生撰文。先生慨然应允，并如期完成了这一"命题作文"。我奉命去取先生的大作。金先生所在的中央文献研究室即位于原来鼎鼎大名的"林办"。知道我是第一次到当年的"副统帅官邸"，金先生遂做起了"导游"，直至把我送出。后来，为了给这份学术期刊做口述历史，我又两次打扰金先生，那时他正与逄先知先生主编《毛泽东传（1949~1976）》，工作之繁忙紧张可想而知，但仍拨冗接受我们的访谈，详述他和这份刊物半个世纪的交往。有人说这份刊物在"文革"中间复刊，表面上是"四人帮"控制，实际上是周恩来暗中直接领导另有重要任务。我知道金先生曾主编《周恩来传》，便请教金先生是否见过此类记载。金先生竟多次查资料回复这个问题，虽然至今仍是"悬案"，但金先生对一个晚辈提出的在他那里算不上重要的问题如此严谨、认真，其长者风范令我铭感不忘。

　　幸运的是，和金先生的编者与作者关系，在我转岗到社会科学文献出版社以后得以延续。《二十世纪中国史纲》决定由我就职的社科文献出版以后，金先生希望我能做其大作的责任编辑，并在书稿正式交至出版社之前，委托金公子以林送我一份，说是要我先看看，有什么意见可以毫无保留地提出。

我用了两个月的时间拜读了先生的大作，深深为作者对大势脉络的精准把握、历史叙述的详略得当所折服。金先生是辛亥革命史专家，又主编过《毛泽东传》《周恩来传》《刘少奇传》《邓小平传略》等，对整个20世纪中国史都有深入研究，正如王奇生所言："当今中国近现代史学界，唯有金冲及先生是一位'通治'者。当国家社会科学基金将《二十世纪中国史》作为'重大委托项目'招标时，金冲及先生自然是最佳人选，也唯有金冲及先生堪当此任。"

遵从作者的旨意，在拜读金先生大作时，也在书稿上勾勾画画，就几个具体问题上表达了个人意见，并仍请以林做交通转呈。金冲及先生是国内外知名学者，又身居高位，我毫无保留地表述了个人浅见，但丝毫未曾担心会有所"冒犯"，因为在和金先生的交往中，我真切地感受到，他是一位真正的学者，一位智者和长者。

果然，对我的说法，金先生认为有些道理的，都采纳了；他不接受的地方，还详细解释了为什么。记得关于朝鲜战争的一个问题，我以个人兴趣希望作者能再稍做补充，金先生一笔一画、一字一句手写了500多字，增加了相关内容，并对这一段叙述做了严谨的注释。

金先生告诉我，在书稿完成以后，曾先后送滕文生、林兆木、董志凯、廖心文、汪朝光、王奇生等，请他们提出意见。这些人有他的同事、下级，有某一领域的专家，还有先生的及门弟子。金先生充分听取各位的意见，

反复修改自己的作品。就在书稿进行三校的时候，金先生来函说，一位专门研究改革开放历史的学者提的意见有道理，他要再做一些修改。

由此我们或许可以部分地明白，金先生何以能够成为大家，《史纲》何以能如此得到读者喜爱。其实，很多老一辈学者都有这样的习惯，文章写好了，送给同行看看，听取他们的意见和建议，再做修改完善。这其中的道理毋庸赘言。

当下的一个热门话题是"中国梦"。经过自己的手，编辑出版一两部50年乃至500年以后还会有人阅读的传世精品，应该是许多学术编辑的梦。我相信，《二十世纪中国史纲》及《二十世纪中国史纲（简本）》会是这样的传世之作。

我庆幸自己的幸运，在编辑一部好书学习知识与方法的同时，也亲身感受了一位真正学者的学术追求和治学态度。

感谢金冲及先生和他的《二十世纪中国史纲》。

（原载 2013 年 4 月 12 日《中国新闻出版报》）

初到社科文献

梁艳玲

2003年1月2日是我第一次到社会科学文献出版社报到实习的日子。当时出版社还在院部大楼办公，一个北向的小办公室里，挤着四张办公桌，现任总编辑杨群是当时的部门主任，还有现在的人文分社社长宋月华、已经退休的编辑汤兮老师以及返聘老编辑范明礼。当时感觉环境很局促，到处都是书和纸稿，连个坐的地方都没有。

后来因为一些原因，3月我才正式开始实习，出版社也搬到了先晓胡同。实习没多久就赶上了"非典"，出版社给每一位员工发了口罩、消毒剂等一些防护用品，作为实习生的我也领到了一份，心里暖暖的。学校解除封闭后，我继续在社里实习，一直到2004年毕业前，断断续续也有一年多的时间。开始时是一周两天，后来因为毕业实习，在出版社待的时间要多一点。

实习的部门是编辑中心（人文分社的前身），杨群老师和宋月华老师先后担任部门主任。我实习时没有编过一本稿子，主要工作就是帮编辑们核红，偶尔做些校对。看似简单的核红工作，却让我受益匪浅。当时的编辑中心有一个特别的优势——老编辑多，倒如范老（范明礼）、周志宽老师，还有已去世的章绍武老师、陈文桂老师。我特别愿意帮他们核红，在核红过程中，我会一边仔细地核对校样，一边留意研究他们修改的地方，不明白的地方还可以向他们请教。我也给杨群老师做过不少核红。他有疑问或者不确定的地方都会用铅笔标注"要核""要查"的字样，我也要誊在新校样上，还有一些贴条的地方，我也要重新贴上。这段踏踏实实核红的经历在对于初入编辑行当的我来说，是一笔非常宝贵的财富，既磨炼了性子，又打下了相对扎实的基本功。

我硕士是在北京师范大学读的，当时的毕业生主要有两种去处，一种是考公务员，一种是去教育系统。我是无意于考公务员的，所以也没有准备；去教育系统，硕士毕业无非是做教学辅助工作，如行政、辅导员等，也没有太大吸引力。关键是我的实习单位始终只有一个，就是社科文献。在实习过程中，出版社给我印象最深的就是"工作环境"不错。当然，这个工作环境不是指硬件环境，先晓胡同比之前确实好多了，但与现在相比，还是差得很。我觉得这份工作的日常交往环境比较单纯，不需要太复杂的社会关系，同事也好，作者也好，都是一些高知识、高素质人群。用现在流行的话说，很"高大上"，而且我们的读者也都是受过高等教育的，可以说是"谈笑有鸿儒，往来无白丁"。经常和书、作者打交道，我觉得对自身素养的提高也非常有益。实习的表现得到了出版社的认可，所以毕业后我没有其他的考虑，直接就来了社科文献。

2004年7月，毕业后只休息了一个星期，我就正式报到上班了，被分配到编辑中心。还记得我的打卡序号是80号，意味着我是出版社第80个员工。出版社当时关于新编辑的制度是这样的：试用期半年，固定工资就是一个月1200元，一年内必须坐班，每天25元坐班费，没有工作量的要求，干多干少全凭能力和自觉，也没有发稿权，不允许独立看稿，要和别的编辑一起合作。因为之前实习期打下了比较好的基础，在与其他编辑合作看稿的过程中，很快熟悉了整个编辑流程，逐渐进入了状态。

正当我试用期即将结束，盘算着转正后按照社里的规定我能拿到多少工资的时候，突然有一天，我发现一个词正在出版社内部快速传播着："改革"！原来2004年11月，出版社全体中层以上人员在静之湖开了一次不同寻常的工作会议，就是在那次会上，谢社长提出了"量化管理、绩效考核、成本包干、部门核算"的十六字改革方针，吹响了改革的号角。

这短短的16个字，现在大家看起来并无特别之处，但在当时，却是掀起了不小的波浪（虽然我没有参加那次会，但不知道为什么，就在那之后，我对静之湖这个名字印象极深，甚至喜欢上这个名字）。会后，几位编辑室主任都在一起讨论，因为这是改革的第一年，大家谁也不知道是什么情况，到底能不能完成出版社规定的任务，大家心里其实是没有底的。但社科文献从来不缺行动者，犹豫、观望也只是一眨眼的工夫，最终各部门主任都与出版社签订了协议。也许开始很多人是抱着试试看的心态，但其结果却是极大地调动起了大家的工作热情。

2005年是改革的第一年，社科文献就进入了一个高速发展的时期。当时每个部门都是活儿干不完啊！我印象中，编校《经济蓝皮书》和《社会蓝皮书》的时候，皮书部就在老川办租两间房，24小时待在那里，通宵达旦地赶活儿。编辑之间交叉看稿，编辑与排版人员半夜交班。那时候大家全身心投入，每个人都处于高速运转的状态，那种精神劲头现在想想真是挺令人感动的。

又比如，本来社里想把编辑中心设计成一个纯社管项目的编辑加工中心，但是当时编辑中心的宋月华主任（现为人文分社社长）特别能干，她既承担了出版社大量的社管项目的编辑加工任务，同时还承担了书号的毛利任务（那时出版社是按书号核算）。主任要策划选题，编辑就加班加点看稿子，记得当时在编辑中心半年就完成了全年的任务量，大概300多万字，这对于一个新编辑其实也是很高的工作量了。

从全社来看，改革带来的动力也是巨大的：2005年的出版量就有了一个质的飞跃，书的品种数也上去了，全社的效益也大幅度提高。2005年之后，2006年、2007年更是这样。后来我每年都做全社的工作总结，发现我们社的效益基本上每年都是两位数地增长：15%、18%、20%……一直到现在，我们还保持着两位数的增长。这点是非常不容易的，一切都源于2004年年底的"静之湖会议"。

艰难的书号管制岁月

梁艳玲

我觉得自己是个幸运的人，正好在这样一个改革的关键时段进入社会科学文献出版社。2005年6月，正当我在计划着下半年还要出几本书，憧憬着年底能拿到多少超编费、多少奖金的时候，我的编辑生涯戛然而止，因为我被调到总编室了，担任总编室副主任。

总编室的工作主要是做编辑业务管理，事情也比较杂，但在所有工作中，我认为最难的就是申请书号这项工作。也许现在的同事已经很难理解了，但在当时书号管制的年代，书号就意味着资源，意味着效益。虽然2000年以后出版社的编辑人数、高级职称人数都有了不小的增长，但由于历史的原因，出版社一直还是只有160个书号的配额，书号成为限制发展的瓶颈。特别2005年改革以后，出版社出书品种数大飞跃，对书号的需求特别旺盛，实际上每年我们都能出300~400种书。那么这些额外的书号是怎么来的呢？在我的印象中，在总编室工作的前几年，也就是2005~2008年，我工作中的最大任务，也是最大困难，就是申请书号。

由于书号一直短缺，所以寅吃卯粮的状况很严重，往往年初1、2月就把全年的配置书号用完了。那剩下的三四百种书该怎么办？只能想尽各种办法贴合政策申请书号，比如申请专项书号、追加书号，然后接着寅吃卯粮，申请预发下一年度书号。哪些项目可以申请专项书号呢？说到这里不能不提皮书和列国志，虽然当时影响没现在大，但也是出版社的品牌，关键是数量够多。于是我们就拿这两个大项目做文章。当时皮书品种只有六七十种，我们就打一个报告，说我们的皮书有多重要，多有影响（实际情况也如此），但很多皮书都因为没有书号不能出版。我都记不清用皮书和列国志申领过多少书号了，每年他们都是必需的由头。皮书还好说，每年都会出，但是列国志，一共就那么多国家，还好主管单位也知道我们的客观情况，在很大程度上给予了支持。

还有一个申请书号的途径，就是申请追加书号。我们把现有的选题打包：把国家"十五"出版规划项目打个包，重点项目比如教育部重点项目、社科院重点项目打个包，按主题出版再打个包，等等，总之就是要突出这些选题的价值，而且还得有规模效益。我每次去申请专项书号的材料都那么厚，一大摞，送到总署能不能获批还不一定，但总得试试。得益于出版社不断提升的影响力，所以每次或多或少总有收获。

我在担任总编室副主任的时候，杨群老师当时是总编辑助理兼总编室主任，去主管部门办事也经常带着我，这期间慢慢地熟悉了主管单位的工作流程，工作也做得更加细致些。虽然每年都很紧张，不够用，但书号使用数量也有很大增长，保障了出版计划的顺利实施。

但有一次我们碰到了一个大难题，就是负责书号申请材料审核的岗位换人了，新的领导对出版社的情况也不太熟悉，加上申请书号的单位也太多，所以对我们提交上去的材料没有及时处理。而当时正值年底，出版部签片完成等书号下厂印刷的书稿已经贴着墙堆了高高的一垛，足有100多种。我一次次拿着材料送去，但始终没有结果。有一天下班之后，我坐在办公室里，用了将近一个小时的时间编了一条短信（应该叫长信了），把出版社的情况和近几年的发展情况做了简单介绍，不卑不亢又充满敬意，站在出版社的角度希望得到主管单位的支持，但有没有回应也只能尽人事、听天命了。结果短信发过去的第二天，负责具体事务的人员回了个电话，说看了我们的材料，马上报上级领导审批。自从那以后，这块儿工作就比较顺了。

但是追加书号毕竟数量有限，每一次给的数量都特别少，一次就给几十个，就像挤牙膏一样，我一年大概得打四五次报告。出版部当时签片的稿子就摞在那儿，基础整理、开印单这些程序都准备好了，就是没有书号。跟作者都签了合同什么时候出版，但因为书号的问题，始终出不来。所以那时候来了个书号就像过节一样。具体是什么情形呢？一拿到书号批文，我会立刻通知社领导，同时找人加急做条码，48块钱一个（现在一分钱都不用花），一个工作日内立马就要拿到条码，这钱花得一点不心疼，因为书稿一天都不能等。书号来了，怎么分又是一个难题。比如说拿到了40个书号，但是我们等着书号要印的书有150种，怎么往下分呢？先请示社领导确定一下比例，因为有的部门选题多，有的选题少，大部门给10个，小部门给6个，然后让部门报计划，这几个书号，你准备用在哪几本书上，计划报过之后就不能改了，部门主任得到总编室签字，书就可以去印了。

社长每次都说留下 5 个书号以备不时之需，但我每次都是多留 2、3 个，因为我们有太多急的书会急需书号，比如皮书，当时我们虽然用皮书申请了书号，但是很多书号也没有用在皮书上，而被别的书挤占了，那皮书真到要出的时候怎么办？又或者临时有非常重要的书要出，等着下锅不能没有米啊！还有我们根本不会知道下次的书号什么时候来。所以手里必须握着几个以备不时之需。这预留的几个书号，到底哪本书能用，我必须见到社领导审批后的签字，社长不最后签字，我不敢也不能把书号发下去。

我们过了好几年这样的日子。书号的申领与使用让我承受了特别多的压力。我专门有一个本子，就是专门记书号情况的，哪个书号、什么时间、怎么用的、具体原因都记录得清清楚楚。在书号就是资源的年代，这太重要了。现在根本不存在这种状况，说出来像是笑话。

这种状况一直到了 2008 年，总署虽然没有明确发文，但在转企改革的大背景下，像我们这样发展势头良好的出版社基本上再也不受书号的限制了，我们再也不用为书号的事犯难了。即使书号遇到不够的情况，一个申请过去，理由正当，选题合规，书号就给追加上来了。这是出版管理的进步，时代的进步。感怀曾经的岁月，但更热爱今天的美好。

我与社科文献

许春山

我 1998 年 8 月从日本回国，10 月进入社会科学文献出版社工作。我原来在大学学的就是出版编辑学专业，毕业后到中宣部出版局工作了几年，后来又去日本研修了 3 年。说来很巧，1998 年 9 月北京举办国际书展，我刚回国还没上班，就到这个展会上去转了一圈，恰巧转到了社科文献展台。我对皮书特别感兴趣，就跟当时的国际部主任、现在已经退休了程晓燕老师聊了起来。我在日本的时候有过切身体会：国外对中国知之甚少，其实他们非常需要了解当代中国的社会、政治、经济、文化各方面的东西。当时这个渠道是很少的，尤其是官方渠道。我在日本的那几年，在媒体上很少见到中国的情况，几乎和国内是隔绝的，那时互联网刚兴起，还不是很发达。当时我看到《社会蓝皮书》，就想如果国外想了解当代中国社会，这本书应该是他们最好的读物。

从书展回来，我对社科文献产生了很深的印象。恰巧我姑父是中国社科院社会学所的研究员，跟谢社长很熟悉。有一次他们在一起开会，谢社长和我姑父聊起出版社的情况，谢社长就说现在最缺专业人员，有很多想法、很多项目都没有人来执行。我姑父就跟谢社长提起了我刚从日本回来，原来是学出版的。谢社长说那让他过来跟我谈一谈，我们现在正好需要人。其时我刚回国，对于工作还没有明确的想法。后来我姑父跟我一说，正好我之前在展会上到过社科文献的展位，对社科文献的书很有兴趣，我就到社里跟谢社长聊了聊。当时我们聊得很投机，这一聊就把我聊进了社科文

献，一直干到现在，17 个年头了。

我刚到社科文献的时候，出版社只有二三十人，六个部门——两个编辑部、一个总编室、一个发行部，还有一个办公室。编辑部门一个是社科编辑部，一个是国际编辑部。社科编辑部就相当于现在的人文、皮书、社会政法分社合在一起；国际编辑部相当于现在的国际出版分社、全球与地区问题出版中心（现为当代世界出版分社）。当时我们社的规模是很小的，在社会上也没什么大的影响，皮书也是刚刚开始做而已。

我刚进来的时候是在国际部工作。因为我原来是学外语的，我到国际部主要是做翻译图书的编辑，第二年就担任了副主任。2002 年国际部又改成编译中心，由我担任编译中心主任。到了 2008 年，社科文献与中国红十字总会合作做安全救护教材的出版，就成立了一个救护事业部，独立出来专做救护定制出版，我也就离开编译中心，负责救护事业部工作。2013 年，救护事业部更名为教育分社。来社 17 个年头了，我一直在编辑岗位上工作。中间我也负责过对外合作工作，《哈佛商业评论》中文版（现在的《商业评论》），就是在引进了美国版权之后跟香港晨兴集团合作的。这个项目做了十几年，当时成立了一个合资公司，我一直代表本社负责杂志项目运作。这么多年我一直从事的就是图书和杂志的编辑工作，最近这些年开始做行业的定制出版。下一步我们计划做大的应急救护产业平台，成立公司来运作一些项目。

十几年的风风雨雨，我经历过成功，也遭遇过困难。当年我们跟红十字总会合作出救护教材，做救护定制出版，为此我们还独立成立了一个救护事业部。正当大家准备放开手脚去搏一把的时候，2011年就发生了一个"郭美美事件"，这个事件给我们的冲击特别大。当时我们跟红十字会的教材出版正进入全面开发和发展阶段，一些项目的协议都草拟出来，准备签字了。就在这个时候发生了这个事件。那一年，无论是教材的发行、项目的开发，还是经济效益，对于救护事业部来说都是非常惨淡的一年。这个突发事件，对我们跟红十字总会的合作影响是非常大的。但是我们没有放弃，我们认为那一年只是一个突发事件，都是暂时的。随着人们物质生活水平的提高，他们对生命安全教育的需求会越来越大，这个市场始终是存在的，而且肯定会有发展的。所以，我们还是坚持做下去。从2013年、2014年，到2015年可以看出，我们这几年的发展是非常快的，每年都是以20%、30%的速度增长。2014年我们救护图书实洋达到600多万元，2015年做到了800万元，将来有望达到上千万元。

　　"郭美美事件"之后，我们计划中的很多全国性的项目都停掉了。于是我们把我们的触角往下延伸，开发各个省、地市甚至到各个县的救护培训教材市场。几年过去，教材的发行量就逐步上来了。这个事件其实也给了我们另一方面的警示和教训，就是把所有的鸡蛋都放在一个篮子里是有风险的，一旦发生突发事件，影响就特别大。所以最近这几年我们就开发

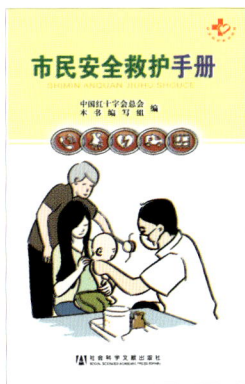

了其他领域的教材，比如说我们开发了机动车驾驶员的安全救护教材，还有一些中小学生生命安全读本，发行都挺好。我们还开发了很多面向大众的普及读物，比如《市民安全救护手册》，就是给普通市民用的，这几年光江苏省每年就采购《市民安全救护手册》100多万册，作为政府为民办实施项目教材。

救护事业部现在变更为教育分社，就是要扩大教育出版的业务范畴。第一，把救护教育纳入了我们的大教育概念中，救护毕竟也是群众科普性教育的一种。第二，我们引进大众健康教育、家庭教育、心理教育等项目，做大众教育出版。第三，我们要建设O2O教育平台，开展安全救护在线培训，开辟融合出版新领域。

社科文献成功的三个因素

许春山

社会科学文献出版社有今天的发展，我认为主要归功于三个方面的因素。

第一个是人的因素。文化企业最核心的竞争力或者说最有价值的东西就是人。出版社要搞好，要有尽心尽力去做事的一帮人，这其中最重要的是"一把手"、领头人。出版社这样的文化单位，如果一把手是行家，他的能力和人品就决定了这个单位的发展方向。有些出版社、报社，换了一个领导，这个领导不给力，马上就垮下来了。所以，我们今天的成就，要归功的第一因素就是人，尤其是一把手。还有一点就是精神。我现在还非常怀念第二次创业的时候，虽然社小人少，但大家都有一种奋斗的精神和使命感，就是我们一定要把出版社在社科学术出版领域里做大，做强，做出影响力。当时全社上下，从领导到员工，大家都有这么一股精神气，对于我们的发展来说，这种奋斗的精神非常重要。

第二个因素是机制。应当说社科文献在机制改革方面是走在前面的。前几年出版社改制，好多人问我你们出版社现在改制怎么样了？我说我们社其实在多年前就已经改制了。尽管没有形成官方文件，但我们运营机制早就按照市场化的机制来运作了。所以，为什么我们出版社跟我们院里的兄弟社比起来，这几年发展这么快？其中一个很重要的因素就是我们机制灵活，采用了更贴近市场的运行机制。只有这样的运行机制才跟得上时代的发展，才能调动起大家的积极性。

第三个因素是我们的企业文化。我以为我们的企业文化有三个方面的特点。

第一，团结。据我观察，好多单位工作搞不好，有一个很重要的原因就是内部不团结，甚至钩心斗角，互相拆台，拉帮结派。这样的单位，肯定是发展不起来的。我们社走到了今天，一直处于快速发展状态，一个很重要的因素是社科文献是一个团结的集体，大家没有在私下里搞什么你帮我派，或者是工作上面互不买账、各自为政。从我们平时的工作里能感觉到，我们的员工间团结合作，部门间配合协调是非常好的。

第二，和谐。我们的工作氛围，包括我们平日里大家在一起相处的氛围，是很和谐的。不管是员工之间，还是领导和员工之间，大家都平等相处，协商办事。社科文献的高管，包括社长，跟员工之间没有一般国企的隔阂和距离感。员工有什么事可以随时敲社长的门，有什么事可以找社长谈。和谐是社科文献企业文化的一个非常重要的方面。

第三，创新。社科文献从最早那么小、一年才出那么一点书的小社，发展到今天这么有影响力的专业出版社，这中间确实贯穿了一个不断创新的理念。比如说皮书一开始是由中国社会科学出版社做的，谢社长把它拿来做成了中国皮书第一品牌，做成现在的规模，这是一种创新。这么多年来尤其是最近几年，我们在数字出版、新媒体出版以及定制出版等方面，都做了很多探索。尽管有的现在的效果还不是特别明显，但这一定是未来我们社发展的新方向。所以，创新也是我们社里企业文化的一个重要方面。

经历了第二次创业，我们将出版社定位为社会科学的学术出版专业机构，以出版"社科经典，传世文献"为宗旨，无论从出书的范围、出书的品质，还是对市场机制的适应和应变能力，我们都有很大的发展。现在我们已经进入第三次创业了，就是在现有的基础之上，向下一个更高的台阶迈进，这就是数字出版、定制出版、融合出版等新的形态，我们要做出版新常态下的学术内容提供者。

对社科文献未来的发展，我还是更多寄希望于两个方面。

一是我们要出更多的学术精品。我们现在每年出书的品种不算少，但是我社的精品量和我们一年一两千种的出版总量相比，比例还是太小了。所以，我们要更多地在学术精品出版这一块下功夫。我们现在的很多书都有出版补贴，说实话出版补贴拿到的选题，精品不是很多。所以，如何多策划精品学术选题，做强我们的学术出版大平台，是我们要考虑的问题。

二是数字出版。我们的专业出版还好一点，大众出版、传统出版正在走下坡路，这是很明显的一个趋势。数字出版是未来的发展方向，包括我们的学术出版也是如此。荷兰的博睿学术出版社一直在跟我们合作，同样它也是出社科学术类图书，一年出上千种图书、一百多种学术期刊，基本上没有纸质的，绝大部分是电子出版物。我们社里这几年已经在这方面投入了很多人力、物力，但还没有达到"叫好又叫座"的效果，无论如何，数字出版一定是我们发展的一个很重要的发力点。

90 年代初的记忆

孙元明

我是 1991 年进入社会科学文献出版社的。当时社科文献是中国社会科学院文献情报中心（下称"文献中心"）下属的一个处室级单位，中心主任是李惠国。社科文献的首任社长是沈恒炎，他当时是文献中心副主任，兼任社科文献社长，总编辑是陆象淦。沈恒炎和陆象淦是出版社第一代创业群体中的两个核心人物。当时社科文献规模小，资历浅，级别低，在院里没有什么话语权。由于当年的图书市场求大于供，基本属于卖方市场，好书不愁卖，社科文献人员少，负担不重，再加上沈社长的经营风格又比较稳健，所以出版社的发展总体比较平稳。通过前五年的奋力打拼，社科文献在内容资源、作者资源，以及资金等方面，都实现了一定的积累，也出版了不少社会效益和经济效益双收的好产品。由于当时的体制机制以及思想意识的局限，给经营管理方面带来一定程度的制约，在发展的过程中会出现一些无法回避的问题，因而那时的社科文献很难做强做大。当然这里既有社会因素，也有个人因素。

出版社隶属文献中心，人事工作归文献中心人事处管理。职工大致由三部分组成，一部分是国家体制下的事业单位（正式）职工，这部分职工应该不到 20 人，比如张星、汤兮、屠敏珠、罗琳、程晓燕、窦建中、陈海力、赵立波、冯韵文、田力年、吴伯凡、朱珊、刘淑云等。这些职工来自社会的各个方面，有原文献中心来的，有院里来的，有研究生院分配来的研究生，也有院外单位调入的。另一部分是临时聘用人员，当时称作临时工。临时工大部分是从社会上招聘来的，也有个别从其他所、局转过来的，临时工在待遇上与正式工有所不同。再有一部分是我们的特约编辑。当时沈社长还兼任《国外社会科学》杂志主编，杂志编辑部的编辑们就经常参与我们的出版活动，帮助组稿、审稿、编校。也有一部分特约编辑来自于文献中心及社科院其他所局。他们虽然不是社科文献的职工，但他们为社科文献的发展作过很大的贡献。比如吴安迪先生就是我记忆深刻的特约编辑之一。当年沈恒炎、陆象淦、吴安迪这三位研究员正是年富力强的时候，有才华，有能力，都是文献中心的骨干力量。他们是我的领导，也是我的前辈，更是我的老师。

社科文献诞生于院科研大楼4层，我来社时有4间办公室。社领导在405房间，我和张星、陈海力、窦建中还有屠敏珠老师在413房间。413房间是社科文献的核心位置，这里承担着办公室、出版部、总编室、版权管理、对外合作、图书编校、美术设计等多项职能，有点像现在的运营中心。那时我任美术编辑兼出版部副主任，图书封面从设计到印制都是我一个人干。编辑们和财务人员合用一间，发行部和储运合用一间，老编辑冯韵文也挤在这间办公室里。房间面积都不大，每人能摆放一张办公桌就已经很不错了。

记得发行部那边小伙子多，每天嘻嘻哈哈非常热闹，唯有老编辑冯韵文一个人安静地坐在角落里，旁若无人地看着书稿，他应该是社科文献年龄最大的编辑。老同事都会记得他那个有趣的习惯，看书稿间歇的时候，他会点上一支香烟，一边抽一边用一把小剪子剪纸屑，剪得十分认真，一直到香烟燃尽为止，随后又把自己埋在书稿里。老冯平时身着一件蓝色中山装，头戴一顶蓝色解放帽，胳膊上套着袖套，鼻梁上架着一副老式的黑框眼镜，那形象还真有点民国文人的味道。

当时社科文献有一辆拉达牌小轿车，是出版社用自有资金购置的。虽然车身很小，又没有空调，可它毕竟是进口车，那时整个文献中心也就这么一辆好车。文献中心的外事活动，包括所长去人民大会堂开会都用它。这辆拉达车一直由王精明师傅驾驶。后来出版社又买了一辆红叶牌面包车，谭志华经常开着它大街小巷地去送货。

20世纪90年代初，社科文献一年大概出五六十种图书，1997年超过了100种。当时中国社会科学出版社年出书量能在150种左右。虽然社科文献年出书量不大，但内容范围比较广，部分内容甚至有点跨界。除了国内外学术专著和文献资料外，工具书占比不少。例如语言所的《新编汉语词典》、陈醉的《世界人体艺术鉴赏大辞典》、李泽厚和汝信的《美学百科全书》，以及《教师百科词典》《世界电影百科全书》《中外微型小说鉴赏词典》等等，蛮有特点。其中《新编汉语词典》是个长线产品，重版率很高。另外也有少量的文艺理论作品、小说、传记等方面的产品。张道真的《电视英语》是那个时期的名牌，可以说是典型的双效益产品。《电视英语》产生的影响一直延续到我们第二次创业的初期。在谢寿光社长的倡导下，张道真先生又把他改编成《自学英语》，同时也衍生出一些辅助读物，形成了《自学英语》系列产品，产生了不错的效益。当然这是1997年以后的事情了。

上面说到，那时的社科文献是个纯事业单位，无论在观念上还是在行为上都不可能跳出事业单位的圈圈。因此，在管理模式、奖励机制、人才培养，以及部门的专业化能力建设等方面都存在着不同程度的欠缺。幸运的是，我们有恒炎社长和象淦总编辑这两位学问好、干实事的领导，有张星、窦建中、陈海力、程晓燕、罗琳、屠敏珠、汤兮、冯韵文、刘淑云、朱珊、李春兰等一批摸爬滚打跟着干的同事，大家手拉手，坚强地走过来了，使社科文献的第一次创业得以实现。更加幸运的是，我们这些参加过第一次创业的老同事又在谢寿光社长的带领下，共同见证了第二次创业的全过程。现在，我们又和大家一起迈开了第三次创业的新步伐。

那时我们正年轻

孙元明

社会科学文献出版社现在的设计中心，其前身就是富华公司。如今社里少有人还能记起富华公司这个名字，更少有人能说清富华公司的历史。富华公司在社科文献是一个特殊的团队，他诞生于 20 世纪 90 年代初，成长于社科文献第二次创业阶段，曾经是第二次创业期间的重要部门之一，在社科文献再次崛起的过程中起到过不可忽视的作用。

富华公司注册于 1992 年 10 月，全称是"北京市富华信息广告公司"。当时社会上兴办第三产业，各类公司如雨后春笋，其中广告业是大家比较青睐的行业之一，大家都觉得做广告代理能赚大钱。社科文献就是在这样一个背景下产生了办广告公司的念头。

那时，要想注册一家广告公司很不容易，工商部门有不少限制条件。社科文献不具备独立法人资格，不能作为申办主体，上级主管领导们对出版社办公司的事各有说法，来自内部的阻力也不小。但是沈恒炎社长执意要做，而且经常亲自出马和我一起出去跑各种手续。在那段时间里，我们不知跑了多少个"衙门"，打了多少个报告，盖了多少次公章。

有一次我发烧 38 摄氏度，沈社长非要拉我去工商局谈事情，说是好不容易约了他们的科长。我执拗不过，只好答应了。我们坐的是社里那辆小轿车（拉达），沈社长习惯坐在副驾驶的位置，我躺在后排座上，那样子很狼狈，知道的是去工商局办事，不知道的还以为送我去医院。因为大家没吃早餐，沈社长半路下车去买了几个肉包子回来。我当时正头晕恶心，不要说吃包子，就是听到"包子"两个字我都想吐。

功夫不负苦心人，在沈社长与我们的共同努力下，富华公司终于完成了工商注册。

我经常在想，如果说沈恒炎和谢寿光这两位社长有什么共同之处，那就是做事执着，他们俩都有一股不信邪的精神。当年沈社长筹建社科文献的时候，很多人都说这是个没可能的事，可他硬是用这股精神把社科文献办成了。在这点上，张星、窦建中、陈海力等一些老同事一定和我有同感。

"富华"这个名字是沈社长自己取的，实话说这名字有点俗气，我们都不喜欢。他却说这名字喜庆，还说东二环路旁有个富华大厦，可以借富华大厦的名气为我们带来财运。老头经常这样毫无逻辑地东拉西扯，大家一笑也就罢了。

富华公司的注册资金是100万元，其中60万元现金，40万元固定资产。其实60万元现金只是为应付验资，在银行过了一下又抽走了，这笔资金原本也不是做投资用的。40万元固定资产的来源就更不靠谱了，那是用文献信息中心的声像设备作价40万元出了一个资产调拨证明，事实上富华公司从来没有收到过这批设备。

公司开业后，沈社长口头任命我为总经理，陈海力为副总经理。那时我们的脑子都很简单，什么也没想，就稀里糊涂地干起来了。可是干什么，怎么干，谁也不知道。我和陈海力原本都有自己的一堆工作，富华的工作只能兼职做，经常要"赔"上一些业余时间。记得富华公司真正有效的经营时间不会超过两年，在这两年中我和陈海力没拿过一分钱的报酬。那时临时雇用的广告业务员的工资都是按劳务费支出的，一切都很不正规。尽管如此，在沈社长的支持下，在社会上一些朋友的帮助下，以及我和搭档陈海力的共同努力下，我们在力所能及的范围内做了一些尝试，其中有成功的，也有失败的。在这里我回忆几个当年的片段吧。

富华公司初期比较有代表性的广告案例有三个。

案例之一，1994年我们和北京电视台合作，共同拍摄了电视节目《世界各国国徽、国旗、国歌》，在北京电视台新闻联播前5分钟时段播出，每天介绍一个国家，主持人是当时中央人民广播电台著名播音员雷阳。我们还为中国长城计算机集团公司代理了片头广告，这份广告代理合同是在陈海力的努力下签的。那段时间每天都可以看到这档节目，片尾字幕是这样的，"北京电视台、社会科学文献出版社、北京市富华信息广告公司联合摄制"。对了，广告中那句"本片由中国长城计算机集团公司协助播映"是我的声音，现在想起那段声音不禁莞尔。

案例之二，1993年我们策划了一个"北京地区科技电子产品报价"信息的投送项目，每周四由《人民铁道》《北京晚报》《人民政协报》《中国教育报》4家报纸同时发布，信息内容主要是北京地区一周内电子产品的最低价格。当时北京只有两家公司在做这事，一是慧聪，二是富华。这是一个很好的长效项目，可惜的是，富华因自身体制的局限没能持续做下去，而慧聪凭借自己体制的优势发展壮大了。

案例之三，1994年，我们在慧忠里小区附近申请了一块90平方米的户外广告牌，为北京御苑花园别墅代理发布地产广告，北京御苑花园别墅是北京最早的别墅区之一。发布合同还包括在通往售楼处的沿途上做35个导引牌。这些路牌的审批程序极其复杂，这个项目用了将近半年的时间才完成。当时没有喷绘设备，广告画面只能靠手工绘制。我临时雇了5个人同时画，前后用了7天才画完。就在那年，北京火车站附近有块路牌被大风刮倒了，砸伤了路人，由此产生的法律纠纷让路牌经营商付出了很大的代价。因此，一遇到刮风下雨我就会提心吊胆，生怕我们那块路牌出问题，经常要骑着自行车跑去看过才踏实。前面说了，富华就是一个空壳，没有员工，谁干的事情谁就要负责到底。这块路牌一直到谢寿光社长上任后还在，由于无人经营已经破烂不堪。谢社长曾说让我们拆了卖废铁，可还没等我们去拆就让市政给拆掉了。

那时的社科文献是事业单位，人们习惯用事业单位的思维方式来管理企业。富华公司没有自己的经营场所，招聘来的员工上班没有地方坐，只能在走廊里来回溜达，偶尔在沈社长的办公室临时坐一会儿。劳动报酬只能按事业单位临时工待遇，以劳务费的形式支付，月收入还不能高过体制内职工。广告业务员按业绩提取奖励本是正常的事情，却总会有人说三道四。富华公司曾经有过几个广告业务员，没干几个月就走干净了，原因就是他们在这里毫无归属感，这也是许多项目不能持续下去的重要原因之一。

在"二次创业"中重生

孙元明

1997年，谢寿光社长来到社会科学文献出版社主持日常工作。当时正值全国出版社内部深化改革时期，谢社长借深化改革的东风大力推动社科文献的整改工作，出台了一系列的改革措施，出版社的工作节奏骤然加快了。

在一次会议间歇的时候谢社长找到我，直截了当地对我说："富华公司不能这么放着，你来把她重新做起来吧！"因为我知道富华公司是怎么走过来的，也知道她是如何摔倒的，所以实在不愿意再蹚这潭浑水。于是我当即表示自己没能力做富华公司，只愿意专心做自己的设计专业。谢社长沉思片刻，又问起富华公司的基本情况，我便如数家珍般地介绍起来。没等我说完他就打断了我的话，用很肯定的语气说，"不用说了，我看你能干，富华公司一定要再干起来，但不是过去的那个干法，出版社会提供一些资金，再配备一些必要的设备，你们靠自我滚动发展来把公司做实。"他注视着我接着说："我这个人是疑人不用，用人不疑，我既然把这个事情交给你干，就是信任你能干好。这样吧，干好了你就接着干，没干好由社里接着！"他没等我回答，便向我和在场的盖永东、窦建中拱了拱手说："拜托大家了！"然后他看了我一眼转身就走了。他的眼神似乎在说，哥们儿别想啦，这事儿没得改。

当时我对这位新来的社长还不熟悉，对他的话我也半信半疑。

第二天我在办公室收拾东西准备搬走，一位同事对我说："你真的要走吗？你还不接受过去的教训，凭什么非得让你去自负盈亏，我劝你再好好想想。"我沉思了一下说："人总要干一点事情，现在出版社就是这样一个架构，我的兴趣点又在装帧设计上，继续在出版部干的确有点不伦不类。正因为经历过一次，我才会知道哪里有坑哪里有坎，你放心我会小心的。"

1997年11月，我被任命为富华公司总经理，全权负责公司的重新组建，对公司经营负全责。谢寿光社长为公司法定代表人。出版社只负责发我个人的基本工资和相应的职务工资，不再发放其他薪酬。富华公司对内称"美术设计部"，确保完成社里委托的装帧设计工作，对外称"富华公司"，承接社会业务。自主经营，自负盈亏，依靠自我滚动发展来把公司资产做实，最重要的是确保国有资产保值增值。

谢社长明确赋予我人事权和经营权，只是在财务管理方面我和他有点分歧。开始他主张请出版社的财务室代管富华公司财务，我不同意，执意要求财务管理独立。经过反复协商后他放弃了自己的主张。我的要求全部得到了满足。

随后，富华公司购买了第一套设备，包括MAC-8600\250电脑、AGFA扫描仪、EPSON MJ-500喷墨打印机；迎来第一批员工，行政主管尤田英、设计师缪萌和会计黄凤林老师；出版社还给富华公司划拨了10万元作为启动资金。上述这些就是富华公司1997年年底的全部家当了。

社科院东侧原来有一排临街的老旧平房，之前一直是社科院铅印室使用。我们租用了其中的40平方米，在临街的后墙上重新开了门窗，简单装

修一下就成了不错的铺面房。就这样，富华公司终于有了自己的办公场所。

1998年的春天，富华公司又先后迎来了设计师张惠芝和魏凯。前文提到的会计黄凤林老师是社科院机关财务处的退休干部，他是富华公司年龄最大的员工，也是在这里从业时间最长的员工。

1998年是富华公司获得新生的第一年。这个崭新的团队没有辜负社领导和同事们的重托与期望，不仅圆满地完成了出版社委托的全部设计任务，还承接了很多社会业务，公司当年实现了盈利。在大家的共同努力下，社科文献的图书装帧水平开始普遍提升。记得我们为出版社设计的第一个图书封面是《国有资产管理必读》，设计者为缪萌。承接的第一件社会业务是设计一张A4幅面的产品说明，承接者是尤田英，虽然仅有400元设计费，可这是零的突破，非常值得记忆。从那时起，富华公司的员工们以极大的热情投入到公司的建设与发展中，并很好地融入社科文献第二次创业的热潮里。

1998年11月，富华公司在太白楼举办重新开业一周年的答谢会。大家落座之前，谢社长特意把我拉到他和陆总中间就座。他高兴地说："今天你是主角，应该坐中间。"谢社长高度肯定了富华公司一年来的工作，并希望能通过富华公司的实践，为我社其他部门的企业化管理提供一个很好的范例。谢社长的话给了我们极大的鼓励，同时也坚定了我们沿着这条路走下去的信念。

谢社长刚来社科文献时有这样一句话，"先立规矩后干活"。我很赞同他这个说法，也是这样做的。从 1997 年年底开始，我们陆续编制了《富华公司章程》《富华公司财务管理规定》《富华公司发票管理规定》《富华公司设计制作流程》《广告发布管理规定》《员工薪酬制度》《员工考勤制度》等。健全的规章制度对公司的经营管理起到了积极有效的保障作用。在为员工提供档案管理服务、依法办理社会保险、依法签订劳动合同等方面，富华公司均在社科文献里走在前列。

1998 年以后，公司搭建了自己的网站，以"3A 设计艺术工作室"的名义做网络推广，扩大影响。我们不断实践着"3A 设计成就你我的事业"的服务理念。不到两年的时间，3A 设计艺术工作室在业界的知名度明显提升。商务印书馆、人民美术出版社、文化艺术出版社、协和医科大学出版社、中国妇女出版社、人民法院出版社、华侨出版公司、化工出版社等出版机构先后成为我们的长期客户，公司为他们长期提供图书封面装帧设计及专业咨询服务。我们的设计作品多次入选国家级装帧设计展览，部分作品获奖。

2000 年春节前夕，富华公司出资承办了"2000 年在京装帧艺术家新春座谈会"，200 余名装帧艺术家出席了会议。这是一次十分成功的活动，被称为中国装帧艺术界规模最大的一次盛会。会议期间，社科文献的图书装帧设计走产业化道路的模式引起业界的广泛关注。出版工作者协会副秘

书长张振启先生、艺委会主任张守义先生、老一辈装帧艺术家张慈忠先生给予了我们充分的肯定。2005年张守义先生主编的《中国装帧艺术年鉴2005》中提及了3A设计艺术工作室，称"3A设计艺术工作室是我国成立最早的装帧设计工作室之一"。作为鼓励，该年鉴还免费为我们发布了整页广告。2006年3月《中国新闻出版报》向业界推荐了7个装帧设计机构，其中就有3A设计艺术工作室，之后陆续有一些出版社的设计部门来公司交流经验。

2000年以后，我们的营业面积增加至120平方米，员工也达到了12人。业务也不仅限于图书装帧设计，增加了展览、包装、VI、壁画等一些商业设计。比如，我们承接了"北京地铁总公司30年成果展"和北京地铁西单站大型壁画"奥运精神"的设计制作；承接了国家宇航局的VI系统规范工作，等等。到2007年，富华公司的实收资产已经由原来的不足10万元提高到100万元，全面实现了国有资产保值增值，实现了靠自我滚动发展把公司资产做实的目标。

2007年8月新闻出版总署在深圳举办了"首届中国国际封面文化博览会"，这一年恰逢富华公司重新开业10周年。在谢社长的鼓励下，我们报名参加了这次博览会，当时在京出版社的设计公司只有我们一家在博览会上亮相。博览会期间，我们展出了近百种图书封面设计作品，发放了400册公司10周年纪念画册，与参会的多家设计公司进行了业务交流。此次博览会无疑为我们提供了一次展示学习的绝好机会。博览会开幕式后，广东电视台记者就装帧设计产业化的问题对我做了 40 分钟的采访。最后记者很好奇地问我，大家都说体制内的设计公司不好干，你们靠什么坚持了 10 年？我说："是出版社内部深化改革为我们提供了创业的机遇和环境；是社科文献领导的信任和同仁们的大力支持使我们的创业活动成为可能；是天时、地利、人和的局面让 3A 设计艺术工作室信步 10 年不衰。"在为工作室成立 10 周年设计的一枚藏书票上，我们留下这样一段话："10 年的历程，10 年的积淀；10 年的朋友，10 年的信赖。我们对 10 年来热情支持 3A 设计艺术工作室的各界朋友致以深深的谢意！"

历史是这样选择的。

2007~2009 年，富华公司度过了一段平稳的时期。

2009 年是富华公司发展道路上的又一个拐点。这一年社科文献迁址华龙大厦。按出版社要求，富华公司也随出版社一起搬到了华龙大厦。

2010 年社科文献由文化事业单位转成文化企业，并且逐步向现代出版企业转型，出版社扩张的速度也大幅度加快。富华公司对外业务开始全面收缩，集中全力保障本社各项设计任务的顺利完成。根据社科文献的发展需要，社领导决定将富华公司纳入本社管理序列。2012 年年底，富华公司全体员工正式编入社科文献运营中心，成立"美术设计部"，后来又更名为"设计中心"。到此为止，富华公司彻底完成了自己的历史使命。

富华公司是国有独资企业，这种体制的企业存在着先天的缺陷。尽管在社科文献第二次创业期间，她显示了一定的活力，但是随着时间的推移，这种体制的缺陷将会日趋明显，而且会直接制约企业的进一步发展。因此，富华公司的停业是一个必然结果，是一件正常的事情。

　　最后，我一定要提到这些人的名字，缪萌、魏凯、张慧芝、尤田英、焦娃、蔡长海、高宏剑、高大为、崔振江、吴雁萍、赵立红、黄凤林、张蕊、何浩、徐雷娜、马宁，他们曾经是富华公司的优秀员工，在社科文献第二次创业中为富华公司做出了很大的贡献，在此我向他们致以深深的敬意，谢谢他们！

累并快乐着的社科文献生涯

邓泳红

我是 2001 年来到社会科学文献出版社的,在当时的皮书事业部工作,当时整个事业部就 4 个人,规模相当于我们现在一个分社的编辑室的规模。

刚到皮书部的时候,真正做编辑工作的也就三个人,张大伟老师、陈斗仁老师和我。当时皮书品种也不多,应该不超过 20 种。

当时真的是很辛苦,特别是赶急稿子的时候。那时候因为四川驻京办事处离先晓胡同很近,我们就白天晚上地在那里干,吃住全在那里,一住就是一两个星期,门都不出。一方面是因为活儿太多,另一方面是怕回家受家里琐事的影响无法专心干活。作者有时也和我们住在酒店,我们在这里赶,他在那里赶,他那里赶完了就交到我们这里,我们这里看完了,就马上给中文天地送过去。

中文天地那个排版公司从那时到现在一直是我们社的排版公司,也离我们很近。到了晚上中文天地的大门就要关了,稿子必须当天完成排版。怎么办?就让上面的人吊一个小篮子下去,我们把稿子放在篮子里,再把稿子拉上去。第二天早晨把稿子排出来,我们再拿出来,接着流水作业,真是很辛苦。现在再怎么辛苦还有回家的时候,那时候连续半个月不回家是很正常的。家里经常是顾不上,这么多年都是这样。

从工作上来说,谢社长是对我影响最大的人。没有谢社长,我们社肯定走不到今天,我自己也走不到今天。谢社长每年都给我们创造一些指标,创新一些制度,"裹挟"着我们前行,如果没有他,我们就懈怠了。之前我们做策划编辑，一年就 5 本书的策划任务；后来是 15 本书；第二次创业，我们做事业部改革的时候，就提高到了 60 本书，按毛利 3.5 万元计算。到如今，我们编辑部去年就出了 180 多个品种，相当于第二次创业时期的好几倍，毛利也提高了许多。

其实随着出版社的发展，我个人的变化确实是很大的，主要还是思考问题、考虑问题角度的变化。因为做皮书有一个特点，各个行业、各个领域的人都会接触到，从与他们的接触中，自己的眼界真的开阔了很多，在处理问题、解决问题的方法上也学到了很多。我刚刚来到出版社的时候，对很多事情都不了解，随着这么多年的工作，自己慢慢学习，慢慢理解，然后慢慢地成长。

我们当时的工作主要集中在编辑文稿方面，比较单一。而现在我们实际上除了对皮书的编辑之外，还要全方面参与后期的宣传和推广。其实从皮书问世以来，大概有 10 年时间，我们每次做宣传的时候都会被问到一个问题，什么叫皮书？我们都要跟他们解释一番。但是现在这 5 年，皮书基本上已经成为业界共识，几乎没有人再问这个问题了。另外一个不同是我们的选题已经打开了，比过去开阔了太多。因为这些，现在我们觉得自己的底气也足了。

谢社长和出版社都不遗余力地推广皮书这个品牌，同时也在规范这个品牌。包括现在皮书的中英文摘要、中英文目录、关键词，这在以前都是

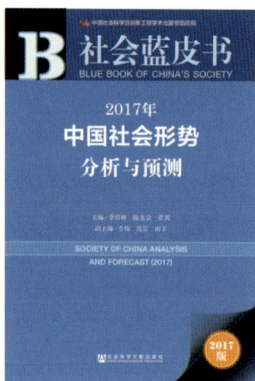

没有的。这个过程是一个渐进式的过程，也不是一蹴而就的，我们要做的就是慢慢不断地把它丰富起来。先有了中英文目录，后来有了中英文摘要，现在又有了对皮书新的要求，比如重复率、对皮书字数的要求、写作的要求、皮书的参与度等，皮书的标准慢慢健全起来。

当时编辑们做不到专做自己领域的书，但是现在大概有了一个分工，经济、社会、文化，你是哪个领域的，就主要做这个领域的皮书。但是做到分工特别细致也很难，因为毕竟我们的编辑人数还是有限的。

总的来讲，皮书确实发生了翻天覆地的变化，包括这几年皮书还翻译成各种语言出版。

编辑生涯对我来说也是很珍贵的岁月，也是很艰难的岁月。记得刚来社里做编辑的时候，也是很困难的。现在我们的新编辑来了，会有正常的培训流程，还有轮岗，在质检、出版部门都有一个轮岗的过程，到了部门还有一个老编辑带，有人来指导。那时候我们完全就是自己干，当时真的是没有任何地方可以借力，只能自己去想办法解决。记得当时给我分配的第一本书是德文书《市场的贪欲》，我不懂德文，翻译书又是最费劲的，而且这本书还是记者写的，口语化的东西非常多。当时没有现在有这么多求助的手段。我记得这本书我至少看了7遍，德文不懂，没有办法，我找了当时读博士的同学，还请教当时在中国工作的德国人和从留学德国回来的朋友。

我们的办公地点当时是在社科院的15楼，我们租了两间房子，成为

一个大的编辑室，其他各个职能部门就分散在各个楼层。社科文献当时只有 70 多人，搬到先晓胡同后，就有了百十号人。现在很多作者再见到我的时候都说，那时你们的办公环境就像一个库房，就摆了个桌子，室内也不通风，还黑，而且还没有一个独立的办公空间，谈事的时候都不可避免地影响到其他人。但就在那个黑暗的库房里我们不知看了多少稿子。那时候的办公条件真的比现在要差很多。

有一个词送给年轻的同，就是"学习"。编辑做的工作，首先是一个做人的工作，要先学习做人、做事，然后再做业务方面的工作。我现在也是在不断地学习中。只有不断地学习和理解，我们才能跟得上更具有卓越眼光的人的脚步。当时市场部刚刚成立的时候，出版社有很多声音，觉得市场部这一批人是不创造财富的。但是经过这么多年后发现，市场部对社里品牌的建立、对学术资源的传播确实起着重要的作用。

我想在这里着重说下陆总。我们眼中的陆总儒雅、博学、谦和。无论什么时候，有任何不满和怨言，我们都可以在陆总那里找到解决问题的钥匙。其实陆总也不分管我们部门，但是我每次找他，他都不遗余力地提供帮助。每次陆总给我们稍作指点，我们的惊喜和收获就很大。我们做翻译书的时候，遇到问题，总会请陆总指教，他稍一点拨，总会化腐朽为神奇。

在社科文献所有的时光对我来说都是难忘的。虽然说天天有这样那样的问题要处理，但我觉得这些年还真的是快乐的，累并快乐着。

出版人要讲原则，重承诺

宋月华

2001 年，我从聊城师范学院历史系调到社会科学文献出版社编辑中心，开始了我的编辑生涯。从地方到首都，由教师到编辑，一切的不适应再加上生活的压力，那时的日子真的很艰难。我清楚地记得，当时一个月的工资只有 800 元。虽然待遇不高，但毕竟在首都北京有了一份工作，全家人可以在一起。所以，当时只有一个想法，就是踏踏实实、认认真真地工作，编好每一部书稿。

2002 年年末，因为我的编辑字数最多，质检全部合格，我很荣幸被评为全社唯一的"优秀编辑"。有耕耘就有收获。也正是因为这意外的荣誉，让社领导以及全社的同事知道了我的存在。

勇挑重担

工作的需要，再加上 2002 年我出色的表现，2003 年安排我担任编辑中心副主任，帮助当时的主任杨群管理书稿，处理日常事务。2004 年杨老师被调到总编室，我接任编辑中心主任职务。2004 年的编辑中心人数并不多，包括编务只有 6 个人，其中 4 位是 60 多岁返聘的老编辑。我当时既要组织策划项目，管理书稿，还要带着大家一起编辑书稿。那时的我虽已过不惑之年，但精力充沛，除了每天要面对繁杂的事情，一年还能编辑700 万字左右的书稿。那时赶编书稿是常事，有时候先生出差，我经常是带着孩子住在宾馆和大家一起赶稿子。那时各部门配合得也相当好，为了

赶时间，排版、美编、编辑一起加班。有一次有个特别赶的项目，必须7天拿到样书，于是几个编辑和排版员、美编分工合作，吃住在宾馆，实行"两班倒"：前半夜几个编辑赶编书稿，排版和美编先休息；后半夜编辑休息，排版和美编设计、修改校样；清晨起来，编辑接着编辑新样校稿。这样三审三校下来只用了3天，印刷用了4天，第7天作者便拿到样书，圆满完成任务。作者高兴地带着还散发着油墨香味的新书前往开会地点长沙，对出版社的感激自不必说。那时很辛苦，但是很踏实，很简单，也很快乐。

社科文献2005年开始机制改革，实行企业化运作模式，定岗定编，绩效考核。当时给编辑中心的定位是承接社里交办项目的编辑任务，没有经济指标。另外4个编辑部门的任务是：一年完成60本书的策划和编辑任务，每本书的毛利不少于3.5万元。谢社长是想把编辑中心打造成一个编稿、审稿部门，除了社里的一些社管项目的编辑任务外，其他部门的加急书稿、疑难书稿也都由编辑中心编辑加工。当时的我不甘心只做社管项目的编辑工作，也想去组织策划选题，毕竟自己也有一些学者资源。所以就跟社长商量，我可以既按照社里的安排完成相应的社管项目的编辑任务，同时跟其他部门一样完成60个部管项目的组织策划和相应的毛利指标。

可以说我的计划是脱离了谢社长最初的部门功能定位和设置的。但我可以自豪地说，2005年，编辑中心不但完成了7000多万字社管项目的编辑任务，而且跟其他4个部门一样，完成了60多个部管项目的策划任务和相应的毛利指标。

2004 年社科文献全年出书品种不到 200 种，但由于机制改革，2005 年出版社出书的品种数一下就翻了一番。

就这样，从 2005 年开始，我们跟着谢寿光社长一路小跑，发展的速度越来越快，出版社的影响力也越来越大。图书项目不断增加，编辑队伍也在不断地壮大。编辑中心也不断发展，先后更名为人文科学图书事业部、人文分社，从最初的 6 个人，发展到后来的 28 人，分 6 个编辑室——古籍文献编辑室、文史编辑室、哲学宗教编辑室、民族文化编辑室、列国志编辑室，再后来又增加史话编辑室。再后来因为史话和列国志项目的增多，为了更好地运作项目，开展数据库建设，打造品牌和影响力，史话编辑室（现为史话编辑部）2013 年独立出去，列国志编辑室 2016 年独立出去，并改名"列国志出版中心"。人文分社最近三年项目的品种数一直维持在 240 种 400 册上下，总码洋 5000 万元，编辑字数 1.2 亿左右。因为队伍的壮大，书稿增多，管理的压力也越来越大，对我个人能力的要求也越来越高。但不管怎么样，都要跟着谢社长的脚步一直不停地向前推进。

我的工作风格和工作方法

我的性格是典型的山东人性格：说话直、做事快、不喜欢拖泥带水，工作效率比较高。

我喜欢把复杂的事情简单化，绝不会把简单的事情复杂化。不管是项目运作也好，还是与作者打交道，对待任何事情，都简单处理：想好步骤，放手去做。

我的执行力比较强，出版社安排的工作我都会认真对待，并且全力以赴。今天能做的事情我绝不拖到明天。哪怕领导没有要求具体的完成时间，我也会以最快的速度，在最短的时间内完成。

我是一个舍得付出的人，用山东人的说法就是"不惜力"。前些年我先生在社科院上班，他几乎包揽了做饭、接送孩子等所有家务，我所有的精力都放在工作上。回到家匆忙吃一口饭，晚上再接着审稿子，周末、节假日也是如此。

我的工作思路比较清晰，条理性比较强。手头的工作头绪很多，每天要处理的事情也很多。我将事情分轻重缓急，一件件地处理。每天早晨先思考今天要做的事情，比如当天必须联系的作者、必须催交的书稿、必须签约的出版合同、必须排版的书稿、必须出版的书，都一件一件处理完成。之后，我就要马上把自己切换到编稿或审稿状态了。

有的编辑问我编辑书稿的技巧，说自己很努力，但是编辑的数量就是上不去。我想，一个是投入的时间多少，另一个就是看稿子的方法和思路是不是得当，当然也包括知识和经验的积累。看稿速度快可能与我当老师的经历有关。以前在大学主要教授历史文选，为了备课就要看很多书，再加上我是学中文出身，对语法、标点、文字比较敏感。

　　有的编辑能力不够，主要表现在三个方面：首先，可能是知识面比较窄，知识储备比较少；其次，对语言不敏感，文字功底比较差；最后就是工作思路和工作方法不当。有的人也可能是单项思维的原因，看稿速度比较慢：第一遍看内容，第二遍看书稿的结构和层级，第三遍看注释和参考文献，一遍又一遍，每一遍只能解决一种问题，那速度肯定就慢了。编辑一部书稿，先看书名、作者，再看前言、后记，了解基本信息；之后看目录，看书稿结构是否合理；然后开始编辑书稿，做到第一遍解决书稿中存在的基本问题，第二遍快速通读，不需要第三遍、第四遍甚至第五遍。我还想说的是，作为一个优秀编辑，要关注新闻，要多看书，多与作者交流，还要学会使用工具书，利用电子资源和互联网，更要做到多查多问。

做出版要讲原则、重承诺

　　做出版要讲原则，重承诺，这也是个人人品的体现。赢得学者的信任和尊重是最重要的，学者愿意把写好的书稿交给你，那么我们就要在对出版社负责的同时，对作者负责，答应作者的事情就一定要做到：保证质量，按时出版，按时送书，按时支付稿费。

　　担任出版社编辑室主任10多年，我一直都严格遵守出版社的规定，对图书质量的要求，对出版补贴的要求，都按出版社的原则办事。对个别作者的无理要求坚决拒绝，但当作者因为评职称或者年终考核等方面的原

因，需要我们帮忙时，我都非常愿意、非常爽快答应帮忙，宁可自己加班加点，也要尽量赶出来。这也与我以前做老师的经历有关，我更能理解大学教师和研究者的辛苦和不易，所以愿意尽己所能帮助他们。

正是由于良好的工作作风，我与很多学者成为朋友，我们因出版结缘，由于互相的信任和欣赏，大家就成了很好的朋友。时常与他们见见面，坐一坐，聊一聊，谈一下项目的进行情况，聊一下今后要做的项目，还可以话话家常。由于多年学者资源的积累，现在很多项目都是作者主动联系我。

当你为作者着想，认真地去对待每一个作者的每一本书，你的口碑自然就会很好。那么你的学者资源就会越来越多，项目也就越来越丰富，稿源就不成问题了。

老老实实做人，认认真真做事，从小父母就这样教导我。这对我个人来讲，终身受益。

社科文献 • SSAP

我与社科文献
30 年的光荣与梦想
附 录

1997

1985

共 创 专 用
享 新 业 心

社科文献建社 30 周年
"最受尊敬的 30 位作者"

（按姓氏音序排序）

步 平　中国社会科学院近代史研究所研究员

作为中日历史共同研究的中方首席委员，他是当之无愧的领军者。

他以学者的理性和严谨推动了中日学术的交流与东亚的和平事业。社科文献成为中日关系和中日历史问题研究的学术出版重镇，他居功至伟！

蔡　昉　中国社会科学院副院长、学部委员

从《穷人的经济学》《民生经济学》，到《刘易斯转折点》《超越人口红利》，再到《从人口红利到改革红利》《赢得改革红利》，他出版了一系列引领学术前沿的原创佳作，彰显了一位著名经济学家的现实关怀和国际视野，也成就了社科文献在经济学出版领域的独特竞争力。

蔡　禾　中山大学社会学与人类学学院教授

他曾领衔主创《中山大学社会学文库》，开创了以中大为代表的南方社会学出版事业。

他的专著《城市化进程中的农民工》是中国最有影响的调查报告之一。他以充满人文关怀的视野思考中国的改革与变迁，将农民工研究推向了新的高度。

房　宁　中国社会科学院政治学研究所所长

他推出《东亚政治发展研究报告》，以脚步丈量现实生活中的政治。

他领衔研创的《政治发展蓝皮书》《政治参与蓝皮书》，以大量翔实的调查数据客观记录了中国政治发展进程，成为外国人看中国的重要窗口。

高培勇　中国社会科学院学部委员、财经战略研究院院长

他是中国最有建树的财税政策研究者之一。

他设计主导发布的《中国公共财政建设指标体系研究》成为标识公共财政建设前行方向的"路线图"。

郝时远　中国社会科学院院长助理、学部委员、学部主席团秘书长

他长期深度参与党和国家民族问题决策。他的许多著述都为学界的拓荒和深耕探出新路。

身为国家"西藏工程"的领头人，他组织策划的系列研究成果和文献整理，极大地推进了国内藏学的成长、壮大与进步。

黄　平　中国社会科学院欧洲研究所所长

他是活跃于海内外的知名学者和思想的引荐者，在他的策划下，众多国际知名学者的代表作经由社科文献出版进入中国学术界。

他主编的《美国蓝皮书》，亦成为研究美国及中美关系的权威智库报告。

金冲及　中共党史专家、中央文献研究室原常务副主任

他倾毕生精力于辛亥革命史、中共党史与中华民国史研究，成果丰硕，影响深远。

他老骥伏枥，在八十岁高龄之际完成《二十世纪中国史纲》四卷本鸿篇巨著，成就了社科文献在图书出版领域的最高奖项。

李　林　中国社会科学院学部委员、法学研究所所长

他是享誉中国的法学名家，是中国法治建设的参与者、法治改革的推动者和法治文化的传播者。

他著书立说，早在1993年就出版《法制的理念与行为》，与我社结下不解之缘。

他关注实践，领衔研创《法治蓝皮书》，助推了中国法治的健康发展。

李培林　中国社会科学院副院长、学部委员

他是中国著名的社会学家。

他曾以《另一只看不见的手》广受政府和学界关注。

他开创了中国社会综合调查，以数据分析变迁的中国。

他以社会学家的担当，感知民众冷暖，寻找解读社会变迁的钥匙。

李　扬　中国社会科学院学部委员、国家金融与发展实验室理事长

他是中国著名的经济学家，被决策层所关注，更被媒体誉为"最敢说真话的经济学者"。

他是最先提倡以皮书的方式记录中国改革开放以来诸多领域的发展与变迁的学者之一。

他曾是社科文献的主管领导，以清晰而具有前瞻性的战略指导为出版社的发展指明了方向。

刘树成　中国社会科学院学部委员、经济学部副主任

他是研究中国经济周期波动理论的第一人，他绘制的中国经济增长与波动曲线，是认识中国经济发展规律最有价值的工具。

他是最早与社科文献结缘的经济学家之一，并以专家委员的身份推动了社科文献经济学出版的繁荣与发展。

陆学艺　当代著名社会学家、中国社会科学院荣誉学部委员

他是享誉当代中国的社会学家、"三农"专家，他的论著《"三农论"》《"三农"新论》被誉为中国农村社会学的扛鼎之作。

他领衔主创了"中国社会阶层研究"系列学术著作，成为研究中国社会转型的经典之作。

他与社科文献出版社社长谢寿光亦师亦友，共同参与推动了中国社会学的繁荣。

马　敏　华中师范大学党委书记

他是大学校长，更是知名历史学家，他是当代中国商会史研究领域的领军人物。

纵横于辛亥革命史、中国商会史、社会经济史、教会大学史等多个领域，他十年磨一剑，领衔创作的《中国近代商会通史》填补了多个学术研究空白。

潘家华　中国社会科学院城市发展与环境研究所所长

他是联合国气候变化大会的中国谈判专家。

他是社科文献参与国际对话的重要使者。

他领衔研创的《气候变化绿皮书》成功地推进了中国参与全球气候合作。

裴长洪　中国社会科学院经济研究所所长

　　他是中国国际贸易与投资、金融与服务经济领域的首席专家。

　　他始终站在中国经济、金融、贸易发展的研究前沿，创作了《经济全球化与当代国际贸易》等一系列著作，为党和国家的决策提供了有力的理论支持。

沈　原　清华大学社会学系主任

　　他是社科文献出版事业的倾力支持者，学术资源的桥接者、书品的幕后策划者、发展规划的建议者。

　　他所策划的《清华社会学讲义》，创立了新的学术品牌，被学界誉为不可复制的模式。

沈志华　华东师范大学历史系、冷战国际史研究中心教授

　　他以对历史的挚爱书写了中国史学界的传奇。

　　从皇皇巨著《苏联历史档案选编》，到《一个大国的崛起与崩溃》《中苏关系史纲》等学术经典，再到提携青年学者的"东方历史学术文库"，社科文献是他的又一学术家园。

孙立平　清华大学社会学系教授

　　他对中国社会问题的分析，以建设性的批判著称。

　　他以《断裂》《失衡》《博弈》准确描述了中国社会阶段性的重要特征，成为当代中国社会极有生命力的社会学概念，也成就了社科文献在社会学领域的影响力。

唐启华　台湾东海大学历史学系主任

　　他是享誉海峡两岸的历史学家、北洋外交研究第一人。

　　他是历史的书写者，《北洋修约史》《巴黎和会与中国外交》细腻爬梳档案，深刻解读历史，贡献了近年中华民国史研究领域最重要的成果。

田雪原　中国社会科学院学部委员

　　他是中国当代著名人口学家，现代人口政策的奠基人之一。

　　他创作的《人口大国的希望》等著作，始终走在中国人口学研究的前沿。

　　他常说，年龄可以老化，思想不能僵化，学问不可退化。

王国刚　中国社会科学院学部委员、金融研究所所长

　　他是改革开放后中国金融市场第一批一线实战家。

　　作为中国资本市场发展的见证者，他的专著《资本市场导论》全方位解读中国资本市场，成为国内金融界学习和了解金融业务与资本市场的有效工具。

王　名　清华大学公益慈善研究院院长

　　从《中国社团改革》到《中国非营利评论》，从《社会组织论纲》到《建言者说》，字里行间的凝视，闪耀着公共智识之光。

　　因为他，社科文献成为中国 NGO 出版领域的重镇。

王奇生　北京大学历史学系教授

　　他研究中华民国史多年，发表了许多独特而精辟的见解。

　　他在繁复的史料中披沙拣金，以其宏阔的学术视野和卓越的史识，铸就了《革命与反革命》一书，显示出新革命史学术中坚的大家潜质。

吴大华　贵州省社会科学院院长

　　他是国内法律人类学界知名学者。

　　"不忘初心，方得始终"，他以皮书为平台为贵州地方发展贡献了一个民族法学名家的智力支持。

杨一凡　中国社会科学院荣誉学部委员、中国法律史学会会长

　　他是新中国法律史学的倡导者和开拓者。

　　他毕生从事中国珍稀法律资料的搜集和整理，十几年间出版图书15种130余卷册，对社科文献在古籍出版板块的崛起打下了坚实的基础。

俞可平　北京大学教授

　　他最早提出治理与善治的概念，并经由社科文献推送至大众与官方的视野。

　　他应谢寿光社长邀约出版访谈录《民主是个好东西》，引发海内外学者关注，有力地推动了中国理论探讨与政治实践的发展。

张蕴岭　中国社会科学院学部委员、国际研究学部主任

他是国内外著名的地区合作问题专家，也是最早在社科文献出版著作的学者之一。

他领衔主创的《国际学部集刊》已经成为中国研究国际热点问题的风向标。

周弘　中国社会科学院学部委员、国际研究学部副主任

她是我国欧洲研究的承上启下者。

她主编的《欧洲蓝皮书》《中欧关系蓝皮书》成为国内了解欧洲和中欧关系的重要参考。

她在福利国家和对外援助方面的研究引起国内外学界广泛关注。

卓新平　中国社会科学院学部委员、世界宗教研究所所长

他是享誉当代中国的宗教学家，领衔筹划了《世界宗教研究》《宗教与思想》等学术丛书，在促进宗教理解与对话方面做出了突出贡献。

他与社科文献共同见证了中国宗教学的开拓与创新。

致敬媒体

社科文献的 30 年，是和媒体共生的 30 年。30 年来，我们共同推动内容产业的繁荣，通过内容形态的转换，向社会各界传播中国人文社会科学的优秀学术；30 年来，我们共同记录历史，共同成长，对推动中国经济社会的转型与发展尽到了新闻出版业的责任。今天，我们致敬的媒体和媒体人是长期以来与社科文献建立了深厚友谊的媒体人，他们中既有传统媒体，也有新媒体，既有传媒老兵，也有媒介新锐，他们不仅为社科文献的发展给予了支持，更从不同侧面为中国新闻业的发展做出了贡献。向他们致敬！

特别致敬

常红，人民网要闻部主编

她是学术思想的翻译官，2000 余篇报道、上百篇稿件，她用生动的言语、深刻的笔触和贯穿在字里行间的热情和思索，放大了皮书在主流媒体中的声音，架起了学者与大众彼此了解的桥梁。

雷剑峤

从南都书评编辑到搜狐文化主编，再到科技创业者，他的目光从未离开学术，从未离开社科文献。他致力于思想学术推广 10 余年，在他的帮助下，我们与《南方都市报》建立了紧密的合作，而他的贡献不仅仅在于此，更重要的是，他把自己对书、对阅读的态度融入到了整个南都阅读周刊的风格中，他不仅在教我们怎样读书，更让我们感受到什么是阅读的魅力。

中国网直播

虽然创立时间只有短短的 6 年，作为新中国成立以来第一份全国性的理论学术专业报纸，它立足学术又超越学术，成功构筑起一个精神高地和高端平台，成为全国哲学社会科学工作者和爱好者共同的精神家园。在社科文献的成长道路上，它给了我们莫大的支持。

中国社会科学报

身为国家重点新闻网站，它第一时间权威发布国家政策信息，深度解读政府声音，多年来受到业界高度关注。2002 年开始，它与社科文献展开合作；2005 年，全面参与皮书系列发布会的直播工作，至今已直播各类皮书发布会近 300 场，搭建起与社科文献、中国社科院的战略合作伙伴关系，中国网对重大成果、重大新闻的直播也成为新闻业的知名品牌，为广大读者、为海外了解中国，也为其他媒体快速了解重大事件现场提供了一个开阔、便捷的通道。

书评编辑

蔡辉，《北京晨报》书评主编
黄晓峰，《东方早报·上海书评》资深编辑
刘忆斯，《晶报·深港书评》主编
王洪波，《中华读书报》副总编辑
张弘，凤凰网主笔

作为专业的书评版编辑，他们坚持独立思想；作为读书人，他们投入大量的时间读书、品书、评书。他们在一切可能利用的平台上，不倦地推荐社科经典，倡导品质阅读，将社科文献的专业学术著作推广给更多的读者。在这个数字化浪潮时代，他们是专业阅读的领读者。

新闻记者

陈郁，《经济日报·民生周刊》主编
邓科，原《南方周末》编委
石岩，《南方周末》文化记者
王茜，新华社记者
章轲，《第一财经日报》首席记者

在长期对出版社学术成果的新闻报道中，他们用敏锐的目光洞悉新闻热点，将对新闻的热情、对社会的关切融入一篇篇真实、深刻的报道中，将学术思想、智库观点转化为生动的文字，极大扩展了学术成果的社会影响力，助力中国经济社会改革，也为出版社的智库品牌编织起荣耀的花环。

书业媒体人

潘启雯，《中国出版传媒商报》记者
王坤宁，《中国新闻出版报》采访中心副主任

他们怀揣出版理想，带着人文情怀，行走在新闻出版行业第一线，为业界提供了高度实用的资讯服务与深度报道；他们洞悉出版行业态势，笔耕不辍，记录了社科文献从传统出版业走向数字出版前沿的艰辛历程。今天，我们向两位书业观察者，致以真诚的敬意。

致敬员工

谢寿光

（2015年2月14日）

尊敬的各位社科文献员工：

马年即将过去，羊年就要到来，在这里我向每一位社科文献员工致以新春的祝福。

感谢大家带着亲人的期望，以一颗成就梦想的心选择了社科文献。历史，如奔流不息的长河，按照自己的步伐前进。30年，尤其是开启第二次创业以来的18年，不算悠长，却影响深远。我们以创新的精神和能力共同筑起了社科文献梦。这，既是我们文献人的梦，更是学术出版的中国梦。

我们坚守学术出版，以敢为天下先的精神，扎扎实实一路走来。我们秉承"创社科经典、出传世文献"的出版理念，以学术、品牌、创新为立足之本，发展之基。我们在出版业首创主题出版理念，打造出皮书、列国志、中国史话、学术集刊等一系列知名品牌，建构出研究型、智慧型出版社的企业形象。我们植根于中国的学术沃土，实现了出版、营销和服务上的飞跃。在内部运行机制改革、学术出版能力建设、学术品牌影响力、国际出版与数字出版方面居于行业领先地位。我们敬畏学术、尊重作者、感恩社会、服务客户、友爱员工、扶助贫弱，坚定不移地把履行企业的社会责任落实到具体的经营发展实践当中，为整个产业的可持续发展做出了贡献。

20世纪末，我们开启第二次创业的时候，当时的出版界，大约都没有想到，这个当初只有20多人的小社，在全体员工的共同努力下，经过短短18年的努力，竟然可以在中国引领一股强劲的学术出版风潮，树立起学术出版的一面旗帜。"成功的花，人们只惊慕它现时的明艳，然而当初它的芽儿，浸透了奋斗的泪泉，洒遍了奉献的汗水"。我为各领域新人才的不断加入而自豪，也为勤勉敬业的社科文献资深员工的忠诚奉献而骄傲，更为长期关心支持社科文献成长发展的学界专家、上级领导和退出一线岗位重新加入我们团队的返聘编辑、特邀编辑而感动！

在中国出版界，我们社科文献是一支光荣的队伍，我们以专业的素养，用心做事，注重团队合作，开拓创新，我们善于创造性的整合各种出版资源，不断追求卓越，引领学术出版潮流，这就是我们所独有的社科文献精神！

我们的编辑团队是一支学者型编辑队伍，是我们的第一生产力和核心竞争力，你们不断追踪学术前沿，以高端的学术品位致力于编好每一本书；你们是数字时代的"价值发现者"和"规范掌握者"，你们用我们文献人的责任意识守护、传承学术，使社科文献成为中国学术出版重量级的守门人。

我们的生产运营团队上下达，高速运转，推进流程优化，紧抓出版的每一个环节、每一道工序，严格把关，精益求精，以先进的技术和工艺满足用户个性化的需求，积极探索运营新模式，保障了全社生产流程顺畅、运行平稳。

我们的市场营销团队持续挖掘品牌价值、优势和资源，使我们拥有了学术出版界最强的传播力、媒体影响力和社会公信力；以明确的战略，多样化的战术，高效而专业的服务赢得了经销商的通力合作，赢得了终端读者的高度认可。

我们的信息化与数字出版团队通过技术引领，进行资源整合、产品创新，使学术出版在数字化环境下焕发新的生机和活力，使社科文献保持了数字出版的领跑优势，为我社信息化、数字化转型，实现多元发展做出了重要贡献。

我们的国际出版团队依托我社优势学术资源，广泛开展多种形式的国际合作，搭建中国学术国际传播平台，增强中国学术话语权，让社科文献发出了学术出版的中国好声音。

我们的公服与管理团队以认真、踏实的工作态度，以专业化管理和服务，全天候为全社发展提供办公、安全和后勤保障，温馨惬意的工作环境；为出版社资金安全和现金流稳定保驾护航；为我社持续、稳定、健康发展提供有力的法律保障；为内部运行机制创新提供源源不断的人才支持和智力保障。

二次创业以来的 18 年，社科文献人筚路蓝缕，胼手胝足，敏锐抓住了中国文化产业改革发展的契机，实现了出版社的跨越式发展。尊敬的各位员工，你们是社科文献成长的践行者和见证者。在此，我向每一个团队，每一位员工致敬，衷心地感谢你们！大家辛苦了！

作为学术出版从业者，我们从事的是一项伟大的事业，肩负着文化使命，社科文献人要怀抱"为天地立心，为生民立命，为往圣继绝学，为万世开太平"的文化使命感，不断推出高水平的学术著作。让中华文化软实力风靡世界，才能不辜负这个中华民族复兴的伟大时代。

时势造英雄，但我更相信，英雄可以造时势。未来的 30 年，将是社科文献更加具有明确发展战略指导的三十年。我们要在学术出版道路上坚定信念，继往开来，建立中国学术出版的标准，创造中国学术出版的繁荣。同时，我们也要让员工分享改革发展的成果，不断为每一位社科文献人谋利益。

快过年啦，借此机会恭祝广大员工新春愉快，阖家幸福，健康快乐、万事如意。代表社里向你们的父母、孩子、家人和朋友问好，感谢他们多年来在你们背后的默默付出。

数风流人物，还看今朝，让我们共同努力，携手并进，创造社科文献更加美好、灿烂的未来！

致敬经销商

一、新华系统

从成立到现在，新华书店一直都是国内图书发行业的中流砥柱，在这块金字招牌下，无数人见证了中国图书发行业的蒸蒸日上乃至中国经济社会文化的发展变迁。转企改制、连锁经营，通过自身改革逐步做大发行集团，打造辐射全国的大型现代化图书流通中心，新华系统的每一次变革都深深地影响着中国书业的走向。

在社科文献出版社建社 30 周年的发展历程中，我们并肩作战，提升零售业绩；我们亲密合作，开拓馆配市场；我们共同经历了出版发行业的风云变幻，并将继续携手书写中国书业更加辉煌的明天！

北京台湖出版物会展贸易中心有限公司

65 年的发展历史
西单、王府井图书卖场的声名
奠定了她国有图书发行行业的主渠道和主力军的地位
成就了她亚洲乃至世界最大的出版物集散地规模
在首都老百姓心目中
她是值得信赖的口碑品牌
更是日常文化生活不可或缺的部分

广东新华发行集团股份有限公司

在广东省文化体制改革大潮中
她是充满活力的开路先锋
多元发展的书业阵地
独具特色的文化品牌
以一流服务、一流效率
创一流效益
朝着南方最具实力的出版物发行企业大踏步前进

广州购书中心

影响广州市民文化
辐射港澳东南亚
以图书经营为主
多元化经营并举

便捷的购书体验
丰富的资讯服务
让这座南中国的文化大殿堂活力四射

济南市新华书店
她是书店文化的守护者
也是阅读文化的传播者
健全网点设施
改善购书环境
以积极的姿态促进社店通力合作
不断向前发展

江苏凤凰出版传媒股份有限公司
以改变传统业态的决心
打造"中国现代书业第一网"
构架具有较强市场竞争力的出版物流体系
拥有覆盖 1700 多个销售网点的发行实力
以专业化的销售服务
打造创新型文化领军企业

上海新华传媒连锁有限公司
承继新华书店 70 年的光荣传统
见证社科文献 30 年的成长历程
引领沪上城市文化生活
在全国出版发行业率先上市
拥有强大的市场运作能力和文化产业影响力
身处快速变革的时代
必将再创新辉煌

深圳出版发行集团公司
人们亲切地称她是城市文化旅游景点
读书人的幸福城堡
她的现代化闻名海内外
利用自主开发的图书营销信息管理系统
推广国内领先的书城连锁经营模式
拥有世界上单店单层经营面积最大的书城
引领一个城市全民阅读的文化风气

新华文轩出版传媒股份有限公司
践行文化创新之路
分享创新成果
做更优秀的文化传播者
成为最具价值的文化产业战略投资者和整合者

开放、融合、共创、分享
一路上，我们结伴而行
共同探索中国文化产业发展的新路径

云南新华书店图书有限公司

对省内图书及教材储运发行
她不可或缺
对西南边疆民族地区文化事业的发展
她举足轻重
她是云南规模最大、辐射最广的出版物发行企业
她以多元化经营延伸企业核心竞争力
不断散发出新的生机和活力

浙江省新华书店集团有限公司

以技术引领为先导
建立高效的书业连锁经营体系
积极介入网络销售
形成独具中盘特色的中文图书网购平台
为纸质图书销售觅得一方新天地
为出版机构经营开辟一种新思路

二、馆配商

当图书市场进入精细化、细分化、专业化的发展阶段，馆配商敏锐地抓住了市场需求，针对特殊渠道，提供专业服务，改变传统销售模式，为中国书业开辟出新增长点。在市场面前，或苦练内功，调整企业组织和管理结构；或合作联盟，加大区域优势，并依势向全国扩张；或独辟蹊径，积极应对出版生态的巨大变革。

未来，突破与合作，转型与升级，与出版社建立新型战略伙伴关系将成为我们共同发展的主题。在专业化的道路上，我们将携手开辟另一方天地。

北京百万庄图书大厦有限公司

她是国内大型书店中一道别样的风景线
开创了出版社成立书店之先河
她以店面零售、大客户销售、网络销售为重点
探索出校园连锁书店经营模式
她以"集知播识"为己任
传播先进文化，引领科学生活
愿这道风景永远散发独特的魅力

北京人天书店集团

她是全国馆配发行总额十分之一的贡献者
以标准化流程、规范化服务、专业化队伍
成为行业领先者
倡导成立"全国馆配商联盟"
与 72 家成员单位一起
撑起中国馆配市场的一片蓝天

湖北三新文化传媒有限公司

立足江城 辐射全国
依托以出版物为核心的产业价值链持续创新
她已然成为全国馆配市场的知名品牌
化身为图书馆与出版社
作者与读者之间的桥梁
将中国文化播撒到世界各地

江苏华茂博文书业有限公司

提供精品服务
推进图书馆整体化建设
销售规模独占江苏图书馆市场鳌头
用户第一、服务至上
团结协作、严谨务实
开拓创新、居安思危
为她赢得了百余家出版社的优秀口碑

江苏知识书店

专业的人员队伍
优良的服务经验
配套的技术手段
全面的服务能力
为省内高校图书馆文献资源共建
精益求精
为图书发行行业建设与发展
竭心尽力

昆明新知集团有限公司

　　她是出版机构在西南地区最重要的合作伙伴
　　在云、贵、川、湘
　　甚至柬埔寨和老挝
　　我们都能领略她的风采
　　她是读者最亲密的良师益友
　　打造文化交流平台
　　照亮大众精神世界

天择文化传播（河南）有限公司

　　以现代理念经营学术书店
　　形成畅通的文化传播和营销网络
　　以专业精神服务客户群体
　　形成本省图书行业内相当高的知名度和影响力
　　以强大的物流能力和现采能力
　　为馆社合作搭建一座通畅的桥梁
　　客户的需求永远是她不懈的追求

厦门外图集团有限公司

　　自创立之初
　　她便承担起对外对台传播中华优秀文化的使命
　　拓展两岸图书文化交流渠道
　　做强做大两岸文化产业服务
　　打造充满活力的文化休闲驿站
　　为美丽的海滨厦门、为中国书业
　　增添一道亮丽的风景线

郑州日成图书有限公司

　　她是河南省馆配行业的知名品牌
　　优质齐全的图书品种
　　良好的编目加工质量
　　完善的售后服务
　　使她得到省内合作机构的一致好评
　　依靠强大的内生动力
　　不断自我发展
　　探索自助借还，借阅外包、古籍数字化业务
　　彰显一个优秀馆配商的责任与使命

中国国际图书贸易集团有限公司

　　她与新中国同龄
　　是中国第一家图书进出口机构
　　将 40 多种语言

10 多亿册中国书刊
传播到全球 180 多个国家和地区
在 90 多个国家和地区
举办了上千次国际书展
架起中外文化交流和友谊的桥梁
让中国走近世界，让世界了解中国

三、学术书店

30 年大浪淘沙，民营书店，尤其是民营专业书店已然成为一个符号、一种象征，繁荣了中国的学术图书市场，敏锐地感知学术图书的价值，为读者带来知识的福音；灵活高效的采购服务，满足各种层次的需求；吸引和造就了一批书业人才，引领了整个社会的阅读品位。

受惠于社会发展的红利，也饱经体制变革之阴雨，民营学术书店在重重困境中不断突围，为的就是一分坚守、一种信念。作为学术传播的重要阵地和合作伙伴，我们将彼此鼓舞与扶持，让学术书香更加馥郁芬芳！

北京万圣书园图书有限责任公司
她是民营学术书店的先驱
她是学人办书店的典范
她是海内外学子的精神家园
过去 20 年，我们通力合作
甄选优秀学术成果
提升国人阅读品质
未来，我们还将继续携手前行
推动中国学术出版走向新的高度

长春市学人文化传播有限责任公司
她是东北地区最有影响力的学术书店
坚持学术路线
为知识精英的科研生涯定位导航
根植校园内外
为莘莘学子的求学之路播撒光辉
与学术出版机构深入合作
营造高品位、高格调、高境界的精英阅读

南京先锋书店
哪怕整座城市陷入一片黑暗
这里的灯也会亮着
她被誉为南京的公共客厅、文化名片

融汇了建筑之美丽、宗教之神圣
人文之关怀、诗意之超然
她开创了文化创意品牌书店经营模式
实现了民营书店的华丽转身

陕西嘉汇汉唐图书发行有限责任公司

在幅员辽阔的大西北
有这样一家民营书城
以诚信、传播、奉献为企业定位
以会员体制建设为驱动
以品牌服务为导向
面向西安、服务陕西、辐射西北
宛如塞上明珠，照耀西北人的文化生活
好似文化绿洲，滋养西北人的精神世界

上海季风图书有限公司

独立的文化立场
自由的思想表达
把思考和观点、问题与争辩
全部用图书呈现
以严谨的学术态度
寻找有价值的思想资源

四、网络书店

在互联网时代，所有的行业都面临转型，书业也不例外。网络书店的崛起，为出版物开辟了另一种形态的销售通路，成为人们日常生活中不可或缺的购书途径。海量的图书信息打破了实体书店的空间限制，灵活的数据技术让读者真正体验到了个性化服务，不断突破与尝试甚至模糊了销售与出版的边界，让我们看到了图书出版发行的另一种可能。网络书店影响着我们所处的环境与时代，也必将使中国书业融入这新时代的新风尚，创造新的高度！

北京当当网信息技术有限公司

总是充满激情与梦想
总是敢于承担和开拓
以图书零售起家
率先在美国上市
发展成为中国最大的图书零售商
敢作敢突破，敢作敢担当
她以独特的气质和姿态

开启品牌战略升级的新篇章

亚马逊中国

她身处中国电子商务风起云涌、变幻莫测的浪潮中
十年蜕变，脱颖而出
从卓越亚马逊成长为亚马逊中国
从单一图书业务成长为覆盖全品类的购物平台
丰富的品类、舒适的购物体验和优惠的价格
诠释着"顾客至上"的理念
伴随着消费者的认可与喜爱
大步迈向下一个十年的辉煌

致敬学术推广人

（按姓氏音序排列）

黄德志　北京社科书店前总经理

20 世纪 80 年代，在北京的学界、文化界和高等院校师生中，有一个名气和影响很大的书店，那就是由中国社会科学院下属各出版社共同主办的社会科学专业书店。很多外国的专家学者来到北京，都会慕名前来参观、购书，他们说这里的书品类丰富、内容前沿，具有很高的学术品位。

这些都要归功于书店的领导者。她不光经营书店，还亲自参与众多学术成果的推广活动及学术沙龙，将自己的满腔热情转化成对学术出版与发行事业的无限热爱。书店有她，仿佛学术就有了的温度。

她见证了社科文献出版社三十而立的点点滴滴。纵使实体书店经营困难重重，纵使她已两鬓斑白荣休在家，但她依然保持着对学术图书的高度关注，不遗余力地向读者推荐优秀的学术成果。

刘苏里　北京万圣书园总经理

北京成府路上的万圣书园是众多爱书人的重要地标，书店的主人在业内也以读书之广博著称。独立书店经营者和书评人、文化学者的多重身份，使得人们在谈论中国书业时，必然要提起他。他选书、卖书、评书、著书，探索独立书店的生存之道。同时，他也以一个民间观察者的姿态冷静审视当代图书市场的走向。名利不是他经营书店的目标，在他看来，开书店实质上就是要营造一个公共空间、一个思想碰撞的场所。他从不向市场妥协，也不向读者妥协。这种坚持和专业使万圣聚集起一大批知识精英，也为优秀的学术著作找到了合适的安身之处。

书店的未来是阅读的未来，他用自己的努力捍卫了读者的精神家园，也为学术出版提供了前行的动力！

邹进　北京人天书店有限公司董事长

也曾遭遇从零售向馆配转型的生存危机，也曾在馆配市场中几经浮沉，但凭借坚韧的精神、敏锐的眼光和精准的判断，人天从一家小书店发展成为全行业的领军企业。

他以文人的风范为行业发展深谋远虑，倡导成立全国馆配商联盟，为大小馆配商发声，打造一流的数据平台和物流平台，把做好中国馆配中盘视为长远的发展目标；

他以书生的热情为学术出版搭建渠道，协助学术出版社扩大市场份额，提高利润率，寻找可能的商机；

他以诗人的情怀投身公益事业，集团旗下的蔚蓝基金会目前已在全国捐建近 1000 家"蔚蓝图书馆"，他竭尽所能调动资源回馈社会，履行责任。

我们期待他的书业帝国创造更多的奇迹。

致敬图书馆

（按机构名音序排序）

安徽大学图书馆
保定学院图书馆
北京航空航天大学图书馆
北京师范大学图书馆
长春市图书馆
大连理工大学图书馆
福建江夏学院图书馆
赣南师范学院图书馆
广东财经大学图书馆
广东省立中山图书馆图书馆
广西壮族自治区图书馆
广州番禺职业技术学院图书馆
湖北省图书馆
暨南大学图书馆
金陵图书馆
南京森林警察学院图书馆
南京图书馆
上海交通大学图书馆
上海闵行区图书馆
首都师范大学图书馆
首都图书馆
苏州市图书馆
天津市图书馆
武汉大学图书馆
西北大学图书馆
西南民族大学图书馆
西南政法大学图书馆
云南财经大学图书馆
中国矿业大学图书馆
中国人民大学图书馆

致敬合作商

龙口玉龙纸业有限公司

龙口玉龙纸业有限公司成立于1977年，是胶东地区最大的综合性制浆造纸企业。多年来，玉龙纸业始终坚持高端文化用纸的市场定位，纸质轻柔细腻，平滑度高，是我社皮书系列专用纸张。在与社科文献十年的合作中，玉龙纸业凭借优质上乘的纸张质量、细致周到的服务，已成为社科文献第一大纸张材料供应商。

山东华泰纸业有限公司

山东华泰纸业有限公司创立于1993年，系中国500强企业之一，也是中国规模最大、设备现代化程度最高的造纸企业。华泰纸业纸张种类繁多，品质优良，价格合理，与社科文献有长达17年的合作历史，是材料供应商中的老朋友。社科文献的发展路上，离不开华泰纸业的鼎力支持！

北京季蜂印刷有限公司

在北京通州北关，坐落着这样一个印刷企业——北京季蜂印刷有限公司。在规模不大甚至略显局促的厂房里，却有着一支精干的管理和生产队伍。季蜂始终以质量谋发展，凭借高效的内部管理和优良的外部服务，赢得了出版社的信赖，更是一肩担下了社科文献品牌产品——皮书系列的印装业务。"麻利"是季蜂的本色，"靠谱"是季蜂的口碑。社科文献快速高效的生产能力建设也饱含了季蜂人的汗水！

三河市尚艺印刷有限公司

三河市尚艺印刷有限公司从2003年起与社科文献一路同行，凭借合理的人员配置、科学的生产调度，打造了沟通顺畅、质量稳定、服务专业的品牌优势，在合作中为社科文献提出了众多合理化建议，避免了印后返工，杜绝了材料浪费，为社科文献的图书出版事业做出巨大贡献。

北京千鹤印刷有限公司

北京千鹤印刷有限公司是一家集CTP制版、数码打样、四色印刷、工艺加工于一体的综合性印刷企业。千鹤管理科学，技术完备，服务周到，品质稳定，遵循"诚信、开创、共赢"的经营理念，践行"踏实、拼搏、责任"的企业精神，营造了积极向上的企业文化，更是打造出一支具备专业生产服务技能的人才队伍，为社科文献的多元化产品模式提供了全流程的优质服务。同发展，共命，社科文献与千鹤印刷一路携手同行！

北京中文天地文化发展有限公司

在社科文献的楼道里经常能看到这样一个人，几乎所有的编辑都认识他。他叫王友，是北京中文天地文化发展有限公司的业务经理。中文天地文化发展有限公司成立于1992年，在其总经理翟铭教授的领导下，中文天地始终坚持创新和人才培养，将理论与实践有机结合，是产学研相结合的典范。经过多年发展，中文天地现已成为一家技术实力雄厚、设备齐全、经营稳健的专业设计排版公司，在业界有着良好的声誉。风雨同舟18载，中文天地见证了社科文献第二次创业的高速发展，也提供了莫大的支持，是编辑们最信赖的合作者。

北京盛通印刷有限公司

北京盛通印刷有限公司是国内首家也是唯一一家出版物印刷上市企业，是社科文献精装产品、重点产品的专业合作单位。社科文献出版社的大型系列精装书《列国志》《中华珍本宝卷》等，都是由盛通印刷有限公司承接制作。盛通专注于文化出版物和商业印刷的高端市场，并提供一体化服务，在北京出版物印刷企业中规模独领风骚。响应国家节能减排号召，盛通积极倡导和应用绿色印刷技术，大力发展低碳科技，在国际市场上积极推广环保形象和绿色品牌，并连续三届蝉联"中国出版政府奖之印刷复制奖"。

社科文献之歌

合 唱

文 献 词

田晓耕 曲

每分钟102拍　坚定、豪迈地

1. 绿坞茶香，　蓝厅论剑，　我们是光荣的
2. 智库源泉，　皮书之蓝，　我们是学术出版

社科文献；　弘扬学术，　传播思想，
的 中 坚；　社科经典，　传世文献，

我们向社科出版高峰登攀。　凝聚智慧，追求真理，
我们用心血和智慧凝练。　中国经验，学术前沿，

我们将人类文明的薪火代代相传。　啊！
我们在改革发展的道路上勇往直前。

新时代的出版人，光荣的社科文献，

让我们携手并肩，共创美好的明天！

共创美好的明天明天！

皮书之歌

电影《蓝梦交响曲——皮书的故事》插曲

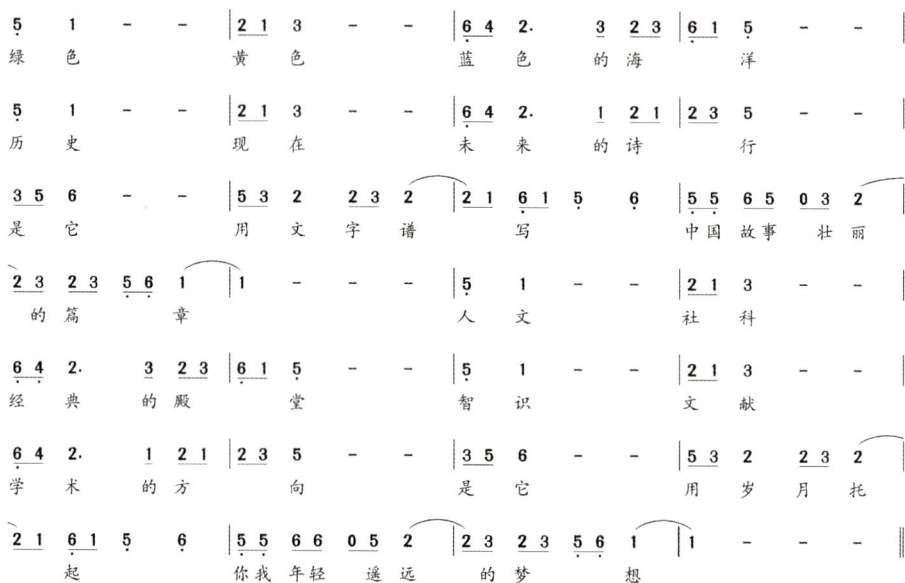

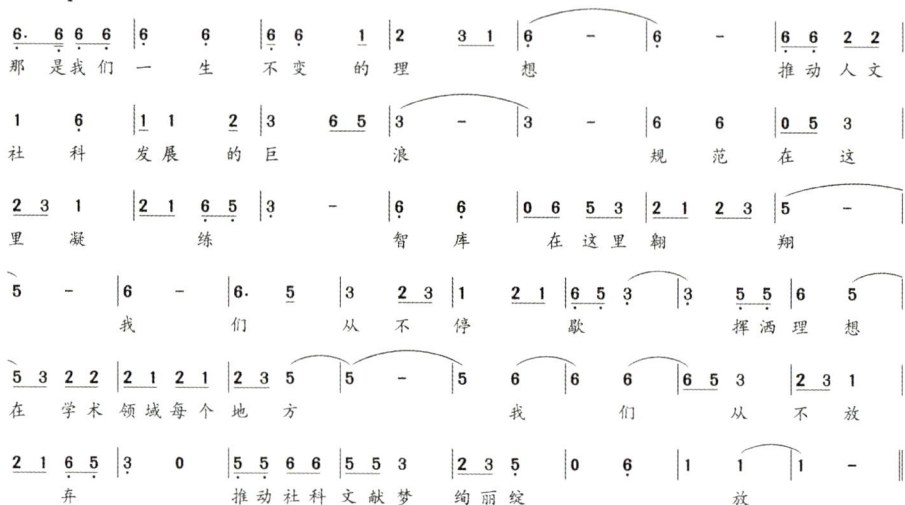

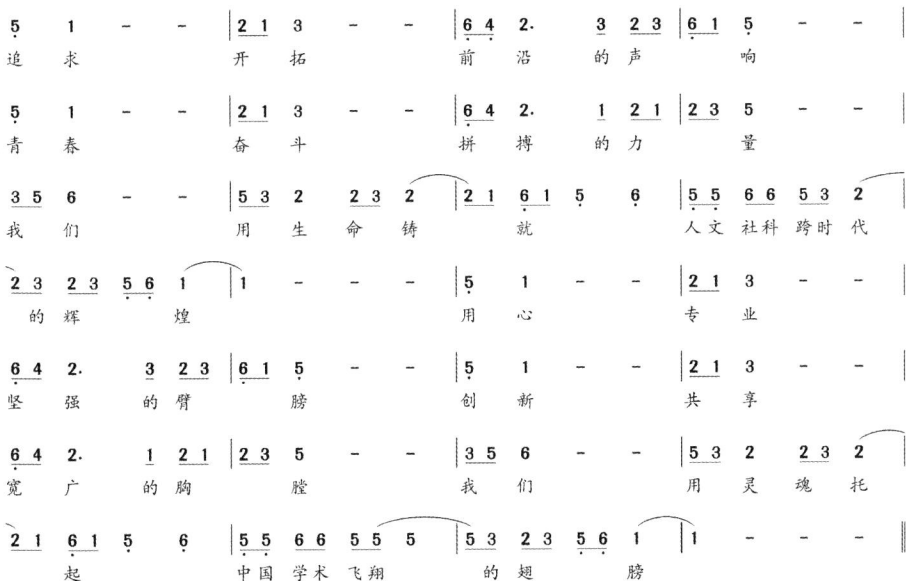

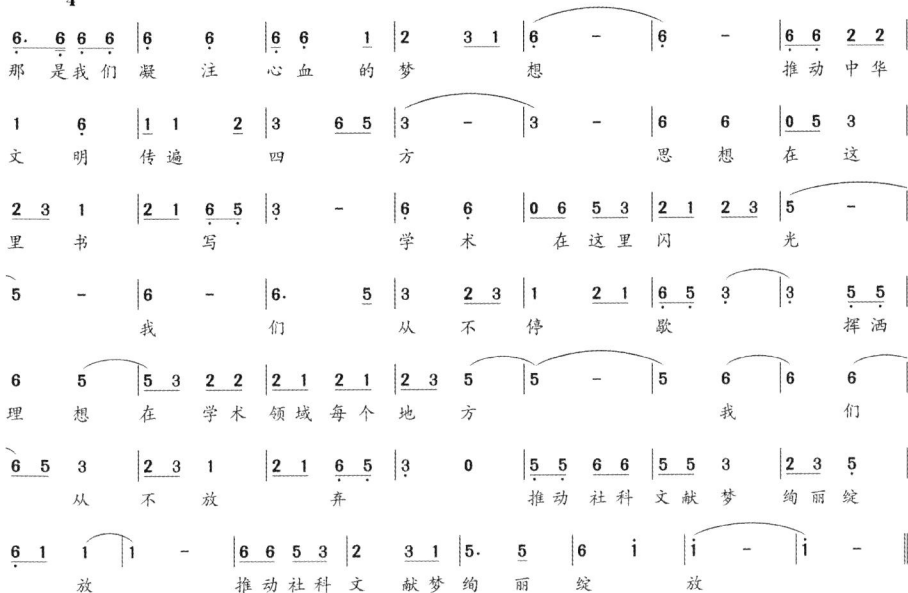

图书在版编目(CIP)数据

我与社科文献：30年的光荣与梦想 / 谢曙光主编
. -- 北京：社会科学文献出版社, 2016.12
ISBN 978-7-5201-0279-7

Ⅰ. ①我… Ⅱ. ①谢… Ⅲ. ①出版社 – 史料 – 北京
Ⅳ. ①G239.271

中国版本图书馆CIP数据核字(2016)第317176号

我与社科文献
——30年的光荣与梦想

主　　编 / 谢曙光
副 主 编 / 刘德顺　孙元明

出 版 人 / 谢寿光
项目统筹 / 刘德顺
责任编辑 / 柳　杨　占　禄

出　　版 / 社会科学文献出版社·学术资源建设办公室(010)59367161
　　　　　　地址：北京市北三环中路甲29号院华龙大厦　邮编：100029
　　　　　　网址：www.ssap.com.cn
发　　行 / 市场营销中心 (010) 59367081　59367018
印　　装 / 北京盛通印刷股份有限公司

规　　格 / 开　本：787mm×1092mm 1/16
　　　　　　印　张：22.75　字　数：275千字
版　　次 / 2016年12月第1版　2016年12月第1次印刷
书　　号 / ISBN 978-7-5201-0279-7
定　　价 / 168.00元

本书如有印装质量问题，请与读者服务中心（010-59367028）联系